イタリアから学ぶ
外国人労働者問題

ニコラ・D・コニーリョ
近藤　健児　［著］
平岩　恵里子

創成社

はしがき

日本とイタリアとは、よく似たところがたくさんある。

四季のある温暖な気候、南北に長い国土の中央に山地があって地方ごとに風土が異なること、家族・家庭の伝統的価値観を尊重すること、伝統工芸などの職人技が受け継がれていること、19世紀の半ばに近代統一国家が誕生したこと、第二次世界大戦で枢軸国側に立って敗戦したこと等々。そして、20世紀の前半までは労働者の送り出し国だったのが、今日では少子高齢化・人口減少社会に直面しており、外国人労働者導入が経済力維持のためには必要不可欠になっていることでも両国は共通している。だが、この点ではイタリアの方が日本よりも事態が先行している。すでにイタリア国内における移民の数は500万人を超えており、2023年にも15万人が新たにチュニジアなどから地中海を渡って到着した。今後いっそう真剣に検討が迫られる日本での外国人労働者をめぐる課題を考えるうえで、似たもの国家であるイタリアの経験から学べることは大きい。本書はこうした共通認識の上に立ち、国際経済学、とりわけ国際労働移動を専攻する日伊の研究者3人によって、企画・執筆されたものである。

バーリ大学のコニーリョは、国際労働移動を含む国際経済学全般での実証分析を得意とする研究者で、中京大学の近藤とは2008年以来交流がある。特に2010‐11年に近藤がエラスムス・マンダスの奨学金を得てバーリに滞在し、2012年には今度はコニーリョが大幸財団からの外国人来日研究者助成で3カ月間名古屋に滞在して、突っ込んだ共同研究を行った。[1]そんなコニーリョが2019年に出版した『Aiutateci a casa nostra — Perché l'Italia ha bisogno degli immigrati』(Editori Laterza)は、イタリアにおける移民の問題を明快かつ総合的に論じた画期的な著作である。この本を土台として、日伊の実情を比較し、イタリアの経験からわが国が学ぶべきことを共著で広く一般読者や学生向けに出版できれば、類書もないためきわめて啓蒙的で有意義な貢献になるだろうと、コニーリョと近藤の間で話が煮詰まった時、プロジェクトの実現に欠くことのできない平岩の共著者としての参加がかなったことは望外の悦びであった。南山大学の平岩は、近藤と同じく名古屋大学名誉教授・多和田眞先生の門下の研究者であり、2010年以来コニーリョが主宰するバーリでの年次国際学会に何度か参加してきた。日本の外国人労働者に関する事情に詳しく、2024年3月には日本経済新聞の連載コラム「やさしい経済学」に「国際労働力移動と移民」のタイトルで執筆するなど、この分野での情報収集・知識量に関しては第一人者である。

本書はイタリアの事情をあつかう各章の第1節をコニーリョが、イタリアと比較しつつ日本の実情を述べる各章の第2節を平岩が、主として担当した。本書の読者として、国際要素移動論ないし国際労働移動論、ヨーロッパ経済論ないしイタリア経済論などを学ぶ学生も想定しているため、イタリアを学ぶ上でのバックグラウンドとなる基礎的な知識・情報から関心を深めてもらう趣旨で、各章末にコラムが置かれている。また巻末の補論は、国際労働移動のもたらす影響についての基礎理論を、経済学初学者でもわかるように平易にまとめたものである。これらは近藤が主として執筆した。もちろんそれぞれが他の2人の原稿についても目を通し、議論を交えて修正を加えて本書は完成したものである。

最後になったが、現今の険しい出版事情の中、本書を世に出すことを快諾してくださった創成社の西田徹氏には心から感謝申し上げたい。私事を言えばある意味3人の研究者の長年の友情の結晶でもあるこのささやかな本が、1人でも多くの読者の手元に渡ることを願ってやまない。

2024年10月末日の雨の日に

著者を代表して　　近藤健児

【註】

（1）2015年からは2人の交流は、2人が所属する大学の学部間の交流へと発展し、双方のスタッフが互いに訪問して、これまでに六度、合同ワークショップを開催している。

目　次

第1章　移民は私たちの仕事を奪い、賃金を下げていますか？

1．イタリアの事情

1・1　正しい質問

「移民は我々から仕事を奪っている！」

「彼らは一銭も税金を払わず、イタリア人と不公平に競争している！」

しばしば耳にするこれらの発言にはどこまで真実があるのだろうか？　移民が賃金や雇用に及ぼす影響について、経済学は何を教えてくれるのだろうか？　この章では基本的な仮定から始めて、これらの質問の答えを探求する。もちろん経済学はある意味では自然科学のような正確な科学ではない。経済・社会システムは複雑であり、移民現象の影響は、その移民がどのような状況で流入しているのかに依存するため、「現象Ｘが変数Ｙに及ぼす影響は何か」という質問に対して、自然科学のようには明確に答えることはできない。移民の流入がもたらす経済的影響は、その国がどのような経済政策を採択しているかによって、疑いなく影響を受けるからである。

したがって、残念ながら移民の影響に関する質問に対する答えは1つではない。しかし、だからといって、現実を読み解き、選択・立案する政策を評価することに役立つような有用な答えがないわけではなく、答えは存在する。ただし繰り返すが、これらの答えは状況によって異なったものとなる。

問うべき正しい質問は、「移民はイエスか、移民はノーか」ではない。むしろ、「移住という現象を共同体にとって望ましいものにする要因は何か？　この現象から得られる利益を増幅し、社会的および経済的コストを最小限に抑える政策はどれか？」なのである。

1・2　サルヴィーノ村への旅から始めよう

まずは物語から始めよう。イタリアの架空の村サルヴィーノでは、1,000人のイタリア市民が幸せに暮らし、働いている。失業者はいない。働ける人、働きたい人が雇用されている。簡単にするために、市民の半分が雇用されており（国内の5つの工場によって500の雇用が生み出されている）、同じ条件（全員が月額1,500ユーロを稼いでいる）で働いているとしよう。ある晴れた日、100人の移民が街の門に現れた。全労働力の20％を占めるこれらの新しい居住者は、サルヴィーノ村で働こうとする。新しい住民は、既住民が受け取るよりも低い賃金でも喜んで働く可能性が高い。労働市場が柔軟な場合には、働きたい人、すなわち500人の既住民と100人の移民は、市内の5つの工場で仕事を見つけて働き続けるだろう。だが、明らかに雇用が増えることで、労働力の価格、すなわち賃金は下落するだろう。一方で、構造的な理由から労働市場が労働力の増加を吸収できない場合、すべての労働者が雇用されず移民によって失業が生まれることになる。

このように、サルヴィーノ村における移民は、地元労働者の労働条件を悪化させ、「私たちの仕事を奪い」、賃金を引き下げる効果をもたらすことになるのである。

この単純な物語で、サルヴィーノの5つの工場の所有者は、より低い賃金を支払い、追加の労働力が利用可能になるので、明らかに利益を享受するだろう。ここでは、彼らは勝者である。理論的には、少数の勝者のこれらのより大きな利益は、経済政策手段（例えば累進課税）を通じて、勝者から敗者へ、すなわち、新しい住民の到着後に幸福度の低下に苦しむ人々へと、部分的または完全に再分配できる可能性があり、またそうすべきでもある。

この物語が述べていることは、もっともらしく思える。多くの人は、これはまさに日常の現実で起こっていることだと言うであろう。新参者は、労働を提供する人々の数を膨らませ、この労働の「過剰供給」を再吸収するためには、賃金は必然的に低下しなければならない。(1)

これで物語は終わり……それともそうではない結末もありうるのだろうか？

1・3　結末を書き換えられる5つの理由

(1)　移住地の選択は受け入れ国の雇用機会に依存する

この例では、サルヴィーノ村の門に100人の移民がやってきた理由の説明がないが、実際には庇護希望の難民やその他移住を余儀なくされた者を例外として、大多数の移民労働者は、より多くの雇用機会を提供する世界の地域に向かって移動をしている。[2]一見逆説的に見えるかもしれないが、移民は労働供給量が多いところに行く現実がある。例えば、2024年初頭、レッジョ・カラブリア州（人口の5・9％）の30、560人強に対し、ミラノ県には約492、000人の非EU市民（人口の15・2％）が居住していた。過去10年間で、EU内で強大な経済力を持つドイツでは、経済成長に遅れを取っていたイタリアの約7倍の移民を引きつけた。これらの比較から明らかなように、雇用機会が増えると、移民の流入は大きくなる傾向にあり、逆に雇用機会が乏しい場合、移民の流入は減少する。また経済状況も移民の流入量を大きく左右し、経済危機の時期には、移民の数もしばしば減少する。例えばスペインでは、世界金融危機の真っ只中に、負の移民の流れの現象、つまり新規入国者数よりも出身国への帰還者数が上回る状況となった。

架空のサルヴィーノ村に話を戻すと、一般論として移民がやってくるのは、既住民が満たさない雇用機会があるからである場合が少なくない。そのような場合、既住民と移民の間の競争、職の奪い合いは、激しいものとはならないか、もしくはほとんど存在しないため、労働市場への影響は限定的になると言えよう。

(2) 移民と既住民の労働スキルは異なっている

これまで、サルヴィーノ村には、お互いに完全に他者と代替可能な労働者および企業の間の相互作用が、単一の労働の価格、すなわち賃金を決定するという、単一市場仮説を立てて考えてきた。しかし、現実はもっと複雑であり、労働市場は単一ではなく、異なるスキルや能力を持つ異なるタイプの労働者を必要とする労働市場の複数のセグメントが存在する。レストランのウェイターの労働市場は、ソフトウェア・エンジニアの労働市場とは異なる。ウェイターとしてのスキルと資格を持つ個人は、通常、ソフトウェア・エンジニアとは競合せず、それぞれの賃金は異なる市場で決定される。

移民と既住民は、しばしば競合ではなく補完的な役割を果たす。さらに、移民の雇用先は特定の専門化した部門に集中しているのが一般的である。ただしこれらは、労働市場において移民と既住民の間にまったく競争がないことを意味するものではなく、競争がしばしば厳しく制限されているために、既住民の賃金と雇用への影響がきわめて小さいものになっていることを意味している。

ほとんどのイタリア人がいつも目にしている例を見てみよう。イタリアでは、非常に多くの合法的および非正規の移民労働者が、介護労働に従事している。農業・食品部門でさえも、インドやマケドニアの農民やアフリカ出身の労働者など、特定の職業に移民が集中していることがよくある。労働市場のニッチな分野に移民が特化していることは、イタリア人家事労働者との競争が少ないことを示している（ただし一部の家事労働者が労働市場のこの特定部門で厳しい競争に苦しんでいるのは事実である）。イタリアに存在する約90万人の外国人介護者が提供する労働により、何百万人ものイタリア人労働者が自分の専門的な技術に応じた活動や、あるいは単に各自お好みの活動に時間を自由に費やすことができるのである。介護者がいない場合、介護者によって実行されるこれらのサービスは、実行されないか（それは人々の経済厚生の明らかな減退を伴う）、あるいは多くの場合、より有益または望ましい活動を実行できる他のイタリア市民によって実行されることになる。

（3）新規労働者が雇用機会を拡大する

サルヴィーノ村に100人の移民が到着した例では、新しい労働者が到着しても生産構造は何も変わらないと仮定していた。これは、移民の影響を分析する際にしばしば見られる誤った見解、すなわち経済システムは静的・固定的なもので、雇用機会の数は決まっているために、移民が占めるようになる仕事は、既住民が奪われたものを意味すると考える誤解に基づいている。これが正しくない理由を明らかにしていこう。

勤労意欲のある新しい人々がやってくると、労働市場だけでなく、生産システム全体にも変化が生じることになる。生産者、つまり労働力を雇用して生産活動を行う者は、雇用できる労働力の増加が競争力を向上させ、生産量を増やすのに都合がよくなる。一般に移民の流入によって人口が増加した地域には、生産上の利点が生じるため、他の生産要素（新しい資本ないし新しい企業）の流入を引き起こすだろう。例えば世界で最も競争の激しい都市を特徴づけるダイナミクスについて考えてみよう。ロンドン、ニューヨーク、上海、ボストン、ドバイ、北京は雇用だけでなく、資本、技術、アイデアも引き付ける。何十万人もの労働者の到来は、新たな資本や投資を呼び込み、新たな雇用機会や労働者や消費者の新たな流入を生み出すという好循環を生み出す。経済システムは「ダイナミック」であり、移民の流れはこのダイナミズムの主要な推進力の1つなのである。

物語に戻ると、労働者の増加は、雇用機会の増加の「原因」でもある可能性がある。サルヴィーノの工場は、新たな投資、それによる新規雇用の拡大につながるインセンティブを得る可能性が高い。新しい市場環境の下では、サルヴィーノの自治体は他の企業にとっても魅力的なものになり、それは移民と既住民の両方、すなわちこの村の全住民の就労機会を増やすことになるだろう。

（4）移民の流入で、既住民の労働供給も変化する

サルヴィーノ村に新たな労働者が加わったことで、既住民が仕事の選択を見直すことになるかもしれない。一部の労働者は、労働時間を減らしたり、より高賃金の職業に転職したりするだろう。既住民の労働供給のこの再調整には、さまざまな理由が背景にあると考えられる。

第1の理由は、新参の移民労働者が、既住民がこれまで次善の仕事としてやむなく就労していた3D（Dirty, Dangerous, Demeaning）ないし3K（きつい、汚い、危険）の、望ましくない仕事に就くことが考えられることである。外国人労働者がこれらの仕事で既住民に取って代わることが多いのは、賃金に関する不公平な競争があるからばかりではなく、新しい労働力が利用可能になることで、既住民労働者がより良いと見なされる他の活動により多くの労働時間を割けるようになるからである。

第2の理由は、新規参入者からの競争圧力が効果的に高まって、賃金が下がることである。これは、一般的に低技能労働部門の市場に当てはまり、移民によって生み出された賃金低下圧力の直接的な結果、既住民の労働意欲が低下する可能性がある。[3]

どちらの場合も、移民労働者を雇用する部門の労働市場において、移民は多かれ少なかれ既住民の労働供給の減少を引き起こすだろう。移民の労働供給の増加に応じて、既住民の労働供給の減少が大きければ大きいほど、総労働供給（既住民と移民が提供する労働時間の合

計）はほとんど変化しないため、移民が賃金に及ぼす最終的な影響は小さくなると考えられる。

総人口に占める高齢者の割合が世界で最も高いイタリアや日本のように、高齢化が進む状況では、この仕組みは特に重要である。移民労働者が（比較的低コストで）老人の世話をしてくれるおかげで、多くのイタリア人労働者（特に女性）が家族の世話に割く時間を減らし、より多くの時間を仕事に割くことができるようになり、その結果として労働所得が増加していることが、いくつかの研究で示されている。この意味で、移民が存在することは、何の資格もいらない無報酬の家族介護に既住民が労働時間を割くことを減らし、彼らが資格を必要とする高技能の、より良い報酬の労働市場へ参加する方途を提供しているのである。

（5）新たな移民労働者は財やサービスを消費する

労働市場では潜在的な競争相手である移民も、既住民と同様に、食べ、自分で着て、家に住み、テレビを見る。彼らは労働者であるだけでなく、消費者でもあるのだ。移民流入の結果としての人口増加は、パンから有料テレビの加入、住宅の購入や賃貸に至るまで、商品やサービスのあらゆる消費を押し上げる。このように、移民は経済システム全体の生産と雇用の機会を直接変更することになる。

前の段落で述べた5つの経済的条件（そもそも雇用機会があるので移住する、移民と既住民は同じ技能を提供しない、新規労働者が雇用機会を拡大する、労働力の供給は新しい移住者の到着の結果として変化する、新参者は商品やサービスを消費する）がまったく発生しない場合にのみ、移民の影響が既住民の賃金と雇用にマイナスになると確信を持って言うことができる。しかし、そのようなシナリオは現実的にはありそうにない。

1・4 移民と既住民：競合ではなく補完的

学術文献によると、移民と既住民はすべての職種すなわち、高技能職だけでなく、低技能職においても、異なる地位を占めている。具体的な例を挙げると[4]、米国のノースカロライナ州では、2011年には50万人弱の失業者がいた。同年、ノースカロライナ州の農業生産者をまとめるノースカロライナ州生産者協会は、約6、500人の季節雇用を提供したが、50万人の失業者のうち268人しか応募しなかった（そのうち、労働期を終えたのはわずか7人だった）。残りの仕事は、主にメキシコ出身の労働者、まさにトランプ政権が両国の国境に新しい壁を建設して排除しようとしている人々によって占められた。この例は、農業における季節労働に対する需要が強いイタリアのような国においては、失業が存在するにもかかわらず、家事労働者が就けない（ないし就かない）仕事があるという事実を浮き彫りにしている。ノースカロライナ州の経済に対するこれらの季節労働者の年間貢献は

2億4、800万ドルから3億7、100万ドルの間である。季節労働者の流入のおかげで、3~4・6人の外国人季節労働者ごとに1つの新しい雇用が創出されている。[5] 米国労働省の推計によると、農業に従事する季節労働者の約70%は外国生まれで、H－2Aビザプログラムと呼ばれる一時的な移民制度を通じて採用されている。[6]

イタリアにおいても、高い失業率にもかかわらず、外国人労働力は多くの生産部門にとって不可欠な要素であることがしばしばみられる。イタリアの主要な農業生産者組織であるコルディレッティは、イタリアの田舎では約35万人の外国人労働者が定期的に雇用されており、必要な総仕事の26・2%を提供していると推定している。牛の繁殖などの一部の生産部門では、それらの貢献が不可欠であり、それらがない場合、生産は大幅に削減されることになるだろう。それゆえ、トランプのメキシコ国境の壁からイタリアの右派政権の強制送還の発表まで、メディアで大げさなトーンで発表される移民制限的な政策は、経済システムがどのように機能するかについての単純で誤った考えに基づいている、経済の現実とその複雑さを無視した行為といえよう。

1・5 移民と賃金：何もないのに大騒ぎ？

既存の実証研究には、移民が受け入れ国の労働市場にごくわずかな影響を与えたケースを分析したものがとにかく多い。世界の隅々から移民を最も惹きつける国である米国の例を見ると、総労働力を1％増加させる移民の流入が、低技能の米国労働者の賃金に平均−1％から+1％の影響を与えることが示されている。一般的に、最も熟練した労働者の賃金に対する推定効果は、彼らと移民との間の補完性が高い（そして競争が少ない）ため、正である。しかし、中程度の熟練労働者への影響は、いずれにせよ小さいとはいえ、一部の労働者グループには正の効果、他のグループには負の効果が生じるという結論となっている。

米国科学・工学・医学アカデミー（NAS 2017）による最近の研究では、1990年から2010年までのデータを用いて、教育レベルが異なる5つのカテゴリーの労働者に対する移民の影響をシミュレーションしている。中等教育を修了していない現地生まれの労働者への影響は、既住民と移民の間の代替可能性の程度に関する仮定に応じて、−3・1％から−1・7％の間である。(7) 高学歴労働者への影響は−0・9％から−0・1％の範囲である。他のすべての既住民については、正の効果が推定されている。興味深いことに、既住民に対する平均的な影響はゼロである。それどころか、すでに領土内に存在している移民の賃金への影響は常に負であるが、この場合も特に高くはなく、代替可能性の程度が、賃金への影響の正負を決定する上で中心的な要因であるという事実が示されている。流入してくる移民は、主として他のすでにいる移民に対して賃金下落圧力をかけるものの、既住民に対する圧力はそれほどでもないのである。

イタリアでの研究でも同様の結果が報告されている。２００９年から２０１７年は、国民経済の急激な縮小の影響を受け、10年間で一人当たりＧＤＰが約10％減少し、同時に移民の数が徐々に増加した期間だが、その間を分析した最新の研究の１つは、先住民の雇用レベルと賃金への影響が全体的にほぼゼロであることを示している。一部の推定では、わずかに正の影響が示されてもいる。[8] イタリアにおける移民が既住民の雇用に及ぼす影響は、先進国で実証された他の研究と同様に、高学歴の労働者（一般的に外国人の仕事を補完する仕事をする労働者）にとって正である傾向がある。興味深いのは、イタリアに関する研究が一般的に、介護者や家事労働者の提供するサポートが貢献して、移民が女性の雇用には正の効果をもたらすことを示していることである。[9] このデータは、世界経済危機のピーク時でさえ、イタリア経済がイタリアへの移民の流れを容易に吸収できたことを明確に示している。

１・６　キューバからの脱出：突然の予期せぬ労働移動の影響

既存の研究の多くは、移民と賃金の関連を調べているが、実際の影響を必ずしも正しく推計できているわけではない。なぜならば主として他の要因に起因して、賃金が変動した場合でも、移民によって引き起こされたものと誤って解釈されてしまう可能性があるからである。これらの計測上の問題を克服するために、学者たちは、移民の予期せぬ大規模な移動があったケースを分析することで、移民、賃金、雇用の間のより直接的で正確な因果関係を確定させてきた。これらの研究では、その後の間接的な影響、すなわち、新しい住民の流入に続いて経済システムが行う再調整を排除することによって、移民が受け入れ国の労働市場に与える直接的な影響だけを分離するため、ここでの議論に有用な情報を提供することになるだろう。

このアプローチを使用した最初の先駆的な研究の1つは、2010年に発表されたアメリカの経済学者デビッド・カードによる研究である。[10] カードは、1980年4月から10月にかけて起こったマリエル港からのキューバ人の大量脱出（マリエル・ボートリフトとして知られる）の影響を分析している。約125,000人のキューバ人（マリエリトス）がキューバを離れ、主にマイアミ市に定住したが、マイアミはすでに米国最大のキューバ系移民の本拠地であった。移民の流入量は大規模で、マイアミの労働力は7％増加したが、それは受け入れ国の労働市場の状況とは関係なく、フィデル・カストロが移民を承認するという選択をしたという予測不可能な政治的出来事の結果生じたものだった。マイアミの労働市場の動向を、キューバの人口流出の影響を受けていない米国の他の都市の動向と比較することで、カードは、大量の移民の流入が大きな影響を与えたという証拠は見いだせないと結論した。

カードの研究は、経済学研究で多くの議論の対象となってきた。特に、もう1人の著名な移民経済学者であるジョージ・ボルハスは、方法論、とりわけ賃金の観点からの影響を検証するための比較労働者のグループを部分的に変更することで、マリエリトスの実験を再検討した(11)（２０１７）。ボルハスは、負の影響が出る実例を見い出したが、それは、彼がかなり恣意的に、現地生まれ、非ヒスパニック、男性、低学歴の人々で構成される労働市場の小さな部門に焦点を当てたときだけである。ちなみに当時のマイアミの労働市場において、その小部門は全体の４～５％未満を占めているにすぎない。興味深いことに、マイアミの既住民集団が新参の移民と直接競争になった結果としての最初の賃金の下落は、約8年後には他都市の水準まで回復する。賃金下落効果が一時的な理由は、前頁で述べたように、移住の流れに伴う「間接的」な影響、すなわち「新しい」資本と企業の流入と既住民の労働供給の変化によるものである。

１・７　最悪のシナリオ

これまで見てきたように、労働市場における競争の激化により、一部の現地労働者にとっての移民がもたらす直接的な悪影響は、多くの場合、新規投資、生産性の向上、新規消費、新規雇用機会の誘発など、多くの間接的な影響によって相殺されることで軽減される。これらの間接的な効果は、全体的な影響を徐々に肯定的な方向にシフトさせ、地域経済のより大きな成長をもたらし、最終的には既住民にとってより良い機会と幸福をもたらす傾向がある。

しかし、こうした調整や移民が受け入れ国の労働市場に与える正の間接的効果が成熟せず、負の効果しか生み出さないケースはあるのだろうか。言い換えれば、既住民にとっての「最悪のシナリオ」はどのような条件で起こり得るのだろうか？　一例としてベルリンの壁が崩壊した数カ月後に導入されたドイツ政府の政策、すなわち1991年にチェコ共和国の市民を、ドイツ国内の国境の町に住まわせることなく、越境労働者として通勤することを許可した政策の結果として何が起こったのかを見てみよう[12]。新規労働者の流入は量的に有意であり、ドイツ国境地域の労働力は平均10％増加した。さらに言えば、労働移動は移民を惹きつけるような雇用機会の存在によって引き起こされたものではない。なぜなら彼らはドイツに吸い寄せられたのではなく、予測不可能な地政学的出来事によって移動したからである。また、ビジネス投資の増加につながる、いかなる正の効果も存在しなかった。実際のところ、ドイツ企業は、こうした労働移動を一時的で一過性のものと認識していたため、労働力が増加したとしても増産のための新たな投資を行うインセンティブとは見なされなかったのである。最後に忘れてはならないのは、労働力の流入が財やサービスの需要に大きな影響を与えなかったという、本質的な問題である。実際、非居住要件とは、チェコ共和国からの労働者が越境通勤者でなければならないことを意味していて、移民が受け入れ国の労働市場に正の影響を与えることにつながる、移民によるドイツ国内での消費が増えることにはならないのである。

この突然の移民という歴史的な出来事から、どのような教訓を引き出すことができるだろうか。第1の結果としては、これまで述べてきたことと軌を一にすると、外国人労働者の流入に伴う労働力の増加が賃金に及ぼす影響は小さかったということである。政策導入から3年後、チェコ共和国の労働者数が既住民であるドイツ人と比較して相対的に1%増加したことで、平均賃金は0・13%減少した。しかし同時期にチェコ共和国からの移民にもかかわらず、経済成長の結果、実質賃金が+3%上昇したため、その影響はごくわずかであった。国境地帯の既住民の雇用水準にはより大きな影響があり、越境通勤者が1%増加すると、既住民の雇用は0・9%減少した。しかし、国境地帯で雇用されていたドイツ人労働者が余剰人員となったり不採用になったりした現象は見られず、移民の影響を受けて他の地域に住むドイツ人がこの地の労働市場へ流入する量が減少した。したがって、この形態の移民の流入は住民に悪影響を及ぼすことはなく、他の潜在的な移住者に取って代わる形となった。

結論として、間接的な正の効果がないという最悪のシナリオの下でも、流入する移民が労働市場に対してグラウンド・ゼロの効果、すなわち既住民に悪影響をもたらさないという結論が得られるのは、いわば局外者である、他の（潜在的な）移民である既住民（あるいはしばしば外国人）の移住量が減るという負担があることにより、成し遂げられていることがわかる。

1・8 勝者と敗者

洗濯機やパソコンの使用によってどれだけの雇用が破壊されたかを考えれば、技術革新が雇用を永久に破壊しないことがわかるが、移民の流入は、生産に使われる他の要素の生産性に一般的に正の影響を与えるだけでなく、受け入れ国経済に刺激を与え、商品やサービスに対する全体的な需要も増加させる。

既住民の一部が労働市場で新参者との競争になり、悪影響を被ることは間違いないことである。ただし既存の経済学の文献は、最も楽観的でないシナリオでも、この悪影響は依然として限定的であることを示している。では、なぜ「移民が私たちの仕事を奪っている」という認識が世論に広まっているのだろうか。その答えは、移民のような複雑な現象に対して、現実と認識をずらす根本的な非対称性にあるのではないだろうか。競争が労働市場に及ぼす影響は、一部の人々にとって機会を圧迫する負の影響であり、直接的で容易に観察可能である。他方で正の影響は大きいものの、多くの場合、多数の人々に拡散し、間接的である。これらの間接的な影響は、多くの場合、受け入れ国の住民に知覚されない。移民受け入れ政策について、誤った認識が集団的選択を導くことを防ぐために、また移民の利益をより社会的に受け入れられる方法で再分配するために、他の経済政策手段を用いることが必要であり可能である。移民がもたらす正の影響を最大化し、新規移民によって不利な立場に陥る人々を補償する条件を整えることが、今後探るべき道なのである。

2. 日本の実情

2・1 正しい質問

コニーリョがこの章の冒頭に示した移民についての疑問は、受け入れ国における現在の政治社会状況を如実に反映している。米国では国境取締り強化が主要な政治課題の1つであるし、フランスやドイツなど欧州諸国においても反移民を掲げる政党が支持を伸ばしている。一方、「移民」を認めていない日本においては、世論を二分するような政治課題にもなっておらず、むしろ日本は〝どうすれば外国人労働者に選ばれる国になるのか?〟が産業界で議論されている。労働力減少への危機感と、韓国や台湾など日本と同様の外国人労働者政策を採る国との人材獲得競争が背景にある。

2018年、日本経済新聞社が行った企業アンケートによれば、外国人労働者受け入れ拡大について、「賛成・どちらかと言えば賛成」が51・7%、「どちらとも言えない」が41%で、反対は1％以下だった。その反対派の理由においても「単純労働者を受け入れる職種がない」が主な理由で、「日本人の賃金上昇を抑える・治安が悪化する」はゼロである。もっともこれは大手企業を対象としており、中小企業においては日本人労働者が集まらないために外国人労働者採用に積極的である。

社会における人々の認識はどうかと言えば、NHKが実施した世論調査では、日本で働く外国人が増えることについて70％が賛成しており、反対は24％にとどまる。[13] ただ、日本は外国人労働者に寛容なのかと言えばそうでもなく、出身国によって異なる態度を示すこともわかっている。[14] 欧米出身者に対しては肯定的（賛成・やや賛成が60％～70％）だが、中国や韓国出身者には否定的な態度（同20％～30％）が見られる。

日本では外国人労働者に関して世論を二分するような議論があるわけでもなく、政治上の課題になっているわけでもない。イタリアや米国のように国境を接する国からの流入が人々の危機感を煽っているわけでもない（今のところは）。そのような国で問うべき質問は何であろうか。

2・2 サルヴィーノ村への旅と川上村への旅

イタリアのサルヴィーノ村物語を日本に置き換えてみよう。長野県の川上村は日本人人口約4，000人の村。農業が基幹産業で、レタス生産では全国出荷量の15・6%を占めており全国1位だ。その農業を支えているのは825人[15]の外国人労働者である。人口比はサルヴィーノ村とほぼ同じ水準で約19%、この比率も全国1位である。コニーリョの物語では、サルヴィーノ村に100人の移民がやってきた理由は示されていなかったが、川上村は違う。農業を維持するために必要な労働力を確保するために、積極的に外国人技能実習制度[16]を利用しているからだ。したがって、労働市場では地元の日本人と競合せず、仕事の奪い合いは起こらない。制度上は日本人と同水準の賃金を支払うことが義務付けられている。さらに、移民が増えたサルヴィーノ村と川上村が大きく違う点は、川上村の外国人はいずれ帰国する、という点だ。農家は数年後に帰国することがわかっている労働力を見込んで将来の必要な労働力を調整しうるから、雇用機会を求めて外国人の流入が急に増えることは起こらない。そのため、おそらく外国人労働者の失業を生むことはない。では、イタリアと日本における結末は違うものになるだろうか？

2・3　結末を書き換えられる5つの理由

(1) 日本では誰がどこに？――移住地の選択と雇用機会

サルヴィーノ村と川上村に共通点があるとすれば、既住民が満たさない雇用機会があり、そのニッチな分野に外国人労働者が特化している点であろう。農業部門など特定の職業に外国人労働者が集中していることは、イタリアの介護労働者と同じで、川上村でも外国人労働者の80％がベトナム、インドネシア、中国の出身者だ。

日本の外国人労働者は日本人では需要を満たせない分野・産業での仕事を担っている。2023年、都道府県別では東京都に在留外国人の19・5％が住み、愛知県（9・2％）、大阪府（8・8％）、神奈川県（8・0％）と続く（図表1－1）。東京都は企業活動の中枢や高等教育機関が集積していることを反映して在留資格「技術・人文知識・国際業務」「留学」が多いが、愛知県では「技能実習」「定住者」の資格で在留する外国人が全国でも最も多く、すそ野の広い自動車産業を支えている。製造業においては、日本人労働者と競合関係にはない。市町村レベルや人口比で見れば、長野県川上村における農業と同じく、漁業[17]においても外国人労働者は欠かせない存在となっている。イタリアと事情が異なるのは、日本の外国人労働者政策は産業界の要請に応じて、不足する労働者を外国人労働者で補う性質を持つため、彼らが就労機会を求めて国内を移動することは起きないことである[18]。

(2)「補完」か「代替」か、で変わる結論

移民に関する経済学的な主要な議論の1つは、外国人労働者が国内の労働者（既住民）と代替関係にあるか、補完関係にあるか、という点であるが、日本においてはどうだろうか。

図表１－１　都道府県別　在留外国人の構成比（令和５年６月末）

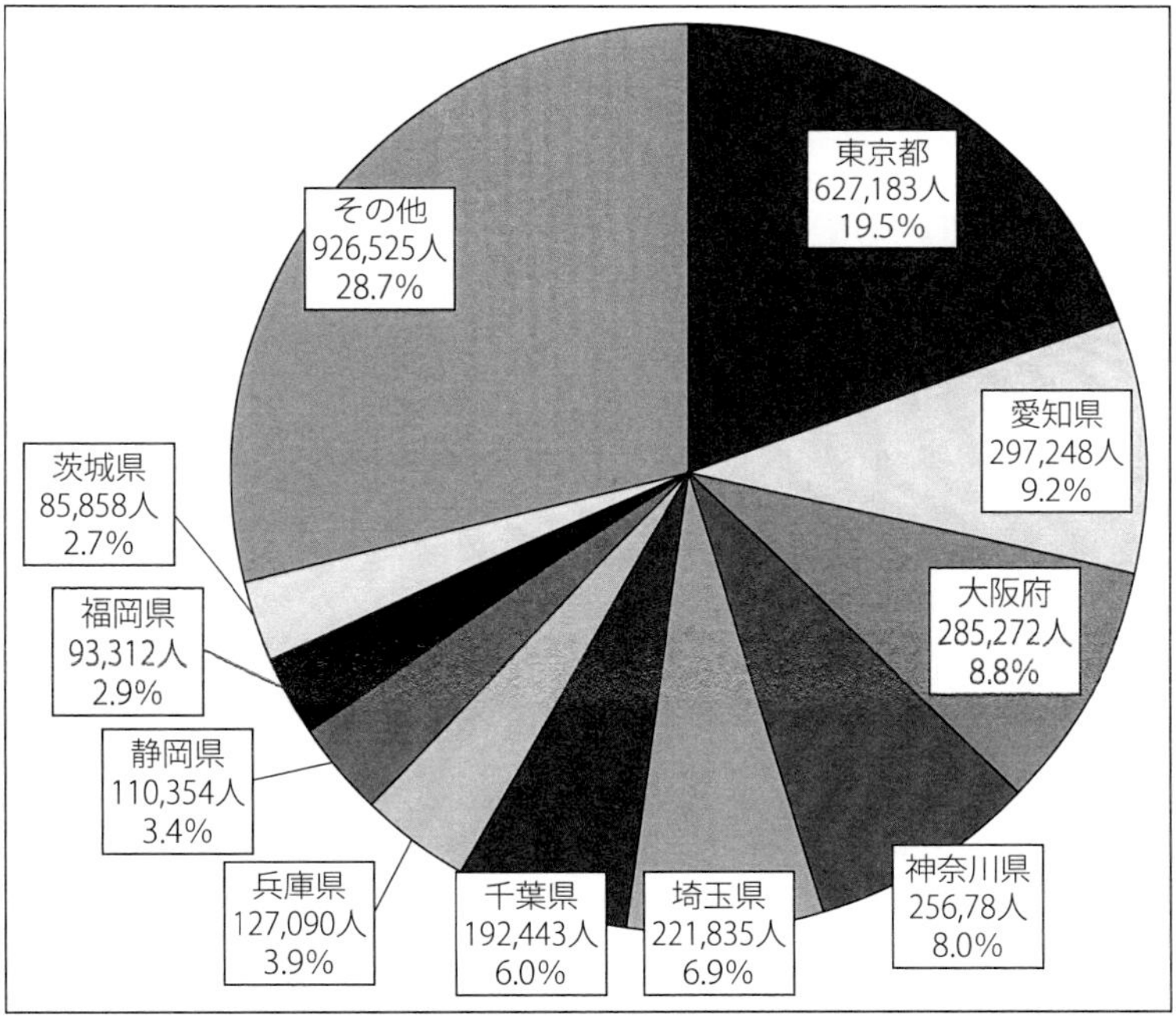

出所：出入国在留管理庁（2023）『令和５年６月末現在における在留外国人数について』より転載。

外国人労働者の流入が増え始めた１９９３年の実証研究[19]では、外国人労働者は正規労働者と補完的だが、資本と非正規労働者とは代替的であることが示されている。また、推計によれば、外国人労働者が10％増加すると非正規労働者の賃金を３～５％低下させることが明らかにされている。外国人労働者と代替関係にある非正規の日本人労働者にとっては心配な結果ではあるが、もう少し新しい研究ではどうだろうか。中村ら（２００９）[20]の実証研究によれば、外国人労働者の雇用は日本人労働者、特に高卒の労働者の賃金を上昇させることが観察され、学歴が低い日本人労働者ほど初任給が高くなることが示されている。相対的に低い技能・技術を必要とする企業が、そのような価格の安い生産技術を補完する技能の低い外国人労働者と共に、低学歴の日本人の賃金や雇用を拡大させている可能性が指摘されている。また、外国人労働者の導入が大きい地域ほど日本人労働者、特に若年層の他地域への流出が見られたのは、生まれ育った地域で就労せず大学に進学することで人的資本の蓄積につながる一方、地域の労働供給曲線をわずかながらも左方にシフトさせていることも推測される。両者の研究には20年ほど隔たりがあり、その間、外国人労働者の属性も変化しているし、研究対象も異なっているため単純に比較はできないものの、未熟練の外国人労働者を受け入れると日本人労働者の賃金を引き下げる、という結末は否定される[21]。

（3）サルヴィーノ村に起きる変化の可能性は

勤労意欲のある移民がやってくると、生産システムに変化が生じ、競争力が向上して生産量を増やすことになれば、新たな投資を呼び込んで新規雇用も増える、というサルヴィーノ村にとっては幸福な結末が示唆された。たしかに、東京もロンドンやニューヨークなどと並びグローバル都市として多国籍企業の中枢が集積しており、外国人労働者も多く流入している。実際、東京には日本に在留する外国人の20％近くが住み、熟練労働者とみなすことのできる在留資格「技術・人文知識・国際業務」に限れば、東京には全熟練労働者の30％が住んでいる。

川上村で就労する外国人労働者の多くは技能実習生で、未熟練労働者だ。農業だけでなく、漁業や縫製業の多くは彼ら未熟練労働者に頼っている。日本の研究[22]では、低い生産性を維持している企業が外国人労働者を導入すると、企業の存続にプラスの効果を持つことが知られ、本来なら退出すべき企業を延命させて産業の高度化を遅らせることが示唆されている。サルヴィーノ村で期待される変化は、少なくとも日本において未熟練労働者を雇用する部門では起きそうにない[23]。

（４）高齢化社会を支える存在

コニーリョが指摘するように日本も高齢化が進む。１９５０年には４・９％だった高齢化率（65歳以上の人口が総人口に占める割合）は、今や29・１％（２０２３年）に。15歳～64歳の労働力人口は、１９９５年には８、７１６万人いたのに今は７、３９５万人へと減少、総人口の60％を切っている。ＪＩＣＡ緒方貞子平和開発研究所の報告書[24]によれば、年平均ＧＤＰ成長率１・24％を維持するために必要な外国人労働者は、２０４０年で需要量６７４万人に対し、現行の受け入れ方式では主にアジア諸国の外国人労働者供給ポテンシャルは632万人で42万人の需給ギャップが生まれると予測している。明らかに日本は外国人労働者を必要とする。

2・4　再考：補完と代替、思い込みと現実

イタリアの農業生産には外国人労働者が定期的に雇用され、牛などの繁殖には不可欠な存在だとコニーリョは書いている。日本においては川上村の例で見た農業だけでなく、漁業についても同じで、外国人労働者が重要な担い手になっている。漁業就業者はこの四半世紀で半減しており、[25]その深刻な労働力不足を補っているのが技能実習生である。かつお一本釣りなどの沖合漁業は彼らがいないと成り立たない。その沖合漁業の担い手は、ほとんどインドネシアの水産高校を卒業した男性である。インドネシアでは水産系の高等専門学校が全土にあり、水産教育を受けた優秀な人材が日本で働いているのは、同国における就労機会の少なさによる。高校進学率が低いインドネシアでは、政府としても日本での就労を後押ししている。賃金も高めに設定されており、[26]その意味では彼らは熟練労働者であり、補完的な存在でも競合的（代替的）な存在でもない、日本の漁船漁業にきっちりビルトインされた存在となっている。一般的にわれわれが想像するような3K（きたいない、危険、きつい）職場で働く安価な技能実習生という、しばしばメディアが報道するネガティブな思い込みとは違う労

働市場が生まれている。(27)

2・5　移民と賃金　何もないのに大騒ぎ？

コニーリョはイタリアの低学歴の労働者にとって移民は負の影響をもたらす傾向があることを示唆していたが、日本の場合、未熟練の外国人労働者受け入れは、彼らと競合する低学歴の日本人労働者にとっては正の効果、つまり賃金を引き上げる可能性があることが示されたことは2・3（2）で述べた通りだ。

異なる教育カテゴリーの労働者に対する移民の影響に関しては、日本では外国人労働者の質による影響を考察した例は多くない。高技能人材とされる在留資格「技術・人文知識・国際業務」の外国人労働者は在留外国人全体の10％程度に過ぎず、未熟練労働者の流入がもたらす影響に関心が集まる。外国人による労働供給と日本の企業による外国人労働需要に関する2015年の研究(28)では、外国人と日本人の教育、産業・職業の分布を比較した結果、日本の外国人労働力は男女とも製造業に集中し、日本人労働者と広く競合関係にあるとは言えない、と考察している。このことは、外国人労働者と日本人労働者は代替関係にはないことを示唆するこれまでの研究結果を補完するものになっている。また同研究では、外国人労働力への需要は小規模事業所に集中し、職業紹介・労働者派遣業など非製造業への転換が進んでおり、外国人労働力が安価で柔軟な労働力としての役割に変化はない、と分析している。

一方、外国人労働者の質が賃金ではなく労働災害へ与える影響を考察した研究[29]によれば、高度な技能を持つ外国人労働者（短大卒・大卒）の導入は、労働災害が発生する確率を引き下げている可能性が高く、低技能の外国人労働者（中卒・高卒）の導入は地域の賃金水準に影響を与えないものの、労働災害が発生する確率を引き上げている可能性が示唆されている。

2・6　日本のシナリオは

コニーリョがこの章の1・6で取り上げたカードvs.ボルハスの議論に象徴されるように、移民が受け入れ社会にもたらす影響は正か負か、の議論は今も続いている。日本においては、外国人労働者が日本経済にもたらす影響については、（本書でも述べるように）負であると論じる研究はほぼ見当たらない。もちろん、社会的な影響では、一部の人々にとって文化的な摩擦や価値観の相違という「直接的」で「観察可能」な負の感情を持ちうる場面はある。しかし、人手不足の産業界ではさらなる外国人労働者導入に期待しているし、地方においては、地方創生の手段として導入したい自治体も多い。外国人労働者を必要とする産業や自治体がある以上、外国人労働者の導入は進む。世界において、研修タイプの外国人受け入れ制度（Trainee programmes）に限れば、同制度を利用して移動する人々の75％を日本は技能実習制度で受け入れている国であって、(30)その意味では、すでに外国人労働者の受け入れ大国である。起こりうるシナリオは、あくまでも帰国を前提として一時的に滞在・就労する外国人労働者政策を維持し続けるか、あるいは長期就労を可能にし、就労場所や居住地を自由に選択でき家族帯同も可能な制度を採るか、それならば入国時から定住目的の移民を受け入れる移民国家になるのか、どの道を選択するか、である。

コラム「イタリアを知る」#1

イタリアの歴史と地域の多様性

イタリアは19世紀半ばまで約１３００年間、統一国家がなかったため、日本とは比べ物にならないほどそれぞれの地域は多様性に富んでいる。

11－12世紀になると、農業生産の拡大が余剰生産物を売買する都市の発展を促し、十字軍の遠征は物資の交流の広域化につながったため、遠隔地貿易の中継点だった北中部のイタリアでは都市の繁栄がみられた。ヴェネツィア、ジェノヴァはアジアとの東方貿易や海運で富を蓄積し、封建領主から自立して周辺農村も併せたコムーネとよばれる都市共和国を形成した。商工業が発達したミラノは、ロンバルディア同盟の中核としてヴィスコンティ家の下で公国となる。13世紀以降、貿易に加え毛織物業や金融業で繁栄していたフィレンツェは、15世紀にはメディチ家の下でルネサンスの中心地となった。

中部イタリアにはローマ教皇が宗教的権威として君臨する一方で、世俗君主としての役割も兼ねる形で領土を保有していた。北イタリア各地はその教皇に与するゲルフと、イタリアに支配権を行使しようとするドイツの神聖ローマ皇帝に与するギベリンとに分かれて争いが絶えなかった。他方でローマ以南の南イタリアでは、12世紀にノルマン人により両シチリア王国が建国され、その後もフランスのアンジュー家がナポリを、スペインのアラゴン家がシチリアを統治するなど、さまざまな外国勢力の支配下に置かれた。

近世に入ると、都市経済の富と自由な雰囲気を背景にフィレンツェやヴェネツィアでルネサンスと呼ばれる文化的興隆を見るが、同時に大航海時代の到来で東方貿易での利を失った北イタリア都市の経済的な没落も進むことになる。さらに神聖ローマ皇帝とフランスが覇を競う、半世紀余りにわたるイタリア戦争が勃発し、戦場となった北イタリアの疲弊が進んだ。

近代に入っても分裂状態だったイタリアだったが、19世紀の中ごろにはサルデーニャ王国を中心とした国家統一（リソルジメント）の機運が高まる。１８５３－56年のクリミア戦争への参戦で国際的なプレゼンスを高め、協力を約束したはずのフランス・ナポレオン３世の裏切りにあいながらも、１８５９年のイタリア統一戦争を勝ち抜いてオーストリアから北イタリアのロンバル

イタリアの統一

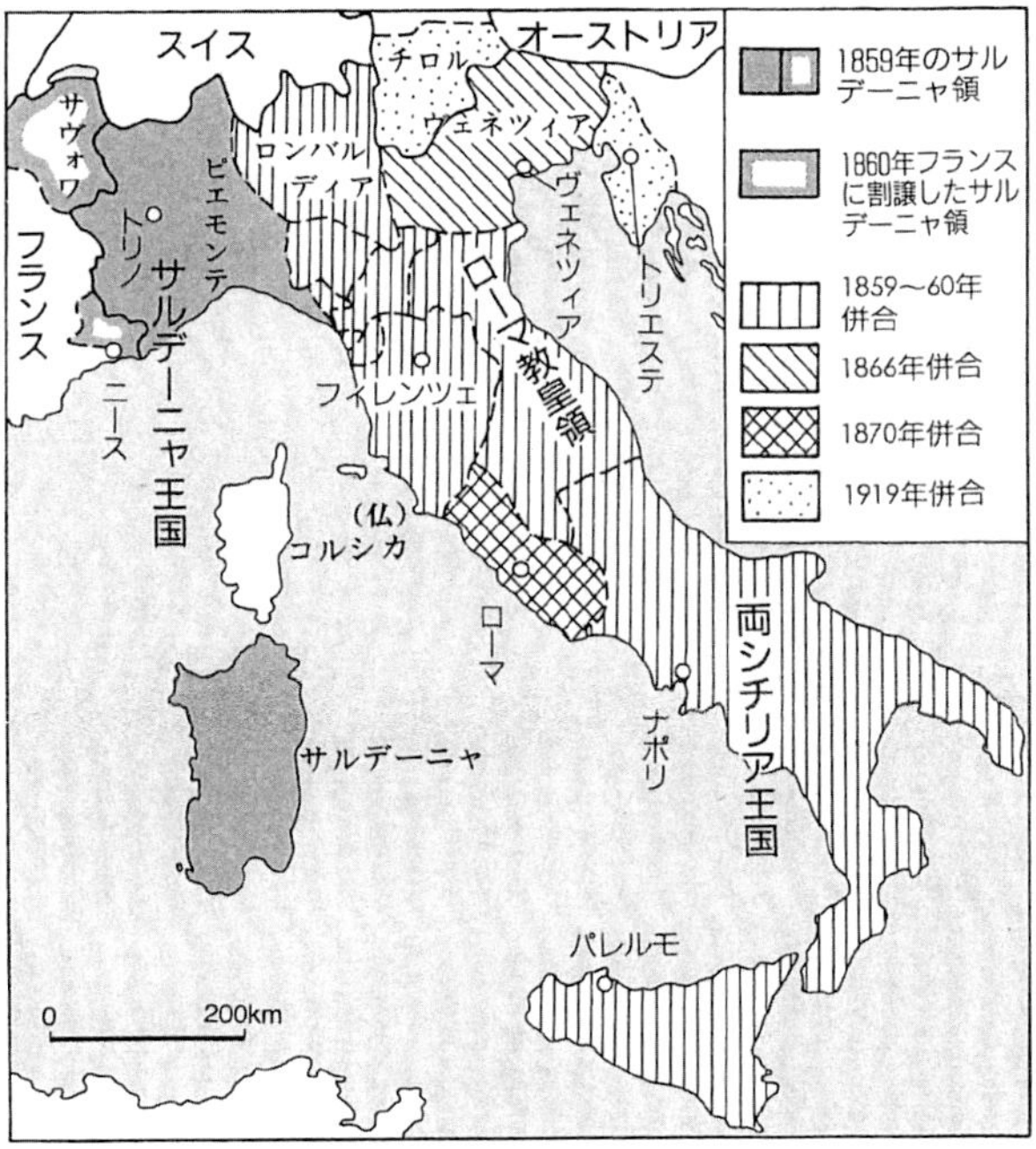

出所：『詳解世界史 B』清水書院　2000 年。

ディアを獲得することに成功する。１８６０年にはサヴォイアとニースを引き渡す代わりに、トスカーナなどフランス軍駐屯下の中部イタリアの住民投票による併合をフランスに認めてもらう。同年にはブルボン家の統治していた両シチリア王国を討伐した革命家ガリバルディから、南イタリアとシチリアを献上された。そしてついに１８６１年、ヴェネツィアとローマ教皇領を除くイタリアの統一国家として、イタリア王国が誕生した。初代国王はヴィットリーオ＝エマヌエーレ2世、敏腕の首相はカヴール、最初の首都はトリノに置かれた。ヴェネツィアは普墺戦争に乗

イタリア20州

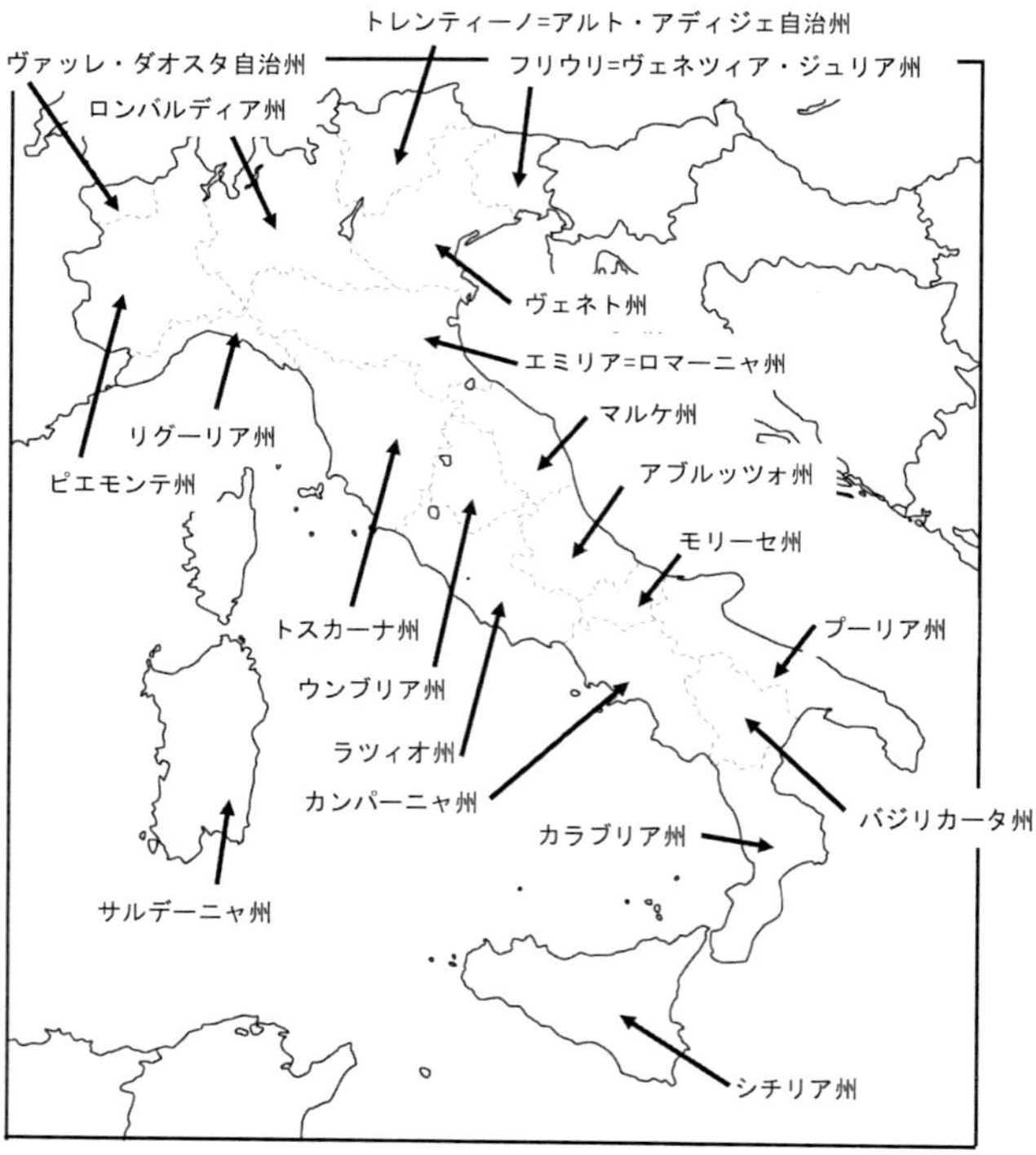

じて1866年に、フランス軍が駐留していたローマ教皇領（ヴァチカン市国を除く）は普仏戦争に乗じて1870年に、そして未回収のイタリアとされたチロルとトリエステは第一次世界大戦の結果1919年にイタリア領となった。

　現在イタリアに20ある州（および自治州）は、こうした歴史的な背景から区画が決まったために、面積も人口規模も大小さまざまである。シチリア州やピエモンテ州が25、000平方キロ以上あるのに対して、モリーセ州は

4、400平方キロあまりで、ヴァッレ・ダオスタ自治州に至っては3、200平方キロほどしかない。人口も最大のロンバルディア州が1、030万人なのに対して、ヴァッレ・ダオスタ自治州はわずか14万人しかいないのである（2023年）。また19世紀から近代工業が発展した北部（とりわけミラノ、ジェノヴァ、トリノの三都市に囲まれた工業の三角地帯）と、経済発展が遅れ、ブルボン家統治時代以来の社会的不平等や貧困が解消されない農業地帯の南部との地域格差が問題であり続けた。一人当たりGRDP（地域GDP）を比較すると、今日でも高い水準にあるのは北部諸州に集中しており、1位のトレンティーノ＝アルト・アディジェ自治州南チロル県では54、500ユーロ、2位のロンバルディア州が44、400ユーロであるのに対し、低水準なのはほぼすべて南部諸州で、最下位のカラブリア州が19、400ユーロ、次いでシチリア州が20、100ユーロ、カンパーニャ州が21、200ユーロとなっている（2022年）。イタリア平均が33、000ユーロであるから、南部諸州のGRDPは平均の3分の2程度であることがわかる。

【註】

（1）経済学の知識がある読者は、ここで記述されているのは労働の需要と供給の単純な市場モデルであることがわかるだろう。需要曲線が負の傾きを持つ場合、移民の流入、すなわち労働供給曲線の右方向へのシフトは、少なくとも短期的には均衡賃金を減少させる。

（2）数字で見ると、移民の多くは経済的な理由によるものであり、政治難民など庇護希望者の移動は一般的には非常に少ない割合にとどまっている。イタリアでは、2007年から2013年の間に、亡命希望者は総流入移民量の平均5・7%を占めた。ただし地中海ルートを経て大量の偽装難民（経済難民）が押し寄せた2010年代半ば以降はその割合が急増した。2017年には約126・5千件と庇護申請がピークに達し、それはイタリアに流入した移民の37%に相当した。

（3）賃金に対するこの「下押し圧力」は、それがどのような状況に基づいているのかに大きく依存することは容易に理解できる。例えば、法律で定められた最低賃金や、不法就労問題と闘うための効果的な手段がある場合、移民が賃金水準や既住民の雇用水準にも及ぼす影響は、より限定的である。アンソニー・エド氏とヒレル・ラポポート氏が米国を対象に行った最近の2018年の調査では、時給の最低賃金を引き上げることで、現地の労働者、特に技能の低い労働者を移民との競争から守ることができることが確認されている。Edo A. & Rapoport H. (2018), "Minimum Wages and the Labor Market Effects of Immigration," *IZA Discussion Papers* 11778, Institute for the Study of Labor (IZA) を参照のこと。

（4）Clemens M. A. (2013), "International Harvest: A Case Study of How Foreign Workers Help American Farms Grow Crops, and the Economy," *Center for Global Development*.

（5）この値は、季節労働者による地元の商品やサービスの消費を考慮しておらず、これらの労働者を機械化された収穫方法に置き換えることが常に可能であるという仮定に基づいているため、過小評価されている（これは一部の農産物に常に当てはまるとは限らない）。詳細については、Clemens M. A. (2013), "International Harvest: A Case Study of How Foreign Workers Help American Farm Grow Crops, and the Economy," *Center for Global Development* を参照。

（6）アメリカの統計システムでは、「外国生まれ」は文字通りの国外出生者の意味であり、この概念は、多くの外国生まれの人々がその後、米国市民権を取得するという点で、「市民権」の概念とは明らかに異なるものである。

（7）高校中退者等が該当する。

（8）イタリアの地方に関するFusaro S. & Lopez-Bazo E. (2018), "The Impact of Immigration on Natives Employment: Evidence from Italy," *IREA Working Papers* 201822. を参照のこと。イタリアに関する最初の研究成果の1つが、Gavosto A., Venturini A. & Villosio C. (1999), "Do Immigrants Compete with Natives?," *Labour* 13(3), pp.603-621. である。

（9）さらに詳しい研究としては、Barone G. & Mocetti S. (2011), "With a Little Help from Abroad: The Effect of Low-skilled Immigration on the Female Labour Supply," *Labor Economics*, 18(5), pp.664-675. をあげておく。

（10）Card D. (1990), "The Impact of the Mariel Boatlift on the Miami Labour Market," *Industrial and Labor Relations Review*, 43, No.2, pp.245-257.

（11）Borjas G. (2017), "The wage impact of the Marielitos: a reappraisal," *ILR Review*, 70(5), October, pp.1077-1110.

（12）これは「グレンツゲンガーゲルング（Grenzgangerregelung）」と呼ばれる、鉄のカーテンの崩壊によって引き起こされた越境通勤政策である。ダストマン氏らによる最近の研究で、このような政策がドイツの労働市場に及ぼす影響を分析している。通勤には明らかな「地理的」な制限があるため、両国の国境から最も遠い地域は、労働力の拡大による影響が少なかった。これらの地域は、研究者にとって、この形態の移住の影響を評価するための比較対照の領域となる。詳細については、Dustmann C., Schönberg U. & Stuhler J. (2016), "The Impact of Immigration: Why Do Studies Reach Such Different Results?," *Journal of Economic Perspectives*, American Economic Association, 30(4), pp.31-56, Fall. を参照されたい。

（13）調査は２０２０年３月、全国18歳以上の男女２、７９２人を対象とし、回答数は56・３％。https://www.nhk.or.jp/bunken-blog/500/435446.html

（14）永吉希久子（２０２１）『日本の移民統合：全国調査から見る現況と障壁』明石書店。

（15）２０２０年（令和２年）の国勢調査による。

(16) 技能実習制度が導入される前は研修制度を利用していた。日本の在留資格については、第4章2．日本の実情を参照のこと。

(17) 例えば、市町村において海上作業に従事する外国人労働者数が最も多いのは、いちき串木野市（鹿児島県）で、５０９人、68・４%を占めている。気仙沼市（宮城県、４５３人、24・２%）、焼津市（静岡県、３５３人、35・１%）と続く。佐々木貴文（２０２２）「漁業センサスからみた漁業・水産加工業における外国人就業の実態とその推移」『漁業経済研究』66（１）、43－61頁。

(18) 主に日系人の在留資格である「定住者」は日本人と同様、就労の自由があり、働く場所や就労先に制限はないが、「技能実習」の在留資格者にはそのような自由はなく、転職や転籍はできない。

(19) 大竹文雄・大日康史（１９９３）「外国人労働者と日本人労働者との代替・補完関係」『日本労働研究雑誌』35(12)、２－９頁。

(20) 中村二朗・内藤久裕・神林龍・川口大司・町北朋洋（２００９）『日本の外国人労働力：経済学からの検証』日本経済新聞出版社。

(21) 外国人労働者が日本人労働者と代替的な場合と補完的な場合についての理論分析は、本書の補論で紹介されている島田（２００９）を参照のこと。小国解放経済において代替的な場合（労働市場が単一の時）、外国人労働者受け入れ枠が増加すると、自国労働者の雇用量は減少するが賃金への影響は定まらないとし、補完的な場合は未熟練労働者の受け入れ枠拡大は自国の熟練労働者の雇用や賃金を増加させる一方、自国の未熟練労働者の雇用と賃金を低下させることを明らかにしている。

(22) 前掲中村ら（２００９）。

(23) 暗い話ばかりではない。農業部門の将来に可能性を見出す研究がある。農業部門に観光産業を組み込むアグリツーリズム産業への移民導入は、条件が整えば自然環境を向上させ、経済厚生を高める可能性が示されている。Kondoh K. & Kurata H. (2024), "Agritourism, the Inflow of Foreign Workers, and Economic Welfare in Developed Countries," in Marjit S. & Mandal B. (eds), *International Trade, Resource Mobility*

and Adjustments in a Changing World: Essays in Memory of Ronald W. Jones, Springer Nature Singapore, pp.421-436.

（24）独立行政法人国際協力機構（２０２２）「２０３０／40年の外国人との共生社会の実現に向けた取り組み調査・研究報告書」。ここでのシミュレーション（分析・執筆）は、株式会社価値総合研究所による。https://www.jica.go.jp/Resource/jica-ri/ja/publication/booksandreports/uc7fig000032s9-att/kyosei_20220331.pdf なお、同研究所によるその後の更新推計（２０２４年）では、外国人労働者の需給ギャップは55万人に拡大すると予測されている。

（25）佐々木貴文（２０２０）「水産業における外国人労働力の導入実態と今後の展望」６２５号、２０２０年10月、水産振興ＯＮＬＩＮＥ　https://lib.suisan-shinkou.or.jp/ssw625/ssw625-03.html

（26）休日・時間外の概念がない職場であるため、他の技能実習生とは異なる賃金体系となっている。

（27）ルポルタージュ（最近では映画も）で描かれるような劣悪な環境で働く技能実習生の実態も事実だが、他方で、製造業において、技能実習生をはじめ外国人労働者を日本人と同様に戦力として受け入れ、共生に努力している中小企業もある。このことは、コニーリョが指摘するように、知覚されずに拡散してしまう正の影響が日本においても存在することを教えてくれる。その意味で、イタリアが採るべき道は、日本が今後採るべき道を示唆している。

（28）町北朋洋（２０１５）「日本の外国人労働力の実態把握：労働供給・需要面からの整理」『日本労働研究雑誌』57（9）、５－26頁。

（29）前掲中村ら（２００９）。

（30）OECD (2024). International Migration Outlook 2024.

第2章　移民送り出しから移民受け入れへ

1．イタリアの事情(1)

1・1　はじめに

前世紀におけるイタリア移民の移り変わりは、ＯＥＣＤに現在加盟しているほとんどの国と共通にみられるパターンをとっている。イタリアは長い間、特に新大陸（アメリカ、アルゼンチン、ブラジル、オーストラリアなど）や他のヨーロッパ諸国（ドイツ、フランス、ベルギー、イギリスなど）への国際的な移民送り出し国であった。本章では、イタリアが大規模な移民送り出し国から、移民受け入れ国となるに至った経緯と特徴を簡単に概説する。イタリア移民の歴史は、折々の経済的課題、社会的変容、政策転換が形成してきたものであり、この章では国際的な人の移動がイタリアの社会経済的進歩に果たした役割についても述べる。

ここでは、イタリアの移民史における象徴的な最近のエピソードの1つ、1990年代初頭からのアルバニア人の移民に特に注目したい。このエピソードは、イタリアと日本における移民をめぐる今日の議論に対して、とりわけより良い移民政策を立案する上で、非常に重要なメッセージをもたらすものだと筆者（コニーリョ）は考えている。実際、アルバニア政権の崩壊後の1991年に、2万人以上のアルバニア人が貨物船ヴローラ号でバーリの港町に到着したが、この大規模な流入に対して、当初イタリア側では敵意と侵略への恐怖が芽生えた。しかしイタリアへのアルバニア移民のこの30年間のできごとを顧みると、こうした恐怖は根拠がなく、これらの移民は今やイタリア社会に不可欠で社会経済を活性化する一助となっていることがわかる。

1・2　移民の国としてのイタリア（19世紀後半〜20世紀半ば）

イタリアは移民送り出しの長い歴史と移民受け入れの短い経験を持つ国である。1861年から1985年の間に2、600万人以上が移住し、1875年から1928年までの10年間の平均移住者数は340万人、1929年から1975年までの10年間の平均移住者数は200万人であった。

歴史家によれば、イタリア移民には4つの段階があった。

- 第1段階：1876年から1900年まで：

- 第2段階：1900年から第一次世界大戦まで：
- 第3段階：第一次世界大戦と第二次世界大戦の間：
- 第4段階：第二次世界大戦から60年代末まで。

以下では、送り出し国から受け入れ国へと移行してゆく、これらの異なる局面の主な特徴について簡単に説明する。

第一段階は、主に経済的苦境と政治的不安定を原動力とする大規模なイタリア移民の時代である。第一次世界経済恐慌（1873~79年）は農産物価格の大幅な下落をもたらし、政府が導入した保護主義政策は農業労働者を困窮させた。移民の大半は南部の農村地域や貧困地域の出身者で、これに農業危機の影響を受けた一部の北部地域のものが加わっていた。移民増加の第二の基本的要因としてあげられるのは、政府の自由主義政策（1888年にフランチェスコ・クリスピ政権が個人の移住自由の原則を確立した）と、アメリカ大陸、特に米国、アルゼンチン、ブラジルへの移住を促進した大西洋横断蒸気船航路の開設である。この時期、約530万人のイタリア人が祖国を離れ、その多くが南米諸国に定住した。1890年代には、年間移民数は30万人を超えた。移民の大半は男性で（全体の81%）、圧倒的に若い。この初期段階におけるイタリア人移民は、他のヨーロッパ諸国（特にフランスとドイツ）と、新大陸への両方に向かっていたことになる。この時期の移民率は、1876－1880年の住民1,000人当たり3・9人から、1896－1900年の住民1,000人当たり

9・69人へと着実に上昇した。

しかし、イタリア人の大量移住は、1900年から第一次世界大戦にかけての第二期に起こった。逆説的ではあるが、この時期はイタリア政府主導の工業化が進んだ時期にあたるが、年間約60万人、1913年には87万人という歴史的ピークを記録した「国外脱出」を防ぐには不十分な構造転換であった。1906年から1910年にかけては、人口1、000人当たり19・05人という、イタリア史上最高の移民率を記録した。工業化は実際のところ、北部のごく一部の地域に集中しており、南部からの移民（総移民数の約70％）の人口的・経済的な圧力に対抗することはできなかったのである。米国はイタリア人移民の主な移住先であり、流出の約45％を吸収した。海外に流出した大量のイタリア人労働者は、鉱業や建設業など一部の部門に非常に集中していた。

第二次世界大戦の間の第三段階では、内的および外的要因の結果として、海外流出が激減した。後者については、1921年に制定された米国のクオータ法が、特にイタリアのように政治的に連携していないと考えられていた国々からの移民に量的制限を導入した事実があげられる。事実として、非ヨーロッパ諸国への移民は減少し、イタリア移民の大半はフランスとドイツに向かった。戦時中の広範な保護主義は、移民労働力の需要の減少を意味し、これもまたイタリア人の国外移住を阻む要因となっていた。内的要因の中では、ベニート・ムッソリーニによるファシスト政権の移住規制政策が国外流出を制限する役割を果たしていた。１９３６年から１９４０年の期間には、移民率は人口１、０００人当たり１・12人まで低下する。

最後に、第四の段階（第二次世界大戦の終結から60年代の終わりないし70年代の初めまで）では、当初は移民が新たに増加し、後に漸減するという特徴がある。この間、さらに７００万人がイタリアを離れるが、同時に３６０万人が戻ってくる。１９５０年から１９７０年にかけての好景気により、イタリアのＧＤＰは3倍以上になる。北部の都市部では工業化が進み、南部から北部へ、農村部から都市部へ、大規模な国内移民が流入する。同時に、福祉国家の拡大と全国的な生活環境の改善により、ヨーロッパおよび非ヨーロッパ諸国への移住も一段落する。１９７１年から１９９０年までの移民率は、人口１、０００人当たり２・５人から１人の間であった。1世紀にわたる移民送り出しの時代を経て、イタリアは徐々に移民受け入れの国になっていく。この新しい移民現象は、１９９０年2月に新しい包括的な移民法（いわゆる「マルテッリ法」、n.39/1990）が導入されるまで、ほぼ20年間、実質的に規制されていなかった。

１・３ イタリア社会と経済への影響

一世紀にわたるイタリアからの移民送り出しは、イタリアの社会、人口、経済構造に深刻かつ複雑な影響を与えた。人口の減少は、特に大量移住の時期に顕著であったが、一方では、国内の一部の貧困地域の人口圧力を軽減した。移住の機会がなければ、おそらく何百万人もの個人が失業または不完全雇用に陥っていただろう。他方では、特に農村部や周辺地域における人的資本の喪失が、地域の永続的な社会経済的衰退につながった場合もあったと考えられる。

この膨大な数の移民によって生み出された送金は、国の発展や、残された世帯や地域社会の所得維持に重要な役割を果たした。イタリアの歴史家によれば、前世紀の最初の15年間は、送金額がイタリア国家の財政収入総額を上回っていたという[2]。送金は重要なミクロ経済的効果(消費の促進、高利の金融の減少、教育の促進、送金を受けた者らによる土地などの生産資源の蓄積)をもたらした。大量移住の時代には、670万ヘクタール以上(生産可能な土地の23・5%)が小規模地主によって購入された。

イタリアへの大量の送金流入は、マクロ経済にも重要な影響を与えた。実際、これらの資金の大部分はイタリア国債に投資され、重要なインフラストラクチャーや国の工業化に資金を供給することができた。送金はまた、国際収支を安定させ、増大する消費と資本財の輸入を賄うためにも極めて重要であった。

送金には金融的な側面だけでなく、社会的、文化的な側面もあったことを強調しておきたい。実際、受け入れ先の国で知った行動・社会規範(例えば、不妊治療に関する規範の普及)

が移民によってもたらされ、さらに帰還移民によって後押しされることで、漸進的な社会経済的変化をもたらした。このような社会的「送金」は、重要であるにもかかわらず、経済学や移民に関する研究ではあまり研究されてこなかった。

移住が見込めるか否かの条件も、出身地の進歩を促進する重要なインセンティブにつながった。例えば、米国に移住するためには、移住希望者は読み書きができなければならなかった。イタリアの一部の地方では、このルールが、地域住民の識字率を上げるという好影響をもたらした。

海外に「リトル・イタリー」と呼ばれる、移民一世以降のイタリア人の大規模なコミュニティが出現したことは、イタリアと移住先諸国との間の文化伝播という点で、重要な役割を果たした。「アメリカーニ」(米国におけるイタリア人移民の呼称)は、母国を訪問する際に、文化的な新しさや新しい消費・行動様式を持ち帰った。ディアスポラを通じて生まれたこうした結びつきは、国際関係においても重要であり、海外にいるイタリア人は、イタリア議会で代表を表明する権利を持つなど、政治的にも国の一部となっている。イタリア外務省によると、イタリア系住民は全世界で約8、000万人おり、主にブラジル、アルゼンチン、米国、カナダ、オーストラリアなどの国に集中している。

1・4 移民受け入れ国としてのイタリア（1970年代～現在）

イタリアの戦後の好景気と、農業、建設業、サービス業などの分野における非熟練労働力の必要性から、外国人労働者の流入が始まった。公式統計によると、1970年のイタリアにおける外国人居住者数は15万人未満であり、毎年出国するイタリア人の数をわずかに上回っていた。外国人居住者の数は、1987年になってようやく約52万7、000人に増加したが、そのほとんどは他のヨーロッパ諸国からのものであった（全体の52％）。そんななか移民受け入れという新しい現象に対する包括的な法律が欠如していたことは、イタリア政府が行った一連の非合法移民に対する免責ないし恩赦を見れば明らかである。1988年の最初の恩赦では、11万8千人の外国人労働者（50％以上がアフリカ出身）が合法化され、1990年のマルテッリ法で施行された2回目の恩赦では、さらに22万人の労働者が合法化された。

現在、イタリアにいる外国人の数は530万人で、イタリア人口の約9％にあたる。主な出身国は図表2－1の通りである。移民の出身国はかなり多く、上位10カ国で全体の2／3を占めている。100万人以上の移民を受け入れているルーマニア人が最大集団であり、文化的・言語的な近接性と、個人の大量流入を促進した連鎖移住（血縁や職業の人間関係を伴

図表２－１　イタリア在住の移民の出身国トップ10

出身国	移民の数（千人）	%
ルーマニア	1081.8	21.0
アルバニア	416.8	8.1
モロッコ	415.1	8.1
中国	307.0	6.0
ウクライナ	249.6	4.9
バングラデシュ	174.1	3.4
インド	167.3	3.3
フィリピン	158.9	3.1
エジプト	147.8	2.9
パキスタン	144.1	2.8

Source：ISTAT 2024

った人口移動）の影響によるものである。第２位はアルバニア人で41万6、８００人（全体の８・１％）である。アルバニア人の移民は特に重要であり、90年代初頭の彼らの入国は、イタリア社会が新しい移民現象を発見するきっかけとなった。本章の残りは、まさにこのイタリアへの移民についての重要な事実の詳述にあてられる。また、モロッコ、ウクライナ、中国も重要な出身国である。

移民の分布は、イタリアの地域によって非常にばらつきがある。イタリアの北部と中央部の最も豊かな地域では、移民が居住人口に占める割合が高い（エミリア・ロマーニャ州で12・７％、ロンバルディア州で12・１％、トスカーナ州で11・７％）。南部ではその割合は著しく低い（サルデーニャ州ではわずか３・４％、アプーリア州では３・８％、シチリア州では4・2％）。この不均等な分布は、移民が主に経済的機会を志向していることの結果であり、労働市場を支える重要な役割を果たしていることを示している。

ここ数年、新規移民は総人口の減少を補うことができていない。新たな滞在許可（2023年には33万7、000人）は、イタリアの人口動態の悪化（過去5年間で170万人減）を補うには少なすぎる。本書で論じたように、イタリアの移民政策は（ほとんどの先進国と同様）、安全保障上の懸念と、社会や経済のニーズと衝突する敵意の感情によって不合理に推進されている。恐怖やイデオロギーを排し、関係者全員の利益のために移民労働力を機能させるという明確で現実的な目標を持って、移民受け入れ政策を考えることがいかに重要であるかを示すことは、イタリアにおけるアルバニア移民に焦点を当てた次の節に譲ろう。

1・5　イタリアにおけるアルバニア移民の30年：誤った侵略神話

1991年8月8日、イタリア国民はテレビの前で、2万人以上のアルバニア人を乗せた貨物船ヴローラ号がバーリ港に到着した映像に見入っていた。この「侵攻」に対する一般的な反応は次のようなものだった：「彼らをどこに入れよう？　彼らの居場所はおろか、私たちイタリア人の居場所もない」。この言葉には、昨日も今日も、移住のプロセスに伴うすべての恐怖が含まれている。移民を受け入れても地域社会が利用できる資源が変わらないと考えれば、移民との連帯は持続可能なものとはなりえない。

恐怖はまた、大多数の人たちの移民の大量流入に対する認識、すなわちこれが一種の潜在的な「侵略」だとの確信とも関連している。あの日、貨物船ヴローラには確かに多くの移民がいた。しかし、その後の経過は当然ながら侵略の様相を呈しているわけではなかった。

一般的に、イタリア人は実際の移民量よりもはるかに多数の移民が国内にいると誤認している。数年前、アルベルト・アレシーナと共著者たちによる研究（2018年）は、この歪んだ認識を定量化しようとした。[3] イタリアの人口統計データを用いて、これらの学者たちは、イタリア人が全人口に対してどれぐらいの移民が国内にいると考えているか調査し、それが27％であることを明らかにしたが、これは実際の量（総人口の9％）の3倍であった。加えて、その国の移民のタイプに関しても、イスラム宗教の移民が多かったり、技能の低い移民が多かったりと、歪んだ形で認識されていたのである。

実のところこの負の方向性を持つ歪みは、米国からイギリスまで、ほとんどの豊かな国でも見られる同様な特徴である。いわゆる侵略症候群は、イタリアへのアルバニア移民の歴史的事実に対しての誤った認識や、30年前も今日も議論に誤った方向性を与えている情報のひずみにみられるように、歪んだ認識が懐胎したものである。

アルバニア移民の歴史は、当初正当とされた懸念がいかに根拠のないものであったかを教えてくれるだろう。イタリアや日本のような（豊かな）国が、自分たちからは何も奪われることなく（それどころか！）、より良い生活を求める人々に場所を提供する能力は、一般に考えられているよりもはるかに高い。アルバニアの移民は、敵意と差別から始まり、新しい市民の潜在能力の発展にはあまり好ましくない状況下にもかかわらず、結局は驚くべき統合の実現で終わるという、昔からある典型的な移民のサイクルを象徴したものである。

ヴローラ号や他の多くの船に乗ってやってきた、バルカン半島で恐れられていた蛮族たちは、どこへいったのだろうか？　今日、アルバニア人について否定的なことを言う人はもういないというのが現実だ。イタリアの世論やメディアにとって、アルバニア人は魔法のように透明な存在になっている。彼らは私たちの家族であり、同僚であり、隣人であり、私たちの国で働き、文化的、社会的、経済的発展をもたらす新しい市民なのだ。アルバニア移民という一連のできごとは、まだ私たちの記憶の中で生々しく、今日の、そして明日にも必然的に発生するだろう移民の流入に対して、よりよく対処するための重要な指針となることができる。

アルバニア移民の経済的側面とその特徴に焦点を当てた本節は、2つのサブ・セクションで構成されている。パート1では、イタリアにおけるアルバニア人人口、その経済的統合、経済システムへの影響を詳述する。パート2では、イタリア（と他の豊かな国々）にとっての、移民がたどる歴史的段階について最終的に考察する。

(1) 侵略神話から現実へ

アルバニア人侵略の神話は、1991年8月8日、より良い将来を求めて逃亡した約2万人から2万1、000人の男女と子供を乗せた船ヴローラ号が、アドリア海を隔てて対岸に位置するプーリア州バーリの港に到着したことに始まる。歴史家ヴァレリオ・デ・チェザリスのエッセイに見事に記録されているように、当時の当局は、これが町を襲う大群の前衛に過ぎないと恐れた。したがってその反応は恐怖と閉鎖的なものであり、侵略の神話を生み出して拡散させることになった。

皮肉なことに、2019年のアルバニア人の滞在許可証は2万1、000枚強で、プーリア州に居住するアルバニア人も約2万1、000人である。これはほぼ30年前のヴローラ号の乗船者数とほぼ同じである。まるで、バーリ港の波止場に詰め込まれたあの数千人が、イタリアへのアルバニア移民の歴史が始まった地域の領土にゆっくりと散っていったかのようだ。

2023年現在、イタリアに合法的に居住しているアルバニア系市民は41万6、800人である。アルバニア人社会は、ルーマニアに次いで2番目に重要であるが、領土的存在という点では最も広く、経済的観点からは最も統合されている。アルバニア人移民は、イタリアの所得分布の最下層、および第6、7階層に多いが、後者は所得の中央値よりも高い水準にある。所得分布の上層部を占めるアルバニア系移民の数は少ないが、無視できない。アルバニア人移民と他の国籍の移民とを比較すると、前者の方が高所得階層により多く存在することがわかる。これは、経済統合が進んでいることを示す明白な指標である。

イタリア経済にはどのような影響があるのだろうか。アルバニア人の侵入に対する大きな敵意は、イタリア人の仕事を奪う大群に対する恐怖に広く基づいていた。しかしプーリア州の海岸に到着した何万人ものアルバニア人移民は、他の地域（そしてイタリア国外）の雇用機会に向かって徐々に移動していった。前述したように、今日プーリア州に居住するアルバニア人の数が、ヴローラ号の乗客数と実質的に類似していることは象徴的である。

アルバニア人移民と、そして一般的に移民現象全体と、しばしば結びつけられるもう1つの恐怖は、福祉制度の財源に対する乏しい拠出金に対して高額な給付金を受け取ることによる、福祉制度の搾取である。しかし福祉国家を略奪する云々は誤った神話である。レオーネ・モレッサ財団は毎年、移民の存在が財政に与える影響について全体的な推計を行っているが、イタリアには千差万別のタイプの福祉（医療、教育、失業給付、地方自治体による福祉）が存在するため、この作業は容易ではない。最終年度（2021年）の試算では影響は約14億ユーロである。この数字に約40万人のアルバニア人移民がどの程度寄与しているかを見積もるのは難しいが、この人口比率を考慮すると、年間2億5、000万ユーロから3億5、000万ユーロの寄与を推定することができる(4)。

移民は、労働人口の規模だけでなく、労働力の特性も変化させ、経済における構造変化を長期にわたって促す。移民の流入は、生産構造と代替生産技術を採用するインセンティブの両方を変化させる可能性がある。変化の方向性は、移民流入の性質、すなわち「誰が」移民するかによって決まる。移民が高い資格と知識を持っている場合、移民はより高度な知識と生産技術の発展に直接貢献する。しかし、移民の平均的な資質が受け入れ国の人口よりも低い場合でも、その貢献は貴重である。例えばイタリアで実際に見られたように、女性の労働市場への参加の改善といったより間接的な形での貢献もあるだろう。アルバニアからの移民は、当初は主に低技能者であったが、現在ではより複雑で有資格者が増えており、新しい知識や技術をもたらすことに大きく貢献している。

アルバニア移民による構造変化は、イタリアとアルバニアを結ぶ「架け橋」としての役割にも関連しており、経済の国際化プロセスを支え、拡大している。移民は、出身国と受け入れ国との間に新たな関係を築く機会のセンサーである。多くの研究が、移民の存在が国際貿易と海外直接投資の両方を増加させることを示している。アルバニアの場合、貿易フローにおいてイタリアが第一の経済パートナーであり、イタリア市場はアルバニアの輸出（11億米ドル）の44・3%、輸入（14億4、000万米ドル）の26・9%を占めている。アルバニアに対するイタリアの投資は大きく、多くのイタリア企業が生産工程の重要な段階を移転し、世界市場での競争力を強化している。

（2）アルバニア人は今イタリアのどこにいるのか？　統合の物語

イタリアへのアルバニア人の移住は、3つの大きな段階を経てきた。第一段階は、90年代の大上陸、アルバニアGDPのほぼ半分に相当する貯蓄を蒸発させた金融ピラミッドの崩壊後の1997年の流入再開、1999年のコソボ紛争という3つの移民危機によって特徴づけられる。この段階では、社会学者のランド・デヴォレとフランコ・ピッタウが書いているように、「われわれは、たかだか300万人の住民を抱えるだけの小国に、20倍も広い国土を侵略されることを恐れていた」のである。[5] 第二の段階は、常時、定期的に移民が流入し、イタリア社会への統合が漸進的に進むものの、依然としてアルバニア移民に対する強い差別意識が残っている、正常化の時期に相当する。この現象を研究する主要な学者の1人、ウーゴ・メルキオンダが2003年に次のように書いたことは興味深い：「アルバニア人、彼らは我々の隣人、地中海のヨーロッパ人、消費と願望において現代的、世俗主義者、我々の言語、文化、社会の崇拝者、最もいくつかの点で私たちと似ている人々だが、民族的偏見によって最も汚名を着せられており、アルバニア人を危険な外国人とみなす広くいきわたった考えから本当は最も縁遠い存在である。」[6]

これら「危険な」アルバニア人は今日、どこにいるのだろうか？　筆者（コニーリョ）の意見では、現在は第三段階、非物理的な「失踪」の段階である。私たちの隣人となったアルバニア人は現に国内にあって、文化的、社会的、経済的発展に積極的に貢献しており、もはや犯罪者とか変質者とか、私たちの仕事を盗む者たちといった移民恐怖神話は過去のものとなって消え去っている。侵略の騒音で始まった移民受け入れのサイクルは、統合の沈黙で終わる最終段階に来ているのだ。イタリアにはその名に値する統合政策が存在しないにもかかわらず、完全な統合が成し遂げられたことは、移民受け入れが生理学的に人々に引き起こす恐怖に対する貴重な教訓としての役割を担うために、将来的にも語り続けられなければならない事実なのである。

アルバニア人移民の物語は例外的なものではない。なぜなら、それはすべての移民が程度の差こそあれ時空間的にたどるであろう、ありふれた受け入れ過程の物語だからである。イタリアやその他の先進国は今後も移民の受け入れ先であり、移民をめぐる議論に浸透している歪みや偏見を減らすためのあらゆる努力は、移民がもたらす多様性を豊かさと人間性の源にするために重要な貢献となるだろう。

2. 日本の実情

2・1　はじめに

イタリア同様、今でこそ日本は外国人労働者を受け入れる国だが、明治から戦前・戦後を通じ、1960年代までは移民を送り出す国だった。経済成長と共に移民送り出し国が移民受け入れ国に移行する、という点は、両国に当てはまる。そして、後述するが、移民送り出しの歴史の中で、ブラジルへの移民に関してこの二国は交差する歴史を持つ。

日本の場合、1868年、ハワイへの移民が海外移住の始まりとされている[7]が、当時から海外移住をプロモートしていた主体の1つは日本政府だった。背景には人口問題（余剰労働力）と農村部門の貧困があり、その意味では現在の送り出し国と同じで、言わばプッシュ要因が存在していたことになる。なお興味深いことに、日本からの移民は、私たちが想定する移民、つまり個人による移住先選択と意思決定による移住だけでなく、政府推奨のもと、村などの地域を単位とする集団での海外移住の歴史でもあった点である。この点は、イタリア政府が個人に移住の自由を認めた政策とは対照的だ。日本はハワイ、米国、カナダ、さらにペルーやブラジルなど南米に移住先を求めた。

また、日本は満州へ移民を送り出していた一時期がある。１９３２年に植民地として満州国が成立したことにより、当時の日本帝国が日本人移民を「国策」としての「満蒙開拓団」という形で満州に送り出していたのである。対ソ防衛や満州国支配という軍事的な役割を帯びたものだ。１９４５年、日本が敗戦したと同時に終焉を迎えた国策であり、20万人を超える日本人をごく短期間に送り出していた事実とその背景、さらに今なお社会課題である中国残留孤児・婦人のことも、その前後の移民史とは違う意味で知っておくべき歴史であろう。

戦後においても、日本側のプッシュ要因としての事情が海外移住に直結する。１９５７年に発行された外交青書第1号の第5節に「海外移住の現状」があり、冒頭に移住政策の重要性が語られている。少し長いが引用する。

わが国は、こんどの大戦によつて国土の四六%をなくし、その面積は、世界の総面積のわずか三六六分の一になつたが、一方人口の上からみると一九五七年三月現在で九、〇七〇万人を擁し、世界総人口の二九分の一を占めることとなり国家別の人口数では実に世界第五番目に位している。この人口がこの狭い国土にひしめきあつているのが現在のわが国の状態である。しかも、国民の半分に近い人口が農村で働いていながらその生産は日本で消費する食糧のわずか六九%を満たすだけに過ぎない。つまり前に述べた狭い国土のうち食糧を生産するために耕すことのできるいわゆる耕地面積がわずかに一六％であり、農業生産はすでに限界にきており、そのため農村の青年はやむをえず農地を離れ、都会に職を求めなければならない状況である。

この状態に加えて、毎年八〇万前後のいわゆる生産年齢人口が新たに労働市場に現れつつある。これはわが国の当面する最大かつ焦眉の問題である。

このような事態においこまれているわが国がこの問題を解決するためには、日本自身の経済基盤を拡大強化して産業を高度化し、人口扶養力を増大してゆかねばならぬことはいうまでもなく、さらに日本人自身が身につけた高度の技術を世界の低開発地域の開発に役立たせ、彼我相共にその利益を分つことができれば最も理想的な方策といいうるであろう。

海外移住が今日最重要施策として取り上げられなければならないゆえんはここにあるわけである。（引用終わり、原文のまま）

こうして、明治以来、人口圧力を減じるために移住先を変えながらも日本人の海外移住は続いたが、戦後復興期を経て経済成長し、人々の所得水準が上がり、ゆえに海外移住を推奨する必要がなくなった時点で外交青書から海外移住に関する記述はなくなっていく。しかし、それで政府の関与が終わったわけではない。その歴史は今に続いていて、日本が外国人労働者を受け入れている流れの源でもある。例えば、１９９０年以降、「定住者」の在留資格で来日したブラジルやペルー出身の日系人が今の日本で就労しているのは、明治から昭和にかけて日本から南米への移住が生んだ繋がりがあってのことだからだ。外務省[8]によれば、2023年現在、海外にいる日系人は約500万人である。そのうちブラジルやペルーなど南米におよそ300万人、北米に150万人、大洋州に14万人の日系人が住んでいる。

2・2 移民送り出し国としての日本：戦前の海外移住

日本が移民を送り出していた経緯や背景について戦前から振り返ってみよう。日本政府（当時は明治政府）が正式に移民を送り出したのは、1885年のことで、イタリアとほぼ同時期だ。ハワイ政府による要請で、砂糖産業の労働力不足を補うというプル要因が、人口増加の圧力を減じたいという経済的要請という日本側のプッシュ要因に見合う引き金になった。こうした移住は、国同士の約束のもとに行われる事業という意味で「官約移民」と呼ばれ、1985年の外交青書[9]によれば、1894年に打ち切られるまで29、132人がハワイに渡っている。

ハワイに続いて、米国やカナダへの移住も始まり、メキシコやペルー、オーストラリア、フィリピン等の東南アジアや大洋州へも日本人が移住している。サトウキビ耕地の労働者や真珠貝採取人など、現地での労働力不足を補ったのだ。図表2－2は戦前の海外移住の推移

図表２－２　戦前の海外移住の推移

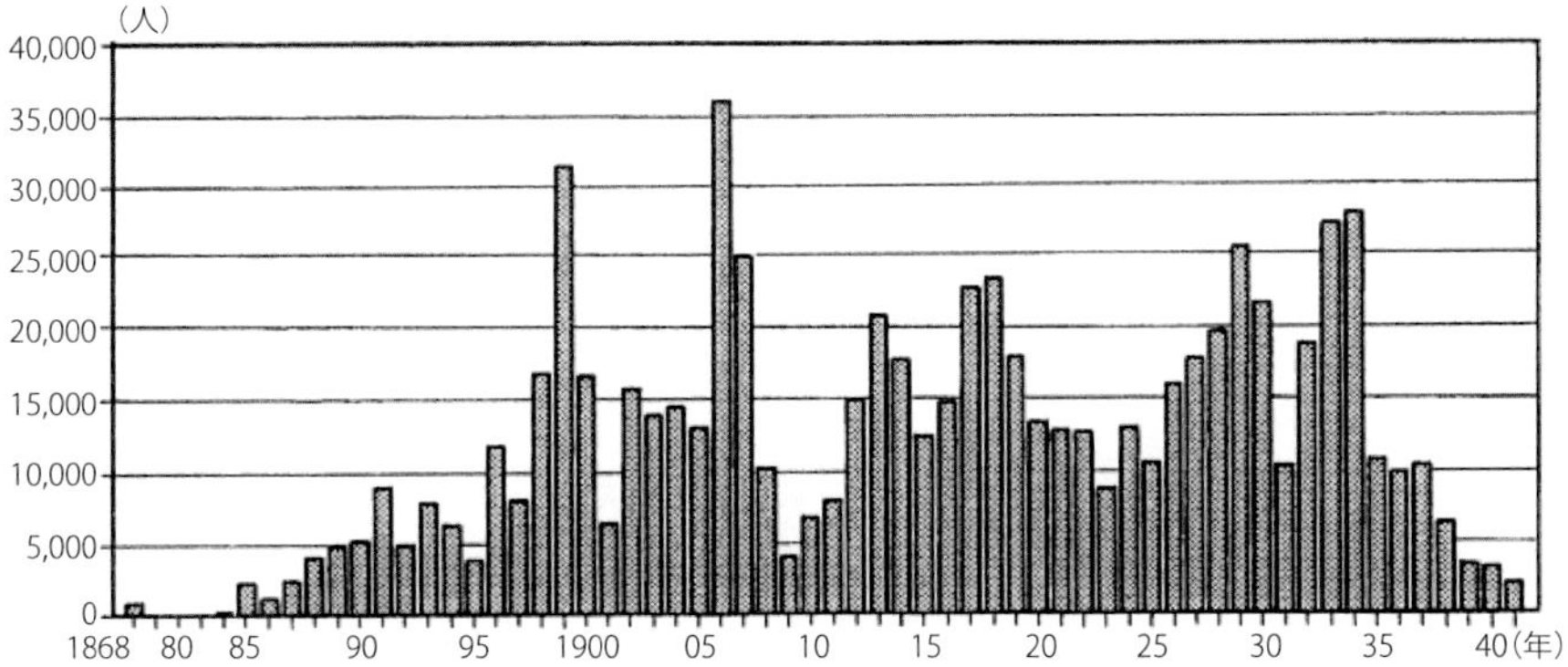

出所：外務省「昭和 60 年版わが外交の近況」1985 年版（第 29 号）第 3 章：戦後の日本外交と 1984 年の我が国の主要な外交活動　第 5 節：官約移住から 100 年の歩み，より転載。

だが、１９００年代初頭にかけて米国への移住者も増えて、毎年１万人前後、多い時には３万人を超える人々が移住している。この頃には送り出すエージェントは民間会社[10]になっており、今でいう移住産業の始まりと言えようか。人口増加への対応として移住が奨励されていたが、移住先からの送金[11]が貿易赤字を解消し、移住した人々の需要による輸出が増えることへの期待もあったようだ。移民が母国と移民先の国との貿易促進につながるという経済的な効用がすでに語られていたことになる[12]。また、いくつかの研究によれば、経済的な効用だけでなく、政治的な側面があったことも指摘されている。将来的な人口増加への対応だけでなく、日本が富強国になるには海外進出が不可欠[13]、とする考えや、日本人植民地建設[14]を推進するための手段とする考えが政府側にあった。

こうして官民あげて進んだ海外移住だが、米国への移住者が年間2万人を超えることもあって、米国各地で摩擦を引き起こすようになった。メキシコに渡ったけれども、より高い賃金を求めてメキシコから米国に入国する日本人も増えたことが現地の人々の感情を悪化させたことは、今も昔も変わらない。出稼ぎ目的の日本人を排斥する機運が高まることで[15]米国やカナダへの移住が制限されるようになる。それゆえ、次の移住先は北米を避けて南米、特にブラジルへの移住へと流れが変わった。1908年、ブラジルのサン・パウロ州政府との間で、コーヒー耕地での労働力供給のために日本人労働移民を受け入れる契約が締結された。[16]

ブラジル側のプル要因に関しては、大変興味深いことにヨーロッパ移民、中でもイタリアの存在があることを三田（2009）[17]が明らかにしてくれている。輸出産業としてコーヒー栽培を推進していたブラジルは、労働力を奴隷に頼っていた。しかし奴隷供給が1870年代になって不可能となったため、次なる労働力供給先としてヨーロッパ移民誘致に乗り出した。ブラジルで奴隷制度が廃止された1888年には、ブラジルへの移民総数は133,300人にのぼり、その70%がヨーロッパからの移民であった。当初はポルトガル出身者が多かったものの、経済恐慌に見舞われたイタリアが主な送り出し国[18]になり、総数の80%近くを占めたそうだ。そのイタリアにとって代わったのが日本だった。1897年にコーヒー価格が暴落し、コーヒー不況に見舞われたブラジルへの移民をヨーロッパ各国は禁止したため、ブラジルが求めた一時的な代替先が日本。おりしも米国とカナダにおいて、日本人に対する国民感情が悪化。同地域への移住を奨励できなくなった日本にとってブラジルと利害が一致するタイミング、という背景があった。ところが、である。米国での排日運動を理由に代替先だった日本に対してブラジルは背を向けるようになる。さらに興味深いことに、第一次世界大戦で再度ヨーロッパからの移民が途絶えるとまた日本が送り出し国に返り咲く。このように移民の選別が送り出し国と受け入れ国の経済動向や国民感情に翻弄される様は、今に至るも同じだ。

第二次世界大戦後に再開された日本からのブラジル移住は次節で述べるが、1969年までに国家の移住協定に基づいて南米に渡った日本人は314、558人を超え、うち78％がブラジルに渡っている[19]。その人々が日系人社会を営み、さらにその子孫の人々が日本の労働力の一端を担ってくれていることになる。明治以降、第二次世界大戦による中断までの間に海外移住した日本人は77万人（1985年外交青書）、1940年における日本の人口7、138万人の1・08％に当たる。

2・3　第二次世界大戦前後の移民―国策移住としての満州移民

第二次世界大戦前から終戦まで、日本の国策としての移民にはもう1つの側面がある。

１９３０年代後半から日本の対外進出として計画され、軍事的な動機と深く結びついた満州への移住である。日本は当時の中国東北部に満州国を建国させ[20]、１９４５年までその影響下に置いていたが、その満州へ「満蒙開拓団」として日本政府が国策として日本人を移住させていた。１９３２年に開始され、１９３７年には「二十カ年百万戸送出計画」[21]として本格的に展開するに至る。１９４５年まで最終的にその数は20万人を超えており、短期間の移民としては前節で述べた南米移住をはるかに上回る規模であった。さらに、外務省によれば、満蒙開拓青少年義勇軍と呼ばれる未成年男子の移住を含めると、１９４５年度末においては２４１、１６０名が開拓団として居住していた[22]。

受け入れ側の満州国においては、１９３９年に民生部拓政司が設置されることで移民政策に関与するようになったものの、移民プロセスそのものを主導したのは日本の関東軍であり、政府による「海外移住」とは性格を異にしている。実際、外務省はこの満蒙開拓団による移住を「国策移住」とみなしており、通常の国際移住とは一線を画す意味で「海外移住」の範疇には入れていない[23]。また、「満州国は外見上は独立国であったが国籍法がなかったため、満州へ渡った開拓民は「満州国民」ではなくあくまでも日本国籍をもつ「日本人（「内地人」）」として振る舞うことになった」[24]。このことは、例えば北米や南米等に渡る移民とは違い、満州においては現地に受け入れられようとする努力の必要はなかったであろう。実際、受け入れ国であったアメリカやブラジルで日本人への悪感情が芽生えたような、日本人開拓民と受け入れ社会との軋轢に関する研究は少なく、現地の中国人が当時の日本人移民をどう見ていたか、は明らかになっていない部分が多い[25]。

こうした満州への移民送り出しの背景には、日本の対外進出の他に当時の日本が厳しい経済状況に直面していた事実がある。物価が上昇し、海外との価格差を縮小させることが求められ、貿易収支の赤字傾向も続いていた。第一次世界大戦後に世界が金本位制に復帰する中で旧平価による金輸出の解禁に踏み切って円高にも見舞われていた。そこへきてさらに世界恐慌の影響が重なり、１９３０年から31年にかけていわゆる昭和恐慌に陥る。労働市場は供給過剰に転じ、農村における労働分配率が著しく減少したことで農村の貧困が課題となった。ゆえに、満州移民は農村問題の解決策として位置づけられ、過剰労働力を緩和し開墾の余地が残る満州に土地を求める農業移民を送り出す、という国策としての性格を持つに至る。そうした背景が日本側のプッシュ要因ではあるものの、移民が満州における食糧増産の担い手として期待されていたこともあり、陸軍の満州国支配・防衛という軍事的要請と不可分に結びつく政策であった点で、経済的な動機に基づく移民という側面だけでない、まことに特異な一時期であった[26]。

満州移民の送り出しは個人や家族単位ではなく、県や市町村単位、時には集落単位で行われていたことも特徴の1つである。「分村移民」と呼ばれ、農村における過剰な農家数を減らし、残る農家の耕作地を大きくしようとするものである。１９４２年に設置された開拓特別指導軍制度のもと、長野県下伊那郡などの特定地域から送り出しが始まり[27]、新潟県、山形県、高知県や熊本県に至るまで、市町村単位で送り出しが進められた。最も多い長野県からは開拓団として31,264名が満州に渡っている[28]。

結局、戦争末期まで送り出し事業は続くことになる。その結果、満州国の崩壊、ソ連軍の侵攻・攻撃、過酷な引き揚げによる逃避行、さらにシベリア強制収容所生活の混乱の中、細谷(2018)によれば、27万人の開拓民のうち約8万人の犠牲を出すことになった。外務省は都道府県別の開拓団人数、日本への帰還者数、現地の死亡者数や行方不明者数についでは資料が保存されていないことを理由に把握していないとしているが[29]、現存する資料「在満開拓団・義勇隊在籍者調査表(昭和28年3月)」によれば、開拓団在籍者241,160名のうち、死亡者65,323名、帰還者146,330名、未引き揚げ者29,507名が確認されたとしている。また、敗戦後も帰国できず中国に留まらざるを得なかった残留孤児[30]および残留邦人をめぐる問題は今に続いている。帰国したとしても、言葉の壁や文化の違い、さらにアイデンティティの迷いなどに直面し、日本で自立して生活するのは困難を極める。そうした人々のための自立支援法が施行された(中国残留邦人等の円滑な帰国の促進並びに永住帰国した中国残留邦人及び特定配偶者の自立の支援に関する法律)とは言え、帰国者の二世・三世がこの日本社会で直面する課題は今も残るままである。

2・4　戦後の海外移住―外交青書から見る日本経済

満州移民の歴史が語られていなかった外交青書に戻る。1957年の外交青書の第5節1項（移住政策の重要性）には、「わが国は現在ラテン・アメリカへの移住を最も推進している」とある。移住推進の理由として、狭い国土にひしめき合う人口、狭い耕地面積に頼る農業生産の限界、農村での就労機会減少を挙げ、「毎年80万人前後の生産年齢人口が新たに労働市場に現れつつあることが最大かつ焦眉の問題」と述べている。その人口緩和に役立つことになる外交政策として、ラテン・アメリカ諸国とアジアで独立した新興国の経済開発に協力貢献することも強調されている。とは言え、やはり過剰な労働力を吸収するだけの産業が育っていなかったことが切実な動機だったことだろう。日本の戦後はこうした状況にあったのだ。この海外移住推奨はいつまで続いただろうか。

1950年代に政府は渡航費などを貸し付ける財団法人（日本海外協会連合会）や、移住先での融資を行う会社（日本海外移住振興株式会社）を設立して移住者の支援を強化している[31]。また、移住者保護のためにブラジルやボリビアなど各国と協定を結んでもいる。図表2－3は戦後の海外移住の推移であるが、1957年をピークとして（16、620人）移住者は減少し始めていることがわかる。ちょうど高度経済成長期に入り雇用も拡大し始めたからである。

図表２－３　戦後の海外移住の推移

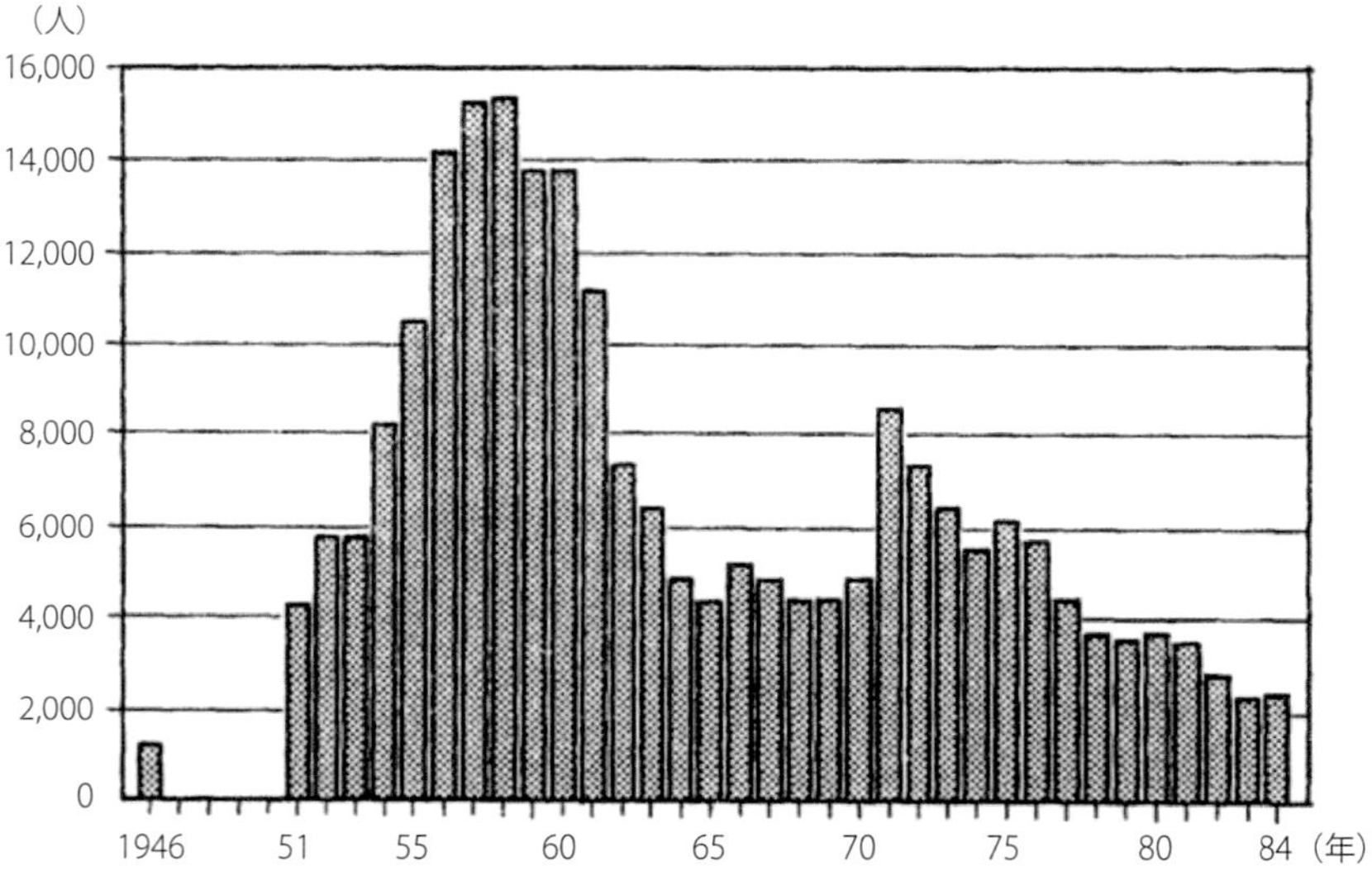

出所：外務省「昭和 60 年版わが外交の近況」1985 年版（第 29 号）第 3 章：戦後の日本外交と 1984 年の我が国の主要な外交活動　第 5 節：官約移住から 100 年の歩み，より転載。

当時の首相、池田勇人によって国民所得倍増計画（１９６０年）が閣議決定された時期でもある。内閣府[32]によれば、１９５８年以降70年代前半にかけて名目経済成長率はしばしば20％を超え、実質経済成長率でも10％を超える時期が続いていた。

当時の外交青書における「海外移住」の記述もこの頃から徐々に変わり始めている。１９５７年から１９６０年までは、「海外移住の現状」というタイトルで章が設けられ、「邦人の海外渡航」はその項目の中の１つに位置付けられていたが、１９６１年からは「海外移住の現状と邦人の海外渡航」と並列記述になっている。「海外渡航」のために発行した旅券の数が増えたことの理由に「わが国の経済界が好況で対外商業活動が活発となり‥（中略）‥貿易および為替自由化の措置がとられ、渡航用外貨の制限が大巾に緩和されたことによる」とある。1963年の外交青書には、海外移住行政に関する基本的な考え方を政府から諮問された海外移住審議会[33]の答申として、「移住を単なる労働力の移動としてみるのではなく、国民に海外での創造的な活動の場を与え、その結果として相手国への開発協力と世界の福祉とに対する貢献となることが、移住政策の理念である」「移住政策の目標は、移住者の送出にあるのではなく、移住先での円滑な定着に置かれるべきである」と記されている。

相手国への開発協力という文脈は、1965年になると、「国際化への動き」として明確になる。「移住の持つ国際協力的意義に着目し、もともとは移住問題と別個に出発した後進地域の開発援助計画とリンクさせて、より高い次元と、より総合的な立脚点から移住を考えるべきではないか」とある。さらに、日本のように単独で（孤立して）海外移住を遂行している国はなく、「世界における移住の潮流から隔絶していた」ので、今後は欧州のように受け入れ国とも共同で移住問題を処理しなくてはいけない、と述べている。翌年（1966年）の外交青書には、米国やカナダ、オーストラリアやベネズエラ等の受け入れ国が移民に関する規制を緩和し、技術と能力を持つ移住者を受け入れる方針に変化したことが記される。さらに興味深いことは、この頃になるといわゆる「頭脳流出」を懸念するようになったことである。未熟練労働力移動の余地が狭まる環境の中で、日本から高度な人的資源が海外に流出することは損失であるものの、日本の国際社会における地位を向上させ、日本人の評価を高めることは国民的利益であり、「日本民族が世界の舞台で活躍することは：（中略）：アジア、アフリカ諸国にとって測り知れない利益をもたらす」ことで、日本から優れた移住者が外国に赴くことはむしろ望ましいこと、と書かれている。１９７０年になると、理想的な海外移住は移住者、移住者受け入れ国および日本の利益という三位一体の上に築かれるべきもの、とまで書かれている。海外移住が第一義的には個人の幸福追求のためのもの、という記述も出始めており、ここでようやく海外への移住が個人の選択によるものとなった。

日本の経済成長と交通手段の発達により、移住の形が農業に従事する家族によるもの、から、単身の若者による米国やカナダなど先進国への渡航に移り変わっていく。１９７３年には中南米への移住手段であった船での渡航が廃止され[34]、以後の海外移住は航空機によって行われるようになる。１９８８年になり、外交青書から「海外移住」の項目が消えた。

戦後復興期を経て日本経済が発展し先進国の仲間入りをする過程において、人口圧力と貧困ゆえの海外移住から、労働力の需給関係の変化と所得水準の向上を経て、移住者本人の能力開発と日本の国際社会における地位向上や受け入れ国への技術協力へと目的が変わり、とは言え頭脳流出を心配しつつも、日本からの移住が国際的な人の移動の文脈の中で捉えられるような段階となり、受け入れ国を含めて協力体制が必要、という認識へと変化してきた―

外交青書を追うと戦後の日本の姿はこうなる。

さてその後の日本はどうしたか。1989年に改正された入管法（出入国管理及び難民認定法）は日本にとって大きな転換点となった。[35] 日系人を対象に在留資格「定住者」が新設され、日系3世までが就労可能となったため南米からの来日が相次いだ。事実上は移民の定義[36]に入る人々であるが、日本政府は今も「移民」の受け入れを認めていない。

2・5　経済成長と所得水準の分水嶺

IMFによれば、移民の送り出し国が経済成長して移民として海外に出る人が減少し始める所得水準の分水嶺は一人当たりGDPが7、000ドルになった時、と推定している。[37] 他方、Djajicらの研究[38]によれば、自国の賃金と移民圧力（移民として他国に移動する人々の数）の関係はこぶ型であり、ある賃金レベルを超えると移民を選択する人々の数が減ることを示している。[39] 日本の場合、戦前から政府が海外移住を推奨し、戦後の復興期を経て高度経済成長の軌道に乗るあたりで海外への渡航や移住の目的が人材育成や海外協力へと変化したことはすでに見た。さてその頃の日本の所得水準はどのくらいだったのだろうか。

世界銀行のデータ[40]によれば、日本の1960年の一人当たり実質GDP（米ドル表示、2015年基準）は6、388・9ドル、1961年は7、094・5ドル（同基準）だ。

これだけを判断材料にするわけにはいかないが、日本の外交青書における海外移住の記述が徐々に変わり始めた時期と一致する。それまでラテン・アメリカへ移住する日本人を運ぶ手段であった船での渡航が廃止されたのが1973年、その年の一人当たりGDPは16,463・3ドル（同基準）だった。例えば、戦後の海外移住の推移を示す図表2－3において、横軸を年とともに変化する所得（右へ行くほど所得が高くなる）、縦軸はそのまま海外へ移住する人数と捉え直せば、ほぼこぶ型になる。かつて日本も、海外移住者、つまり移民を送り出す側であったことは、イタリアと同じなのである。ただ、この2つの国は、ほぼ同時期に受け入れる側になったとはいえ、現在の人口に占める移民はイタリアで約9%、日本はまだ3%にも満たない。コニーリョが述べているような、一気に2万人にものぼるアルバニア移民を受け入れた経験もない(41)。そのことが移民受け入れ国になってからの両国がどのような選択をし、どのような社会を築くことに繋がるか、次章以下で考えてみよう。

コラム 「イタリアを知る」 #2

イタリアの国内労働移動と都市

歴史的な背景を持つ南イタリアの貧困は、第2章で詳述したように19世紀から20世紀初めに新大陸への移民の送り出しにつながった[42]。もちろん海外移住でなくとも、北部工業地帯での就労機会を求めて、長期にわたりかなりの規模の労働力が、南部から北部へ移動した経緯がある。20世紀後半の半世紀に、シチリア州、カラブリア州、カンパーニャ州、プーリア州からは、毎年1万人から2万人が他州に流出したが、その主要な受け入れ先となっていたのは、ミラノがあるロンバルディア州を筆頭に、トリノがあるピエモンテ州、首都ローマを抱えるラツィオ州であった。脱農業が進み、工業やサービス業が伸長してきているとはいえ、南部諸州の失業率は今日依然として高い。2023年の失業率で見ると、カンパーニャ州が17・4%、カラブリア州15・9%、シチリア州15・8%と、イタリアの平均6・4%と比べると2倍以上の高い水準を示している。15－24歳の若年層に限れば、2022年のデータでイタリア全体が23・7%であるのに対して、シチリア州では43・2%、カンパーニャ州では42・6%にも達している。それゆえ国内労働移動の波は収まっておらず、近年では貧困層よりも高学歴若年層の移動が増加している。

長年にわたる北部工業都市への人口集中があったとはいえ、イタリアの人口重心は北部に偏ってはいない。2023年末の時点で、人口最大の州は約996万人のロンバルディア州で、人口

イタリアの主要都市

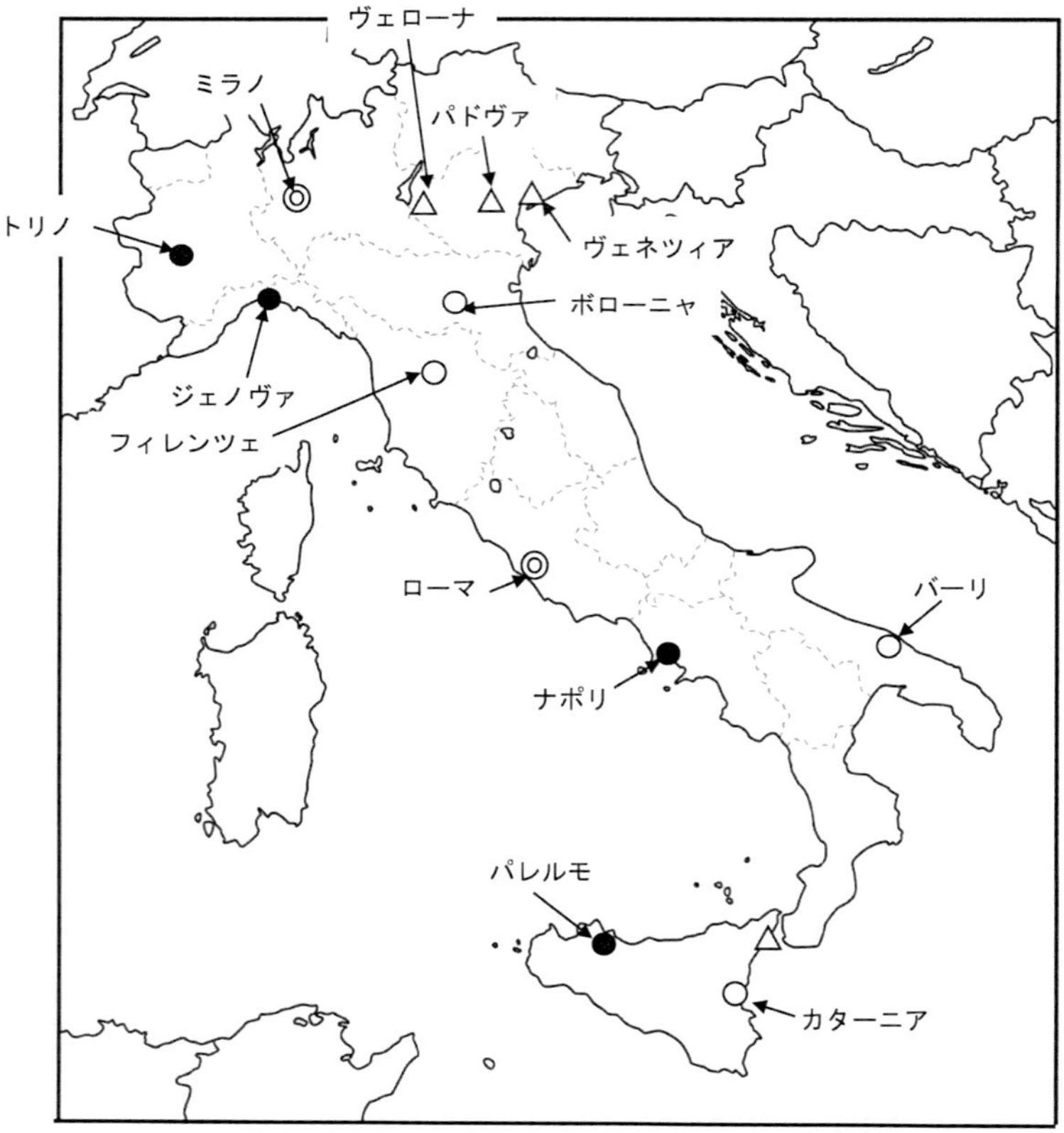

◎ 100 万人以上，● 50 万人以上，○ 30 万人以上，△ 20 万人以上

密度も４１７人／㎢と最大だが、人口４５０万人以上の５つの州のうち２つは南部の州（カンパーニャ州、シチリア州）であり、また人口密度が僅差で２番目の州も４１０人／㎢のカンパーニャ州で、これはイタリア平均（１９５人／㎢）の２倍以上の稠密さである。イタリアの大都市も北部ばかりではなく、南部にも存在している。四捨五入して人口30万人以上の都市は２０２３年末の段階で10あるが（ローマ２７５万人、ミラノ１３７万人、ナポリ91万人、トリノ85万人、パレルモ63万人、ジェノヴァ56万人、ボローニャ39万人、フィレンツェ36万人、バーリ32万人、カターニア30万人）、そのうち４つが南部の都市である。これは南部諸州の出生率が高い傾向があることも関係している（人口１０００人当たりの出生数は1位のトレンティーノ＝アルト・アディジェ州（７・９人）こそ北部州だが、２位以下はカンパーニャ州（７・７人）、シチリア州（７・４人）、カラブリア州（７・２人）と南部諸州が連なる）。

【註】

（1）本稿はその一部を著者の先の研究、Coniglio N. D. (2023), Tra mito e realtà: immigrazione ed economia, in Alessandra Sannella, Settimio Stallone (eds), *Enzimi TransAdriatici, Trent'anni di migrazione albanese in Italia*, Franco Angeli (Milano, Italy) に依っている。

（2）Golini A. G. & Flavia A. (2001), Uno sguardo a un secolo e mezzo di emigrazione italiana, in Bevilaqua P., De Clementi A. & Franzina E. (Eds), *Storia dell'emigrazione Italiana: partenze*, Donzelli Editore, Roma, Italy.

（３）Alesina A., Miano A. & Stantcheva S. (2023), “Immigration and Redistribution,” *The Review of Economic Studies*, 90(1), pp.1-39.

（４）Moressa F. L. (2023), *Rapporto 2023 sull’economia dell’immigrazione*, FLM (Venice, Italy).

（５）Franco P. & Devole R. (2008), “Gli immigrati albanesi in Italia: ondate mogratorie e atteggiamenti della popolazione,” in *Centro Studi e Ricerche IDOS, Gli albanesi in Italia*. Edizioni Idos: Roma.

（６）Melchionda U. (2003), “Gli albanesi in Italia,” *Inserimento lavorativo e sociale*, Franco Angeli: Milano, pp.9-19.

（７）粂井輝子（１９８９）「日本の海外移住論に関する一考察」『長野県短期大学紀要』44、１４９－１５８頁。

（８）外務省「海外日系人数推計」 https://www.mofa.go.jp/mofaj/files/100646175.pdf

（９）外務省（１９８５）「昭和60年版わが外交の近況」１９８５年版（第29号）第３章第５節　官約移住から１００年の歩み　https://www.mofa.go.jp/mofaj/gaiko/bluebook/1985/s60-1030500.htm

（10）中山寛子（２０１４）「日本の海外移住の送出形態に関する一考察：移住の国際化と「集団移住」」『異文化、論文編』15、法政大学国際文化学部、１１３－１３６頁。移民募集は外務省から移民会社に割当数が出されて、各地にある移民会社の出張所で実際にリクルートが行われた。村や県で移民を集団で送り出した結果、移民先から送られてくる送金がかなりの高額となり、送金バブルのような状況であったことが述べられている。広島県の場合、６、０００人を超えるハワイ在留移民からの送金が当時の県予算歳出総額の半分以上を占めたほどであった。

（11）実際、送金が国の発展や残された家族、子供の教育や地域社会に資する役割を果たしていたことはイタリアも同じであることはコニーリョがすでに述べている。日本については、第５章参照のこと。

（12）移民が受け入れ国と送り出し国との貿易を促進する効果を持つことを論じた研究については、カナダを対象とした Head K. & Ries J. (1998), “Immigration and Trade Creation: Econometric Evidence from Canada,” *The Canadian Journal of Economics / Revue canadienne d’Economique*, 31(1), pp.47-62. や、米国を対象と

した Mundra K. (2005). "Immigration and International Trade: A Semiparametric Empirical Investigation," *The Journal of International Trade & Economic Development*, 14(1). pp.65-91. 等を参照のこと。

(13) 前掲粂井（1989）。

(14) 柳沼孝一郎（2023）「日本の海外移住政策：対ラテンアメリカ移住政策の変遷と日系社会の形成」『神田外国語大学研究所紀要』15、104−74頁。

(15) 日本移民学会編（2018）『日本人と海外移住：移民の歴史・現状・展望』明石書店。

(16) 前掲柳沼（2023）。

(17) 三田千代子（2009）『「出稼ぎ」から「デカセギ」へ─ブラジル移民一〇〇年にみる人と文化のダイナミズム』不二出版。

(18) コニーリョの記述にあるように、大西洋横断蒸気船航路の開設も移住を促進したことは、交通手段の発達は移住の重要な要素であることを物語る。日本においては、第1回契約移民781名を乗せてブラジルに向かったのは、1908年、笠戸丸（東洋汽船株式会社）である。国立国会図書館コラム「ブラジル移民の100年」https://www.ndl.go.jp/brasil/column/kasatomaru.html

(19) 前掲三田（2018）。

(20) 1932年に清朝最後の皇帝溥儀を元首として建国。1906年に設立された南満州鉄道（満鉄）が日本の満州経営の中核を担っていた。

(21) 人数にすると500万人の移住を計画していた。1936年の廣田内閣による策定によれば、「おおむね二十カ年に百万戸（五百万人）を入植せしむ」とある。

(22) 第128回国会（臨時会）衆議院議員吉川春子質問に対する政府答弁書。https://www.sangiin.go.jp/japanese/joho1/kousei/syuisyo/128/touh/t128001.htm
また、第164回国会の同議員による「満蒙開拓団」に関する質問に対し、政府は「二十カ年百万戸送出計画」について資料が確認されていないと答弁している。

(23) 外務省(1971)『わが国民の海外発展移住：百年の歩み(本編)』、52頁。このためであろう、前掲外務省(1985)において、戦前における海外移住に関する記述には、満州への移民の事実がまったく語られていない。
(24) 細谷亨(2019)『日本帝国の膨張・崩壊と満蒙開拓団』有志舎、287頁。
(25) 前掲細谷(2019)。
(26) 前掲細谷(2019)によれば、「20カ年100万戸送出計画」には、日本人の海外移住・定着を通じて、日本帝国の膨張・権益拡張を図ろうとする政治的意図があったことは確かである(286頁)と述べている。筆者によれば、満州移民研究は比較的最近になって始められており、まだ十分に研究されていない分野もあると指摘している。同研究書では、満州移民送り出しのメカニズム(分村移民)と満州での役割を実証的に分析すると同時に、受け入れ側の中国人の意識、戦後の引揚者に至るまで考察されており、近年の研究動向も知ることができる。満州移民の全体像を知るための良書なので薦めておきたい。
(27) 細谷亨(2018)「満蒙開拓団と食糧問題・異民族支配」『歴史と経済』第239号、30–39頁。
(28) 満州開拓資料館「都道府県別送出概要」による。https://mus-manchuria.com/ja/。次に多いのが山形県で、13,252人。
(29) 第164回国会参議院吉川春子質問に対する政府答弁。
(30) 山崎豊子『大地の子』(1991年、文芸春秋)は、長野県から満蒙開拓団に参加していた家族の物語を、残留孤児になった長男を主人公として描いた小説である。1995年にはNHKが日中共同でドラマ制作し放送している。残留孤児を上川隆也が、その実父を仲代達矢が、中国人養父を朱旭が演じた。また、二松啓紀『移民たちの「満州」』(2015年、平凡社新書)は、満州への移民の実態について、当事者への取材を交えつつ新聞記者(京都新聞)の視点から描いている。
(31) 農村の若者に移住思想を普及するためのモデル農業高校を置き、集団移住指定市町村や移住推進市町村などを選んで海外移住の啓蒙に努めるほどだった。前掲柳沼(2023)。

(32) https://www5.cao.go.jp/2000/e/1218e-keishin-houkoku/shihyou1.pdf

(33) 総理府付属機関であった。

(34) １９７３年2月14日横浜出港の「にっぽん丸（旧アルゼンチナ丸）」の就航が最後となった。

(35) 早川智津子（２０２０）『外国人労働者と法―入管法政策と労働法政策』信山社。

(36) 国連経済社会局によれば、移民の法的な定義はないが、移住の理由や法的地位に関係なく、定住国を変更した人々を国際移民とみなしている。３ヵ月から12ヵ月間の移動を短期的または一時的移住、１年以上にわたる居住国の変更を長期的また恒久移民と呼び、区別するのが一般的である。

(37) IMF (2020). World Economic Outlook, April 2020: The Great Lockdown

(38) Djajic S., Kirdar M. G. & Vinogradova A. (2016). "Source-country earnings and emigration," *Journal of International Economics*. 99, pp.46-67.

(39) スキルの低い人々の移民数が最大になるのは、母国の一人当たりの年間実質所得が４、０００ドル（２０００年基準）であることが示されている。

(40) https://data.worldbank.org/indicator/NY.GDP.MKTP.CD?contextual=aggregate&locations=JP

(41) インパクトの大きさで比較すべきものではないが、もし日本の外国人受け入れに大きな影響を与えた出来事をあげるならば、１９７５年のボートピープル（漁船などの小型船に乗って脱出したベトナム難民）の到着であろう。旧南ベトナム政権崩壊の後、日本にも初めて到着したことが（当初は数百人の規模だったが、１９５４年から57年の４年間は毎年１、０００人台を記録）、日本が難民受け入れを可能とする「出入国管理及び難民認定法」への法改正を促し、ベトナム難民の定住を認める方針へと導いた。

(42) プーリモ・レーヴィ『キリストはエボリで止まった』は、反ファシズムで流刑になったトリノの裕福な家庭出身の医師・政治犯が目の当たりにした、前近代的で呪術や神話が支配する、極限的貧困の南イタリアの寒村を克明に描いたルポルタージュ文学で、イタリアを知るための必読の名品である。

第3章　経済発展を遅らせるので望ましくありません

1．イタリアの事情

1・1　移民の自己選択

1989年1月19日、ロナルド・レーガン米大統領は、同胞に向けた最後の演説で、「われわれが世界のリーダーであるのは、すべての国の中で唯一無二の存在であり、われわれのあらゆる国、世界の隅々から国民と力を惹きつけているからだ。このようにして、私たちは継続的に国を更新し、豊かにしてきたのだし、［中略］世界を新たなフロンティアへと導くことができるのだ」と語った。レーガン大統領は、移民に門戸を閉ざすことが米国のリーダーシップを弱めることをよく知っていたのである。

移民現象に関する数十年にわたる研究は、移民は平均して、出身国に留まる人々よりも、最も熟練し、進取の気性に富み、野心的な個人であり、より優れた起業家精神を持つことを明らかにしてきた。こうした特性を持つ個人の流入による経済的効果は、通常、非常に肯定的なものである。先に引用したレーガンの言葉を借りれば、米国の輝かしい経済発展の歴史が、受け入れてきた移民による経済への貢献がもたらしたことは間違いない。

しかし、なぜ一般的に移住する個人が最も「高いポテンシャル」を持つのだろうか？ 合理的に思考する人は、自分自身と家族にとって期待できる利益が、移住の高額なコストを上回る場合、移住することを決定するだろう。(1) 言い換えれば、移住は、非常にリスクが高く、高コストの投資に匹敵するので、受け入れ国で成功する可能性が最も高い人、したがって受け入れ国でも通用する資格を保有し、高等教育を受けた人が移住を選択することになる。同様の推論が移住費用にも当てはまり、一般的に、最も熟練した人ほどその費用は低くなる傾向がある（例えば、失業期間や求職期間が短く、正確な情報へのアクセスコストが低く、新しい環境への適応が容易であるなど）。その結果、最も質の高い特性を持つ人々が移民となることを選択するのである。

移民行動の選択を検証するために、経済理論は2つの方法論を用いてきた。第1は、受け入れ国と送り出し国の両方の人口と比較して、教育のレベルと職業専門性の観点から、移住する人々の質的な特性を直接分析する方法であり、第2は、受け入れ国の既住民と比較しての、受け入れ国での移民の経済的パフォーマンスを分析する方法である。特に第2の方法論は、移民の経済的影響を評価する上で非常に興味深いものであるように思われる。多くの受け入れ国においての経験的に得られた実証的な裏付けによれば、移民の平均所得が、最初数年の適応期間の後には、既住民の平均所得を上回る傾向があることを示している。これは、ほぼ同じ個人的特徴を持つ移民と既住民の間の比較でも該当するが、そのことは移民が強いモチベーションと優れた機知を持っていることの明らかな証である。

1・2 熟練移民がイノベーションにおよぼす影響

多くの実証分析は、移民の起業家精神の高さは、多くの場合、地元住民のそれよりもはるかに高いという、もう1つの非常に重要な側面も明らかにしている。この起業家のダイナミズムは、ケータリング、パーソナルサービス、工芸品、商業流通などの分野に限定されるものではなく、高度な資格を持つ経済移民の流入を奨励する移民政策を採用している米国などの国では、高い技術集約度と付加価値を持つ分野でも活発である。2000年にアンナ・リー・サクセニアンが行ったこれらの問題に関する先駆的な研究によると、1980年から1998年の間に生まれたハイテク企業の約24%が中国とインドの移民によって設立された。2016年には、いわゆる「STEM」(科学、技術、工学、数学)の専門職に就いている労働力の4分の1を米国への移民が占めており、さらには1990年から2000年の間に米国在住のノーベル賞受賞者の26%を移民が占めている。

熟練移民がイノベーションに果たす役割に関する研究は、米国と欧州のいくつかの国の両方で行われている。これらの研究は、国のイノベーションの可能性が、熟練移民の到着の結果としての直接的な効果（すなわち、熟練移民に直接起因するイノベーション）だけでなく、熟練労働者の移住が多ければ多いほど、現地労働者のイノベーションの可能性も高くなるという間接的な効果もある事実を強く示している。具体的な例を挙げると、スタンフォード大学（米国）の研究者が最近行った研究によると、[2]１９７６年から今日までの米国のイノベーション全体の30％は移民によるもので、そのうちの３分の２はスピルオーバー効果、つまり移民が既住民のイノベーションの可能性を生み出す正の外部性に起因している。[3]

しかし、熟練した移民がいるだけで、国のイノベーション能力はどのように向上するのだろうか？　移民をイノベーションに結びつける主な要素の１つは、多様性である。最近の経済理論では、移民が引き起こす多様性がイノベーションと生産性に果たす役割が分析されている。より多様な労働力は、知識とスキルを新しい方法で組み合わせてイノベーションを生み出す能力を高めるが、言語や文化の違いにより、協力するインセンティブが低下したり、労働者の相互作用のコストが増加したりする可能性もある。しかし、既存の研究では、第１の効果（正の効果）が第２の効果（負の効果）を上回ることが示されている。

高い水準の多様性を労働力が持っている都市では、賃金、生産性、イノベーションも高水準である。米国の都市での調査によると、そのような多様性を含んでいる個々の企業に限定されず、影響は都市部全体に広がっている。多様性があることは、地域を超えて広大なエリ

アの生産性（したがって住民の幸福）と、低賃金と高賃金にかかわらず全労働者にプラスの効果をもたらすのである。(4)

これら米国の事例研究は、移民がもたらす革新的な可能性について、明確で議論の余地のない証拠を提供しているが、そのほとんどが、高度なスキルを持つ移民の影響に焦点を当てている。低技能労働者の流入がイノベーション（より一般的には構造変化）に及ぼす影響を理解するには、米国の約20％、ドイツの約21％と比較して、高等教育を受けた移民が14％強しか占めていない、イタリアの事例に戻って考察することが有益である。(5)

1・3　なぜイタリアは低技能移民を引き付けるのか？

近年のイタリアの人口に占める外国人の割合は急速に増加しており、わずか数年で2・4％（2002年）から8・5％（2019年）に達している。彼らは主に若い移民であり、イタリアの高齢化と人口減少を考えると非常に好ましい側面を持つが、比較的低スキルでもある。イタリアが低技能移民にとって高い魅力を持ち、逆に高技能移民にとって魅力が乏しいのはなぜか。それには3つの要因があると考えられる。

第1の要因は地理的なものであり、特にアフリカの北岸、そしてサハラ以南のアフリカ諸国など高等教育率の低い国々と地理的に近いことがあげられる。地理的な距離は、労働移動の規模や勢いを決定する上で重要な役割を果たす。他の条件（両国間の賃金格差など）がすべて同じであれば、2つの国が近いほど移民の数は多くなる。しかし、この要因は、もちろん関連性はあるとはいえ、最も重要な要因でない。他のヨーロッパ諸国は、イタリアと実質的に類似した地理的な条件を持っているが、平均するとより資格を持つ熟練労働者が流入している傾向がある。それどころか、イタリアの熟練労働者の多くは、ドイツ、英国、その他の北ヨーロッパの目的地に向けて出国してゆく。

第2の要因は、生産体制である。イタリア経済は、伝統的セクターとローテクセクターに偏っているため、熟練した労働者の雇用機会は限られており、特に外国人労働者にとっては、出身国で獲得した人的資本の移転がより困難であると感じる傾向にある。外国人労働者、特にEU域外の労働者にとって、海外で取得した資格や技能をイタリアで認めてもらって転職しようとする際に、官僚的な制度上の壁が困難さをもたらしていることが、敬遠される理由の一因をなしている。だが地理を変更することは困難であっても、この2番目の要因は不変ではない。生産構造は、技術と人的資本の集約度が高い部門への投資を奨励する適切な政策によって（徐々に）変化する可能性がある。カリフォルニアのシリコンバレーの事例が示すように、ある意味では、移民はこの方向への変化を促進することができる。

しかし、この移行を促進するためには、第3の要因、すなわち適切な移住政策が必要である。他の先進国とは異なり、イタリアの移民政策は、より高い教育水準や資格を持つ者に対してあまり選択的ではない。オーストラリア、カナダ、ニュージーランドでは、より高いレベルの教育と資格（受け入れ国の言語知識を含む）を持つ労働者に居住許可を付与する可能性を高めるポイント制による移民政策を採用している。デンマーク、オランダ、オーストリアなどの一部のヨーロッパ諸国も同様の政策を採用している。その結果は非常に明確で、カナダの移民の65％以上が高度な資格を持っている。

イタリアでは、かなり厳格な規制政策に加えて、効果的な選択的移民政策を欠いているために、移民の大部分を不法就労状態に追いやっている。簡単にわかることだが、不法就労は逆効果を生み、移民が技能や資格を活かす可能性を狭める状態に陥ることにつながっている。不法移民の唯一の仕事の機会が畑でトマトを摘むことであれば、工学部を卒業しても読み書きができなくてもほとんど違いはない。その結果、工学部の卒業生は、自分の可能性を十分に活用できずに現状に適応するか、そうでなければ自分のスキルをより高める他の国に移住しようとするだろう。

したがって、イタリアでは、流入する移民は、主に低技能の人々を中心としているため、新しい発明や特許の数、および企業の製品、プロセス、または組織の革新の各方面で、イノベーションの促進に大きく貢献していない(6)。一方、低技能（かつ低コスト）の労働者の流入は、ローテク部門への生産特化が維持・強化されるのに役立っている。実際、経済理論は、より複雑でない作業を行うことができる低熟練労働者の量が増えると、これらの生産要素を集中的に使用する部門の生産が増加することを示している。この構造変化は、2つの補完的な方法で起こり得る。移民の流入は、生産構造と代替生産技術を採用するインセンティブの両方を変える可能性がある。移民が高い資格と知識を持っている場合、より高度な生産技術を採用し、ハイテク製品を生産することが有利になる可能性があるが、これは世界中からトップタレントが集まるカリフォルニアのシリコンバレーでは日常的に起こっていることである。地球の隅々からさまざまな分野のエンジニア、専門技術者、才能が継続的にやってくることで、既存の革新的な企業の競争力が高まり、新しい技術の開発を可能にするのだ。技術的優位性はそれだけの力で存続できるものであり、カリフォルニアは新しい才能にとって魅力的な目的地であり続ける。一方、残念ながら、このメカニズムは逆にも機能する。ある国が主に低技能労働者を惹きつけ、不法就労の状態（しばしば官僚的な複雑さや移民政策の敵意によって引き起こされる）がこれらの労働者を生存限界賃金しか支払われない半奴隷状態にした場合、前時代的な生産技術を使用して低付加価値の商品を生産することが利益を生む可能性がある。この効果はイタリアでも確認されており、イタリアの特定の州における移民の割合が2倍になると、より複雑で高度な作業を必要とするサービス部門と比較して、製造業および建設業の生産シェアが11～21％増加すると推定されている。(7) このことは流入する移民が多く、イタリアと同様の特徴を持つ国であるスペインでの研究によっても確認されている。他の研究や経験的事実は、生産構造に対する移民の影響は、主に代替生産技術を使用するインセンティブの変更を通じて発生することを示している。低技能のメキシコ人またはキューバ人労働者の流入は生産工程の自動化といった新しい技術の導入速度を遅らせた反面で、１９９０年代の旧ソビエト連邦からイスラエルへの、主に高い水準の教育と技術を身に着けた移民の流入は、高度な技術を含んだ生産工程が導入されることの促進につながった。(8)

1・4　象徴的な事例としてのイタリアの田舎に住む外国人農業労働者

何千人もの外国人労働者が、プーリア州、バジリカータ州、カンパニア州、その他の地域の田園地帯（北部の最も進んだ地域さえも一部含む）で産業用トマトの収穫に従事している。２０１６年に実施された調査によると、外国人労働者は平均してトマト４００kg当たりの収穫に対し、約３・50ユーロを支払われている。これだと肉体的な持久力に応じて、労働者は10～20ユーロの日給（「伍長」とよばれるリーダーの仲介費用を差し引いた額）を得ることができる。

この搾取された外国人労働者の集団を利用できることが、労働集約的で素朴な生産技術だけを必要とする商品を生産することの利便性を高めている。もちろんトマトの場合だけではない。イタリアの農業サプライチェーン全体は、労働者を集中的に搾取するこの生産モデルに基づいている。また程度の差こそあれ、これらの生産モデルは他の多くの先進国でも見られる。移民が搾取される状況はイタリアと同じで、例えばスペイン南東部のアルメリア地方は、ヨーロッパ全土で消費される農作物を栽培する450平方キロメートルの温室があり、「プラスチックの海」として知られる地域である。ここでの搾取には、不安定・不合理な不法就労契約や法定最低賃金を下回る賃金水準だけでなく、労働者が不健康な場所での生活を余儀なくされ、温室で危険な農薬を吸い込むという深刻な健康と安全の問題も存在する。同様の話は、英国、フランス、米国、および豊かなグローバルノースの他の多くの国で見出だすことができる。

この搾取がもたらす最も有害な結果の1つは、何千人もの移民を、不法行為のブラックホールである本物のスラム街や移民ゲットーに閉じ込めることである。今日、イタリアのさまざまな地域（およびその他の先進国）では、こうした社会的および経済的に疎外された地帯が生み出されており、収穫期のピーク時には、何千人もの非正規および非正規移民を受け入れて小さな村の規模になることもある。これらのゲットーは、統合の概念の否定であると同時に、人権の否定の耐え難い形態でもある。それらは、農業労働市場における搾取の副作用であり、負の外部性である。

国家政策の意思決定者をも含む大多数の人々は、この搾取モデルが唯一の可能な生産モデルであると信じているきらいがある。労働力を低コストで利用できるようにする移民労働者を搾取しなければ、もはや生産することは経済的に成り立たず、したがって国家全体の経済は崩壊するだろうと考えられているのだ。しかし、移民労働者への搾取は、一部の地域の経済の存続を確保するための唯一の可能な選択肢なのだろうか？　著者たちにはそうは思えない。その理由を以下で語ろう。

工業用トマトの場合に話を戻そう。第一に、産業用トマトのサプライチェーンで労働者に支払われる賃金は、皮をむいたトマト缶の最終価格の0・8〜1％に相当する。サプライチェーンの「農業」部分、つまり畑の種子からトマトまで、つまり製品の加工と流通前のセグメントにかかる全体的なマージンは、約10％にすぎない。労働者（および農民）に、より尊厳のある公正な価格を支払うことができるサプライチェーンを維持することは不可能であるとは想像しがたいものがある。第二に、人件費の上昇は、生産技術（例えば、手摘みではなく機械化された収穫を使用するなど）や作物の種類を変更する強いインセンティブを生み出す可能性が高く、おそらくより付加価値の高い品種や製品の栽培に有利に働くであろう(9)。まったくのところ、これらの生産システムを許容することは、労働者の搾取と進歩や革新を採り入れようとしないシステムの維持を意味していることに他ならないのである。

この負のスパイラルの解決策を見つけるために何ができるだろうか？　今後の道筋としては、労働市場における合法性の基本的ルールを施行することである。雇用契約の非合法性は、賃金を制限することで生産コストを削減することを目的としている。今日、これらの不正を悪用する雇用主が、現行の法律に従って労働者に給与を支払うことを余儀なくされたらどうなるか、考えてみよう。主な影響は2つと予想される。第一に、企業が支払わなければならない賃金が上昇するので、労働需要は減少する。この効果は、新しい「均衡」が必要とする労働が少なくて済むことと、賃金の上昇がこの産業で働くことをいとわない家事労働者からの参入数を増やすことの両方から、低技能外国人労働者の機会を減少させるだろう。第二の効果は、賃金の上昇と連動して、労働力をより少なくしか必要とせず、より工程の自動化が進んだ生産技術の導入が一層推進されることである。[10]「伍長」や犯罪組織の仲介に結びつかない、合法的で適切かつ尊厳のある賃金と労働条件が達成されれば、スラム街や移民ゲットーなどの負の副作用も排除されるだろう。十分な給料があれば、水道、電気、下水道などの基本的なインフラがないこれらの場所に住むことを受け入れる労働者はいないだろう。移民がこうした所にあえて住むのは、たとえ非常に搾取的であっても、たとえ犯罪的な職業紹介所によって管理されていたとしても、雇用機会にアクセスできる可能性があるというたった1つの理由によるものである。今日、これらのゲットーは、そこに住む人々に大きな負の影響を与えるだけでなく、コミュニティに重くのしかかるコスト（医療費、治安に関連するコスト、さまざまな形態の違法行為に関連する税収の損失）も生み出しているのだ。

1・5　移民と経済の国際化

国際貿易に対してより開放的な地域が最も豊かであること、他方で地球上最も辺鄙で他の地域とのつながりの少ない場所には、貧困と社会経済的疎外が集中していることは、だれもが知る議論の余地のない事実である。また経済学者によって、国際貿易と投資こそが価値と幸福を生み出すことが理論的にも実証的にも明らかにされている。その一方で、移民の存在が企業の国際化を促進するための強力なチャネルであるという事実に着目している人は少ない。移民は、送り出し国と受け入れ国に新たな「架け橋」を生み出し、新しいビジネスチャンスに関する情報の移動を促進し、両国間の経済関係を深め、長距離貿易活動のリスクを軽減する[11]。また移民が国内企業にもたらすスキルと知識の多様性も、企業の国際化に大きく貢献するだろう。一般に輸出、そしてより一般的には海外の企業や消費者とビジネスを行うには、私たちとは異なる価値観、習慣、好みを持つ個人と交流する能力が必要とされる。多様な労働力は、より大きな「関係資本」を生み出し、その結果、企業が海外市場をうまくナビゲートする能力を高めることになる。

最後に、企業に移民が存在すると、生産性の向上により、生産コストや生産効率を下げることができる。最新の実証研究では、生産性の向上は国際競争力の向上につながることが示されている。移民と国際貿易をつなぐこれら3つの「チャネル」（貿易コストの削減、企業の多様性の向上、生産性全般の向上）の重要性は、厳密な実証分析によって十分に実証されているのである。

イタリアの地方に関する最近の調査では、経済危機前の2000年から2009年にかけて、移民の増加により、平均して約21,000米ドルの輸出増加と約76,500ドルの輸入増加が生じたと推定されている。その影響は、移民が発展途上国から来た場合、ほとんど国際化されていないイタリアの州、つまり南部の州に来た場合に最大となるだろう。他のヨーロッパ諸国に関する実証的研究によれば、新たに到着した熟練移民労働者によって、移民の国際貿易促進効果から最も恩恵を受けるのは中小企業であることが示されている。[12]

イタリアでは、移民がインバウンド投資を促進する効果は、地理的に遠い国にとってとりわけ重要である。機会の促進者としての移民の役割は、イタリアの経済に携わる者がそれほど緊密な関係を持っていない遠い国ほど重要だからである。[13] 20年以上にわたる社会科学的研究により、経済の国際化における移民の好ましい役割はすでに確認されている。

2. 日本の実情

2・1 日本の熟練労働者と高度人材

2018年2月10日、(故)安倍内閣総理大臣は臨時国会閉会後の記者会見で、「出入国管理法の改正案が成立しました。[14]（中略）今回の制度は移民政策ではないかという懸念について、私はいわゆる移民政策ではないと申し上げてきました。受け入れる人数には明確に上限を設けます。そして、期間を限定します。皆様が心配されているような、いわゆる移民政策ではありません。」と語った。経済財政諮問会議の場でも、移民政策は採らないと明言していた。世界のリーダーであることの所以を移民に門戸を開く政策にあるとする米国[15]と、移民を受け入れない方針の日本は、対照的な国柄と言っていいだろう。そもそも移民を受け入れない日本が、高い能力を持ちポテンシャルの高い海外の人々を受け入れ、今後の経済成長に貢献する、そのような国柄になるだろうか。

第1章では、外国人労働者がもたらす影響は正か負か、について考えた。次章以降もその点に関する考察は続くが、その対象は未熟練労働者であるから、ここではポテンシャルの高い熟練労働者について考えてみよう。

日本において、就労目的で在留が認められる、いわゆる専門的・技術的分野の在留資格（特定技能を除く）を有する外国人は、2024年6月末で約56・7万人となり、在留外国人総数に占める割合は約16％である。[16] 職種の範囲は、いずれも産業や日本人の生活に与える影響を考慮したうえで決められることになっているが、未熟練労働者とは違い積極的に受け入れたい人材として門戸を開いている。[17] 世界に目を向ければ、グローバルな経済活動が拡大するに伴い先進諸国は競って優秀な人材を獲得している。日本もそうしたグローバル人材獲得競争の中に参入すべく、2012年に高度人材ポイント制を導入した。

高度人材ポイント制とは、学歴（修士号取得等）や職歴（IT関連など）、年収などの項目ごとにポイントを設け、その合計が一定のレベル（具体的には70点）に達した場合に優遇措置を受けることができる制度[18]である。例えば、配偶者の就労が認められ、親の帯同も許される。家事使用人も連れてくることができる。また、日本で経験を積めば当初5年間だった在留期間は無期限となり、永住許可に必要な在留期間の条件も最短の場合は1年間に緩和される。2023年末現在、日本で就労する高度人材は23、958人で、国籍では中国がダントツで65％を占めており、続いてインド、台湾、韓国、米国がそれぞれ数パーセントを占める程度である。こうした高度人材を獲得する目的は、コニーリョが指摘するように、イノベーションの促進にある。移民がもたらす文化の多様性や高い起業家精神がイノベーションに正の影響をもたらす役割に関する研究はコニーリョが紹介しているので、そちらに任せるとして、さて日本の高度人材はイノベーションに寄与しているだろうか。イタリアでは、高等教育を受けた移民が14%強しかいない、ということだが、日本も高度人材を含む専門的・技術的分野の在留資格を有する外国人は、在留外国人総数の16%を超える程度だから、この2つの国は似ている。

2・2　日本は魅力的？

米国はもちろんのこと、欧州においても、移民がもたらす能力の多様性がその地域のイノベーションを促進することが知られているのに、日本ではそのような成果が得られているとは言い難い。先に述べたようにそもそも日本で就労する高度人材の人数も少ない。なぜだろうか。日本には魅力がないのだろうか？　その理由と背景を探った研究に関しては、大石（2018）[19]が精力的に行っている。その成果を少し紹介しよう。日本には2つの課題がある。日本を目指す「流入」の課題と、そうした人材が日本に定着するかどうか、という「流出」の課題だ。その2つは密接に関係しており、「流入」すなわち受け入れ促進が進んでいないのは、高度人材の17%近くがすでに日本から去ってしまっているからだ[20]。

その理由として、まずは雇用や生活に課題がある。過労死するほどの長時間労働に加え、子育ても困難だ。給与も低い。その上、ジェンダー差別。世界経済フォーラムが各国における男女格差を測るジェンダーギャップ指数２０２４によると日本は１１８位で、職場での差別は今も根強い。次に昇進と評価。昇進のペースが遅く、人事評価が不透明なことが実際に働いている外国人が持つ不満である。[21] さらに大きな課題は社会的包摂で、コミュニティに溶け込んで生活することの困難さが指摘されている。日本語という壁もあり、子供には英語で教育を受けさせたいと考えても、その環境は整備されておらず、企業も支援しない。文化的多様性に欠ける教育では子供を持つ高度人材は定住を選択しない。制度的な課題としては、年金制度と税制が挙げられている。母国と日本が年金条約を締結していれば帰国後に加入期間を合算できるが、そうした締結国は欧米諸国に比べて少ない。

このように高度外国人材は日本に定住することをためらうような環境下で生活している。２０２３年からは特別高度人材制度（Ｊ－Ｓｋｉｐ）が導入されて、ポイント制によらず、学歴や職歴と年収だけで「高度専門職」の在留資格を付与する制度が始まっているが[22]、たとえ優遇措置が広がってもこの日本社会に居続けてくれるだろうか。

２・３　日本とイタリア

以上の考察をイタリアと比較してみよう。イタリアが高度技能移民にとって魅力が低いだけでなく、自国の、すなわちイタリア人の熟練労働者さえ出国してしまう点は、日本においても同じ傾向にあることはすでに述べた。

イタリア経済の生産体制が伝統的セクターとローテクセクターに偏っている点は、日本が外国人労働力を必要とする理由と同じだ。日本で外国人労働力を需要するのは、比較的小規模で日本人を雇用することが困難なセクターである（詳細は次章以下を参照）。イタリアには海外で取得した資格や技能を生かして転職する時に制度上の壁があるように、日本においても同様の壁はある。ただ、そうした制度上の問題を解決すれば事足りる、というわけではない点が日本ではやっかいかもしれない。多様性を許容できる社会か否か、が問われることになる。

シリコンバレーに見られるように、高度人材が技術や資本と補完関係にある場合には、産業構造を高度化させる可能性がある。新しい技術開発の可能性も高まる。日本においてそのような高度人材とイノベーションに関する研究は、残念ながら高度人材制度導入の歴史が浅く、人数等のデータも少数かつ限られているためあまり進んでいない。日本で雇用される外国人労働者の導入はほとんどが期間限定の未熟練労働者であるため、産業構造の高度化と（高度人材に限らない）外国人労働者導入とはどのような関係にあるか、という考察になる。それについては、幸いに中村他（２０１９）[23]がとても興味深い結論を導いている。労働集約度および未熟練労働者の比率が高い、いわゆる生産性の低い企業で外国人労働者を導入すると、その企業が生き残る確率が高まるが、逆に生産性の高い企業が外国人労働者を雇用すると、生き残る確率が下がってしまうことが示されている。外国人労働者の導入が産業の高度化を遅らせる可能性があることは、未熟練労働者と補完的な資本が維持されやすく、外国人労働者を必要とする産業の実情を物語っているかもしれない。イタリアにおいて、生存限界賃金で就労する労働者を雇用した場合に、前時代的な生産技術を使うことによって低付加価値の商品生産で利益を生む可能性が示されていたが、日本においても、相対的に低い賃金の外国人労働者を多く雇用する企業では資本から労働への代替が起きた可能性がある。逆に言えば、外国人労働者を雇用するのは、賃金の低下が進む地域の企業であり、そうした地域における産業は古いレベルの技術を温存させ、産業の高度化が進みにくいこととなる。

日本で就労する未熟練労働者は、日本の在留資格で決められた枠組みの中でリクルートされて来日し、期限が来れば母国に帰る。それゆえ、イタリアで観察されるような、何千人もの非正規移民が工業用トマトのサプライチェーンに低賃金で組み込まれて搾取されるような事態は想像しにくい。だからと言って、今や日本以外にも韓国や台湾が積極的に外国人労働者を必要としている中で、日本が未熟練労働者にとってさえ高い魅力を持ち得るかどうかは、別問題であろう。

さて、経済の国際化に貢献する移民の役割はすでに確認されている、とコニーリョは書いたが、日本においてはどうであろうか。外国人労働者の存在が送り出し国と受け入れ国に新たな「架け橋」を生み出し、日本人と異なる価値観や習慣、好みを持つ個人と交流することで多様な「関係資本」を生み出すだろうか。外国人労働者と国際貿易をつなぐ3つのチャネル（貿易コストの削減、企業の多様性の向上、生産性全般の向上）が生む利益を日本は享受できる環境にあるだろうか。

コラム「イタリアを知る」#3

イタリアの地形・気候および産業

イタリアはイタリア半島とサルデーニャ島、シチリア島（およびその他の小島）の島嶼部から成り立っている。総面積は日本の約4／5にあたる30・2万㎢である（ちなみに人口は日本の約半分の6、000万人余りである）。半島部は三方を地中海（それぞれ東側をアドリア海、南側をイオニア海、西側をティレニア海と呼ぶ）に囲まれている。唯一大陸と繋がっている北部にはアルプス山脈があり、長い間交通の障害であり自然の要害ともなっていた。イタリア北部には最大の大河ポー川が西から東に貫流しており、流域のロンバルディア州からエミリア＝ロマーニャ州にかけて広がる肥沃な平地はパダノ＝ヴェネタ平原（ポー平原）と呼ばれ、ここだけは年間を通じて比較的降水量がある西岸海洋性気候であり、灌漑設備が整えられ、稲作や酪農などが盛んで

イタリアの地形

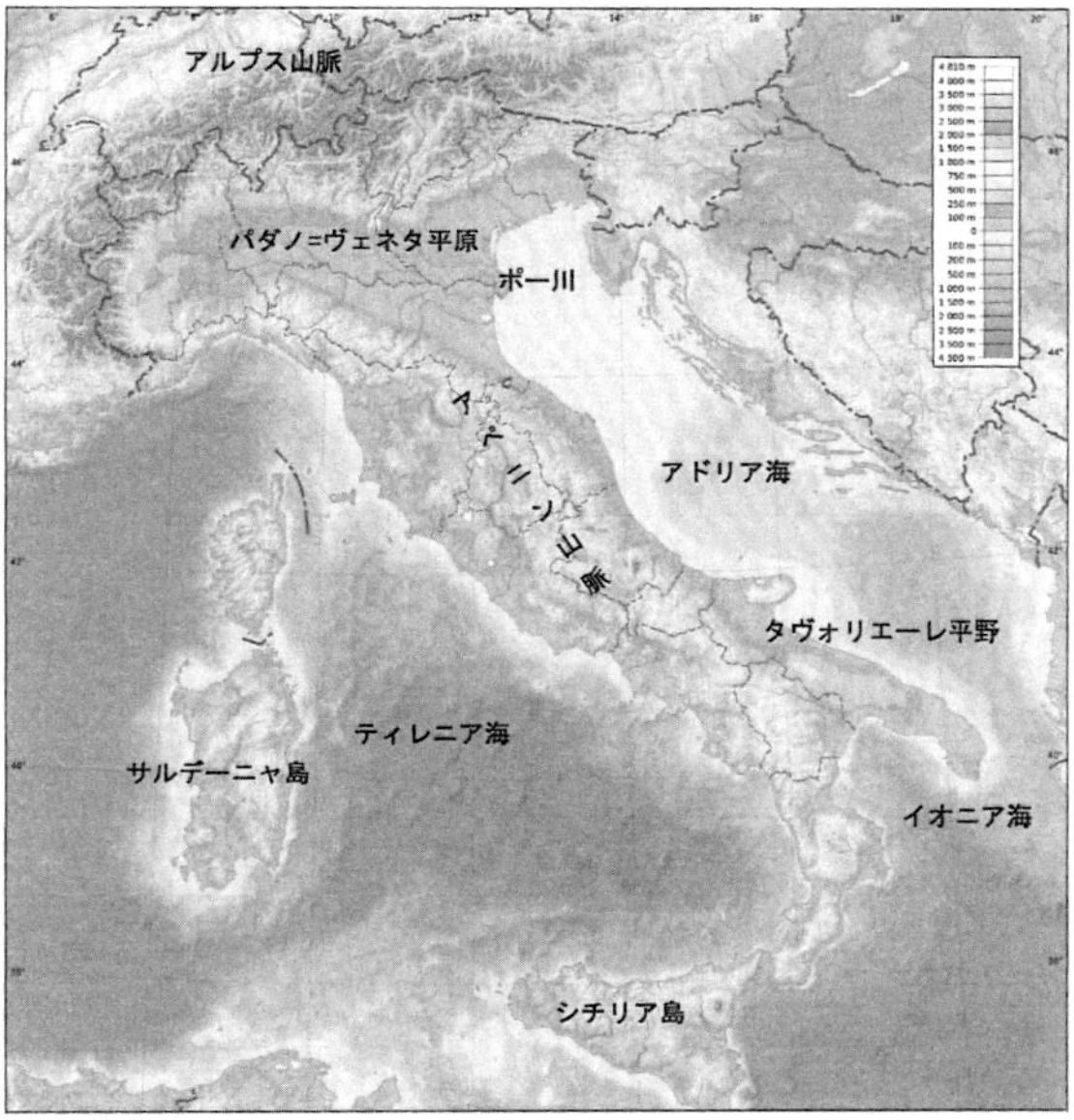

出所：著者作成

ある。半島中央部にはアペニン山脈が南北に走っている。南部は山がちだが、南東部のプーリア州にはイタリア第二の面積のタヴォリエーレ平野があり、トマトなどの畑作や少雨でも育つオリーブ、かんきつ類、ブドウの栽培（およびオリーブ油、ワインの製造）が盛んである。

　イタリアの気候は温暖で雨が少ない地中海性気候であり、日本同様四季の区別がはっきりしている。ローマと東京の気温は年間を通じてほぼ同じだが、イタリアでは夏は日差しが強く乾燥し、冬には雨が比較的多く降る。南北に長い国土のため、地域によって気候はかなり違い、南部の夏の暑さ、北部の冬の寒さには厳しいものがある。またアドリア海沿岸、とりわけフリウリ＝ヴェネツィア・ジュリア州のトリエステ周辺では、冬にディナル・アルプス山脈から吹き降りてくるボーラという寒冷な強風が吹く。

イタリアの産業分布は地理的、歴史的背景と深くかかわっている。ＩＭＦによれば、イタリアの名目ＧＤＰは２０２４年には2兆３、２８０億2、８００万ドルと世界第9位の水準であり、日本（世界第４位）の４兆１、１０４億5、２００万ドルよりは少ない。しかし一人当たりＧＤＰでは、イタリアが３９、５８０ドルで、日本の３３、１３８ドルを上回っている。グラフにあるように、２０２２年のＧＤＰの産業構成は日本、イタリア共に大きな違いはない。イタリアの主要産業は、機械や繊維・衣料、自動車、鉄鋼、製薬などの製造業である。北イタリアのミラノ、トリノ、ジェノバは、工業の三角地帯と呼ばれ、ミラノを擁するロンバルディア州だけで、国全体のＧＤＰの20％を占めている。他の先進国に比べイタリアでは家族経営の中小企業の割合が高く、国内の90％以上の企業が従業員10人以下である。伝統的な繊維、皮革などは現在でも職人技が産業を支えている。国土に占める農用地の割合は、日本が12・３％であるのに対して、イタリアは41・１％もある（２０２１年、ＦＡＯ統計）など、農業が盛んである。観光はイタリアにおける主力産業の１つであり、２０２３年に外国人観光客が消費した額は５５９億ドル（世界第５位）で、日本（世界第10位）の３８６億ドルの１・５倍に達している。イタリアの主要輸出品目は、機械、薬品、輸送機器、衣類であり、主要輸入品目は、原油、電子機器、自動車部品、食品である。輸出相手国は、ドイツ（11・９％）、アメリカ（10・７％）、フランス（10・１％）が上位３カ国、輸入相手国は、ドイツ（15・１％）、中国（８・０％）、フランス（７・86％）が上位３カ国である（TrendEconmy、２０２３年）。

2022 年 GDP の産業構成　イタリア

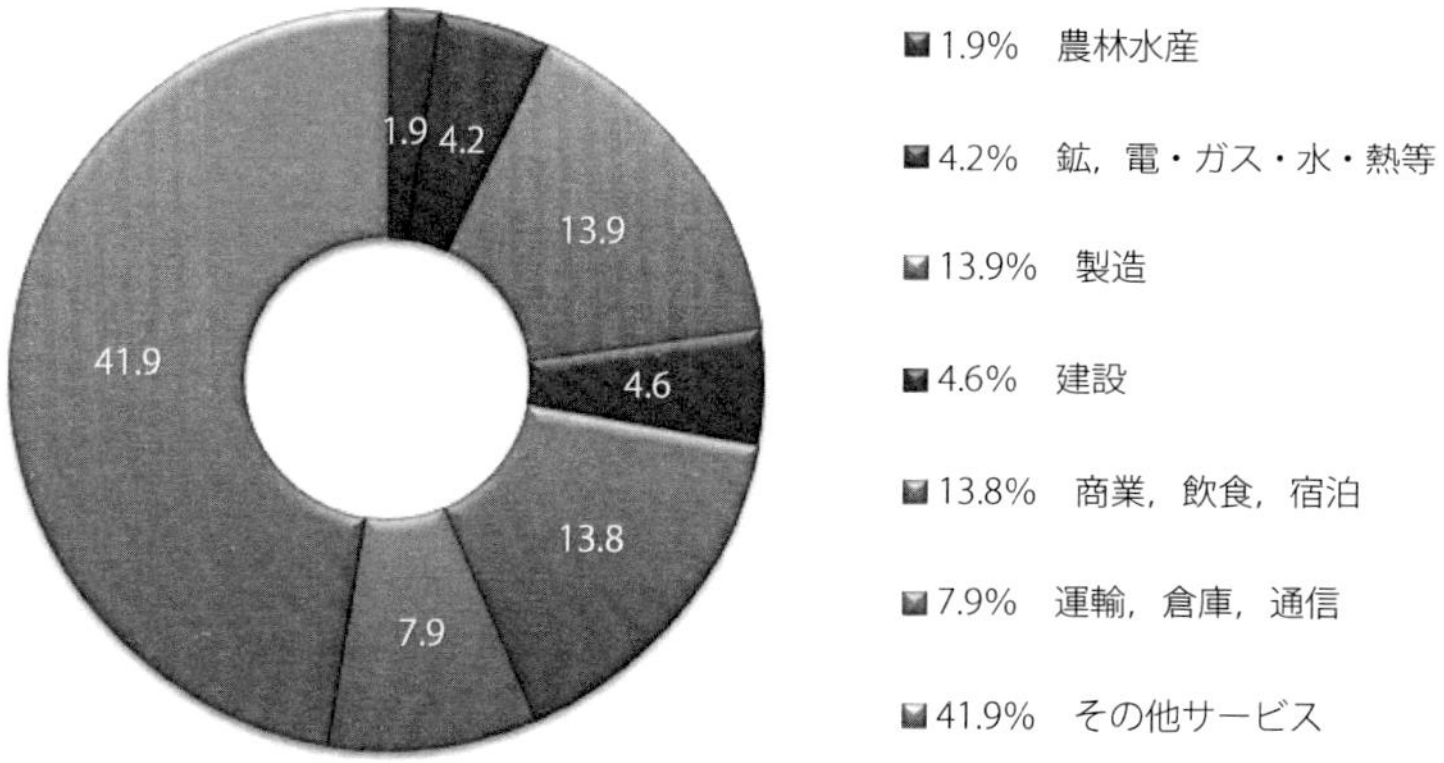

©jp.gdfreak.com　※合計が100%にならない国がある

2022 年 GDP の産業構成　日本

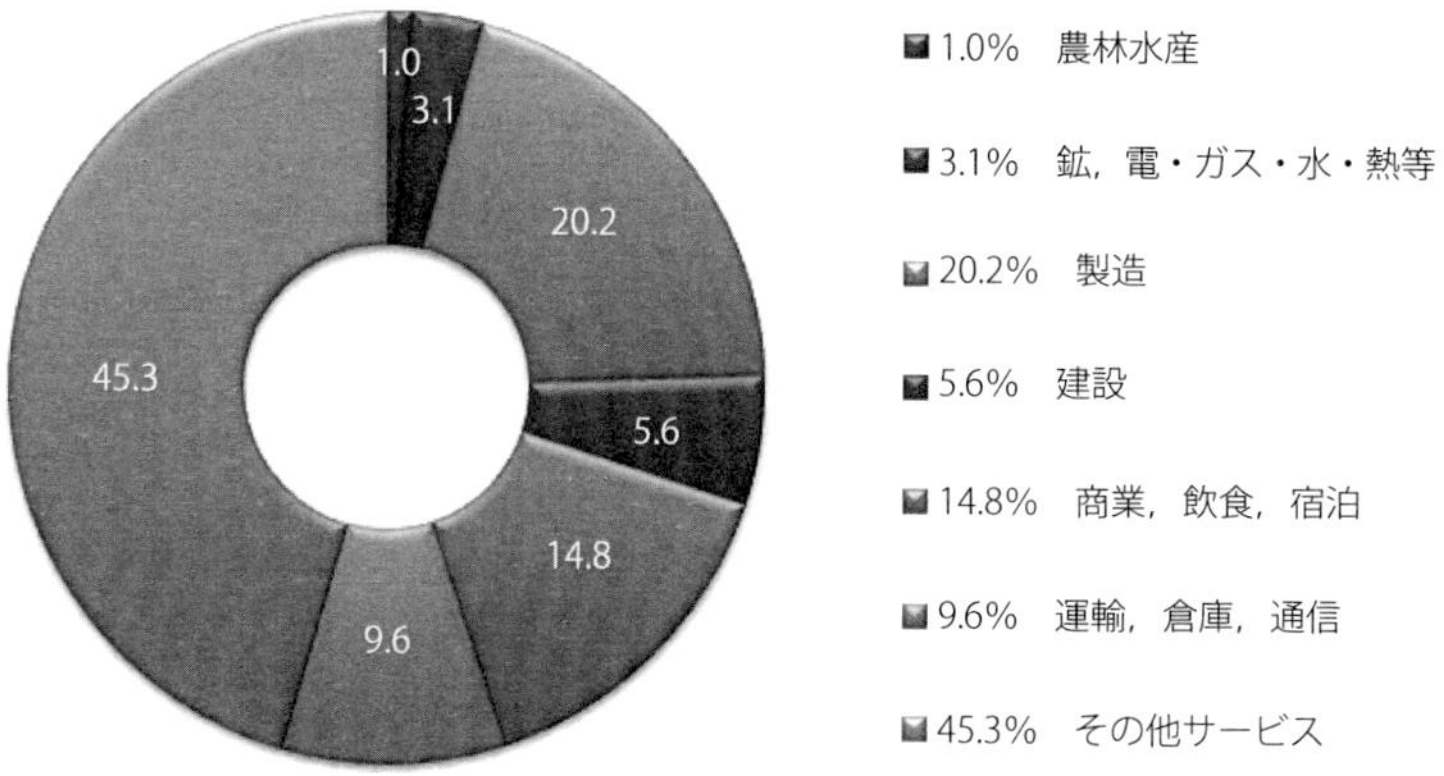

©jp.gdfreak.com　※合計が100%にならない国がある

出所：GD Freak（国連 National Accounts AMA を基にしている）

【註】

（1）わが国に不法に入国しようとする移民が負担する費用は、多くの場合、出身国の労働者が平均して得る収入の2〜3年分以上に相当する。リスクが高く、高額な投資であるため、それは多くの場合、「家族戦略」の結果として実行されている。

（2）Bernstein S., Diamond R., McQuade T. & Pousad B. (2018), "The Contribution of High-Skilled Immigrants to Innovation in the United States," *Stanford Business School, November Working Paper* No.3748. を参照のこと。

（3）このテーマに関するレビューについては、Jensen P. H. (2014), "Understanding the impact of migration on innovation," *Australian Economic Review*, 47, pp.240–250. を参照のこと。

（4）トーマス・ケメニーとアビゲイル・クックによって示されたこれらの効果は、都市の経済成長を促進する上での多様性の役割に関するジャネット・ジェイコブスの理論研究によって明らかにされた外部性を実証するものである。Kemeny T. and Cooke A. (2018), "Spillovers from immigrant diversity in cities," *Journal of Economic Geography*, 18, pp.213-245・および Jacobs J. (1969), *The Economy of Cities*. New York: Random House. を参照されたい。

（5）２０１７年のデータはOECD (2018), Education Indicator in focus no.65.

（6）マッシミリアーノ・ブラッティとキアラ・コンティによる、イタリアの州に対する移民の全体的な影響に関する研究が参照されている。Bratti M. & Conti C. (2018), "The effect of immigration on innovation in Italy," *Regional Studies*, 52(7), pp.934-947.

（7）De Arcangelis G., Di Porto E. & Santoni G. (2015), "Migration, labor tasks and production structure," *Regional Science and Urban Economics*, 53, pp.156-169. を参照のこと。

（8）米国については、Lewis E. (2011), "Immigration, skill mix, and capital skill complementarity," *Quarterly*

Journal of Economics, 126(2), pp.1029-1069. イスラエルの事例についての詳細に関心がある読者は、以下の著作を参考にされたい。Gandal N., Hanson G. H. & Slaughter M. J. (2004), "Technology, trade, and adjustment to immigration in Israel," *European Economic Review*, 48(2), pp.403-428.

(9) レッチェ県（２０１１年にギャングの支配者と黙認する農業起業家に対する外国人労働者の反乱が始まった地域）で行われたインタビューから、興味深い事実が浮かび上がった。当初、外国人労働者は主にスイカの収穫に従事していたが、これはこの地域の伝統的なサプライチェーンであり、非常に多くの労働者を必要としていた。このような非常に低コストで高度に搾取された労働力が利用可能だったので、以前は損益面で厳しかった産業用トマトの栽培に、土地の一部を転換することが可能になった。これは後進性の方向に進む生産選択の一例である。

(10) クレメンスらによる２０１８年の研究では、これらの効果のうちの２つ目、つまり生産技術の変化が優勢であることが示唆されている。彼らは１９６４年にメキシコの農業労働者の米国への移住を規制するブラセロと呼ばれる協定が廃止されたことの影響を研究し、これらの労働者の大幅な削減は、米国当局の目標である家事労働者の賃金と雇用に実質的に何の影響ももたらさなかったが、生産技術と作物の選択を、高価値で労働集約度の低い製品へと大きく変えたことを明らかにした。Clemens M. A., Lewis E. G. & Postel H. M. (2018), "Immigration Restrictions as Active Labor Market Policy: Evidence from the Mexican Bracero Exclusion," *American Economic Review*, 108(6), pp.1468-1487. を参照のこと。

(11) 国際貿易の障壁を減らす上での移民の役割を強調した最初の研究の１つは、グールドの米国を対象とした研究である。Gould D. M. (1994), "Immigrant links to the home country: empirical implications for US bilateral trade flows," *Review of Economics and Statistics*, 76(2), pp.302-316. を参照のこと。

(12) ここで言及されているイタリアに関する研究は、Bratti M., De Benedictis L. & Santoni G. (2014), "On the pro-trade effects of immigrants," *Review of the World Economy*, 150, pp.557-594. である。スウェーデンの企業レベルデータの研究 Hatzigeorgiou A. & Lodefalk M. (2016), "Migrants' Influence on Firm-level Exports,"

Journal of Industry, Competition and Trade, 16(4), pp.477-497. も参照されたい。

（13）Murat M. & Pistoresi B. (2009), "Emigrant and immigrant networks in FDI," *Applied Economics Letters*, 16(12), pp.1261-1264. を参照のこと。

（14）「出入国管理法の改正案」とは、「技能実習（1号・2号）」制度が新設されたことを指す。４章を参照のこと。

（15）本書コラム「イタリアを知る」＃7では、イタリア系アメリカ人の活躍が書かれている。政治、経済、芸術文化、スポーツ等の各界で新たな価値が生まれていることは、移民に門戸を開いてきた米国の強みであろう。ただし、２０２５年3月現在、トランプ政権のもとで移民に対する姿勢が厳しくなり始めている。米国は今後も移民に対してオープンであり続けるだろうか。

（16）「専門的・技術的分野の在留資格（特定技能以外）」には、「教授」、「芸術」、「宗教」、「報道」、「高度専門職1号・2号」、「経営・管理」、「法律・会計業務」、「医療」、「研究」、「教育」、「技術・人文知識・国際業務」、「企業内転勤」、「介護」、「興行」、「技能」の在留資格が含まれる。

（17）日本は高度人材に関しては先進国の中でも開放的な国の１つという指摘もある。諸外国で一般的な「労働市場テスト」や「人材不足業種リスト」はなく、大卒で自分の専門に関連する職場を得られれば、日本人と同等の収入がある限り外国人でも働くことができるからだ。大石奈々（２０１８）「高度人材・専門人材をめぐる受入れ政策の陥穽―制度的同型化と現実―」『社会学評論』68（４）、５４９－５６６、５５０頁。

（18）出入国在留管理庁「高度人材ポイント制とは?」https://www.moj.go.jp/isa/applications/resources/newimmiact_3_system_index.html を参照。

（19）前掲大石（２０１８）。

（20）前掲大石（２０１８）の執筆時点において。

（21）日本で働くことでグローバルに使える経験が身につかず転職が難しくなることを「Japanese Trap」と呼んでいる。塚崎（２００８）『外国人専門職・技術職の雇用問題：職業キャリアの観点から』明石書店。

（22）特別高度人材制度（Ｊ－Ｓｋｉｐ）の在留資格「高度専門職」で在留する外国人は、２０２３年末で

23、958名である（在留外国人総数の0・7％）。なお、J－Skip創設と同時期に、未来創造人材制度（J－Find）が始まっている。海外の優秀な大学を卒業した外国人が起業活動や就職活動を行う場合に付与され、在留資格は「特定活動（未来創造人材）」。

(23) 中村二朗・内藤久裕・神林龍・川口大司・町北朋洋（2009）『日本の外国人労働力：経済学からの検証』日本経済新聞出版社。

第4章 移民が福祉国家を喰い物にする

1. イタリアの事情

1・1 イタリア人が税金を払うのは移民を支援するためか？

長い人生においては、時にさまざまな出来事のために、自分だけの力ではきちんと生き抜いていけなくなってしまうことが起こり得る。例えば職を失ったり、病気になったり、単に歳をとったりして、仕事を続けることができなくなれば、その人は極端な不幸に陥るだろう。福祉国家とは、共同体の力によって、個々人をそのようなリスクから守るものに他ならない。公的な、少なくとも部分的には無料の医療、年金制度、失業手当、社会的セーフティネット、および国または地方レベルで提供されるその他の経済的な措置は、これらのリスクから私たちを守ることを保証するものである。これは課税、あるいは拠出によって賄われる一種の社会協定であり、最も恵まれた人々から不利な立場にある人々に資金を再分配する。年金制度のように、こうした資金の移転が世代間で行われる場合もある。

イタリアの移民に関連して人々が抱く最大の懸念の1つは、イタリアの福祉国家システムが移民からの要求によって弱体化し、貧困化するのではということである。類似の懸念は他の先進諸国においても見られる。しかし、こうした懸念を裏付けるような厳密な研究成果はあるのだろうか？　移民が来たせいで過剰な社会支出につながり、現在の福祉モデルが持続不可能になるというのは正しいのだろうか？[1]

とはいえ、この問題を掘り下げて検討する際に、2つの前提条件を置く必要がある。第一に、持続不可能になるというリスクは、福祉への支出がそれを支える財政能力に比べて増加した場合、つまり移民が福祉制度に貢献するよりも恩恵を受ける場合にのみ、生じてくる可能性があるということである。そして第二に、移民の流入は人々のコミュニティへの帰属意識、ひいては共通の解決策に貢献する傾向にも影響を与える可能性があることである。

移民が福祉国家に及ぼす費用と便益を計算することは複雑だが可能である一方で、福祉制度を支えている社会協定の強さに移民がどの程度影響するのかを測定することは困難である。この章では、現在および将来において、移民の流入が福祉国家の持続可能性にどのように影響するかを明らかにすることを目的とする。

1・2 「磁石」仮説

多くの学者が最初に考えたのが、寛大な政策をとる福祉国家であることが、移民の行動選択にどのように関わっているかということである。「福祉磁石」として知られる仮説によれば、寛大な社会保障制度があることは、純受益者になる可能性が高い個人を引き付ける要因になり得るとされている。理論的にはこの場合、福祉の受益者になる可能性が高い未熟練単純労働者が該当することになる。そうだとすれば、こうした移民の流入は、さまざまな社会的保護制度を支えるためにコミュニティが負担するコストの増加を生み出すので、システムの持続可能性に対する脅威となりうる。

しかし、この問題を扱った一連の研究でも、「福祉磁石」仮説は事実によって検証されていない[2]。移民の流入は、主に出身国と目的国の間の賃金水準や失業率の違い、地理的、言語的、文化的近接性、およびすでに確立されている移民の「ネットワーク」の存在に依存しているのであり、福祉国家の寛大さの違いは、移住を動機づけるものではない[3]。

1・3　移民流入がイタリアの福祉に与える影響とは

移民の流入とイタリアの福祉との関係について考えるためには、はじめにイタリアの社会支出の大部分が年金制度に充てられていること、すなわち全支出の約60％を占め、国内総生産の16％強に相当する金額が年金制度に支出されているという、福祉制度の構造的特徴を知っておく必要がある。これとは対照的に、失業保険や所得支援措置は、イタリアでは他のほとんどの先進国よりもはるかに小規模である。このことは、現実には移民がイタリア国民から搾取できる福祉のお金は年金以外にはあまりないことを示している。[4] 言い換えると移民流入がイタリアの福祉国家の持続可能性にどう影響するのかは、大部分が年金制度へおよぼす影響を調べればよいことになる。

イタリアの年金制度は、現在雇用されている人が支払う拠出金が、すでに退職している人の年金の支払いに使用される、世代間協定に基づく賦課方式である。移民（そしてより一般的にはすべての労働者）によって支払われる社会保障費は、年金予算のうち低コストで集められる財源であり、そうした財源がなければ、社会保障機関は年金を大量に支払うために不足する財源を資本市場などから調達しなければならず、それは公的債務残高が大きいイタリアのような国では、将来にわたるコスト高なものになる可能性がある。

イタリアの年金制度において、移民はどのような役割を果たしているのだろうか？　第一に、多くの移民は、将来決して使わない年金制度に拠出している。その理由は単純で、外国人労働者のかなりの割合が、イタリアに数年間居住し、その間は現行の年金制度の下で支払いに使われる拠出金を払って、母国に帰国しているからである。第二に、移民は人口統計学的貢献を通じてシステム全体の持続可能性を高めている。賦課年金制度は、年金を受給する高齢者の数が、拠出金を支払う就労中の若者の数を上回っていくと、深刻な資金不足問題に直面する可能性がある。イタリアで起こっているように、人口ピラミッドが逆転している場合には、移民は人口動態のバランスを回復させる力となり、社会保障制度を長期的に持続可能なものにするのに役立つだろう。この意味で、平均年齢がイタリア人よりも10歳以上若い移民が流入することは、近い将来に労働力を増やし、出生率の上昇を通じて中長期的な人口動態の改善につながることになる。ＩＮＰＳは、２０１７年の年次報告書（ＸＶＩ年次報告書）で、２０４０年までの社会保障基金への移民の正味のプラスの貢献を年間約17億ユーロと見積もっている。プラスの影響ではあるが、２０１８年に1兆7、５３０億ユーロだった国内総生産（ＧＤＰ）と比較すると、全体としては限定的な効果である[(5)]。

これまで述べてきた年金の問題に加えて、移民が公共支出に及ぼす影響を評価する際に考慮すべき重要な側面として公的扶助がある。イタリアでは、住宅補助金や裕福でない家庭への所得助成金など、ほとんどの形態の非拠出型の公的支援は地方レベルで行われ、約

8、000の自治体がそれぞれに異なる形で実施している。国内で最も富裕な地域では、非常に手厚い福祉が行われているが、福祉水準が低いか、ほとんど行われていないような地域もある。このように福祉が細分化されていることは、移民の総体的な影響を複雑なものにしている。(6) 福祉国家としてのイタリアのこの地理的な分断を考慮に入れた数少ない研究は、移民がやってくる場所がどこなのかということが重要な問題だと指摘している。全国的に見ると、移民に公的扶助として支払われる金額は、移民と既住民の人口の相対的な規模を考慮すれば、既住民へのそれよりもわずかに高いものとなっている。しかし、全国平均ではなく、居住地域の違いを考慮すると、移民の福祉への依存度は、イタリアのより裕福な北中部地域、すなわち手厚い福祉を提供できる地域で明らかに高く、南部では移民と既住民の差がほとんどない。イタリア国内の裕福な地域では、移民は住宅補助金などの非拠出型福祉の恩恵を受けているからである。なぜこうした違いが生じるのかは直感的に明らかであろう。北部では熟練度の低い労働者の需要が非常に大きく、それは主に移民によって満たされている。一方で、イタリア内の最貧地域では、移民の福祉サービスへの過度の依存はなく、メディアでよく描かれる、移民と既住民の間の「貧困層間の戦争」も実際には見られないのである。

パオロ・ジェンティローニ政権が、これまでの「公民権所得」に代わって、2018年に貧困対策の度合いを測定する手段として「包含所得（REI）」を導入したことは、外国人の福祉利用を促進する画期的な事例である。REIは、貧困対策と雇用（ないし再雇用）の促進という2つの目的を持っている。長期滞在許可証を所持する者や、イタリア国内で少なくとも2年間の在留許可がある者など、要件を満たすEUおよび非EUの外国人市民も、この所得支援措置の恩恵を受けることができる。2018年には、46万2、000世帯（約130万人）にREIが支給された。貧困家庭の地理的分布を見ると、この措置で恩恵を受けた人々の71％は国の南部に居住していた（総支出額の68％）。REIを受け取る世帯の11％は非EU市民であり、この割合はイタリアの人口に占める移民の数よりわずかに高いが、この措置の対象となるべき絶対的貧困状態にある移民の世帯数を考慮するとはるかに低い水準にある。実際、イタリアの絶対的貧困の発生率は一般的には6・9％だが、外国人のみの世帯では29・2％に達する（2017年のISTATデータ）。[7] イタリアの絶対的貧困層500万人のうち、ほぼ3分の1が外国人（約32％）であり、REI受益者の11％よりもはるかに大きな割合である。受益者の地理的分布を見ると、外国人が困窮しているイタリア人から利益を奪うという、南部イタリアでの「貧困層間の戦争」は作り話に過ぎないことが明らかである。南部の所得支援措置の恩恵を受けている30万世帯以上のうち、非EU市民はわずか3％にすぎない。イタリア北部と中部では、REI受給者全体の20％と12％がそれぞれ居住しており、そこでの外国人受益者の割合は、それぞれ29％と21％と高水準となっているのとは対照的である（2018年のINPSデータ）。

ところがREIに代わって、次の第1次ジュゼッペ・コンテ政権が2019年政令第4号で導入した「市民の収入」は、これも一種の社会的セーフティネットだが、長期滞在許可証の所持と最低10年間のイタリアでの居住という、政府が新たに課した厳しい要件を満たさない外国人は福祉措置を受けられないため、はるかに制限されたものとなった。とりわけ外国人には、所得や資産状況の査定に、場合によっては禁止的でさえある法外な負担金が課せられもしている。(8) こうした非常に制限的な条件は、この重要な新しい福祉措置の恩恵を受けることができる外国人の数を減らすことになった。なお2023年には、ジョルジア・メローニ政権によって、「市民の収入」に代わり「包括手当」と「トレーニングと就労サポート」の2つのツールが導入されたが、その結果、貧しい家庭、特に外国人が構成する家庭への支援が低下することになった。

移民と福祉に関して考慮すべき最後の側面として、経済の健全性が悪化すると、多くの移民は、福祉に頼ってイタリア滞在を続けるのではなく、より良い機会を求めて国境外であっても移動する傾向があることをあげておく。この流動性の向上は、2つの肯定的な効果を生み出す。1つは、国家の福祉支援のコストを削減することである。もう1つは、大きな経済危機の後に労働市場のバランスを取り戻すことを容易にすることである。

どれだけの移民が福祉にただ乗りし、どれだけの移民がイタリアの制度に貢献しているかを見積もることは可能だろうか？　レオーネ・モレッサ財団の研究者は、移民が国庫の収入と支出に与える影響を分析している。イタリアで働く約240万人の外国人労働者は、

1、540億ユーロの経済価値を生み出しており、これは国内総生産の約9％に相当する。拠出金と税負担は、2022年には292億ユーロの収入に相当する。この数字には、社会保障費、個人所得税、消費税（VAT）、その他の税金、物品税、滞在許可証の更新や市民権申請に関連する手数料収入が含まれる。移民のコスト、すなわち国庫支出の増加に関しては、研究者は移民に関連する福祉費用の総額を274億ユーロと見積もっている。したがって、イタリア経済における移民の費用便益分析では、18億ユーロ（2022年のデータ）の収支がプラスになると推定される。これは、移民がイタリアの福祉国家に脅威を与えるという認識が誤りであることのさらなる証拠である。イタリア中銀のファビオ・パネッタ総裁が最近述べたように、正規移民の増加はイタリア経済にとって有益であり、すべての国民の雇用水準と幸福の維持につながる。

1・4　移民に1日35ユーロを与えるのか？

さて、広く知られている亡命希望者に与えられる1日30－35ユーロについて語ろう。地方自治体が管理する成人の亡命希望者と難民のための保護システム（SPRAR）で一日平均30－35ユーロが実際に提供されている。(9) これは、移民流入の受付を担当する国の公的および私的団体の掌中に移民たちがとどまることを意味する。この30－35ユーロのうち、一日当たり2・50ユーロ、いわゆる小遣い銭だけが、施設に収容されている移民のポケットに直接入る。各県は、ホテル経営者、協同組合、その他の民間団体からのベッド提供をすべて査定するが、移民向けの宿泊施設の料金は、1人一日当たり約35ユーロとされる。提供されるサービスは、食料、基本的な必需品、掃除、言語的ないし文化的な違いを克服するための仲介サービス、到着時に必要な電話料金をチャージするカードなど、一般的に必要不可欠なものである。これらの費用は近年大幅に増加しており、2011年の8億4、000万件から2017年には約44億件に達した。2018年以降に入国者数が減少したので、支出も36億ユーロを超えないだろうと推測される（イタリア公会計観測所のデータ）。この総支出のうち、約3分の2は受け入れに充てられ、残りは救助・救助活動と教育・医療サービスに関わる費用に配分される。この支出はイタリアのGDPの0・26％に相当し、紛争地域からの難民の増加と相関しており、本質的には一過性の金額の可能性が高い。したがって、少なくとも近年に限っては、経済移民に関連した構造的支出ではないと考えてよく、また、たとえこれらの支出があったとしても、公的予算に対する移民の純貢献は好ましいと結論できるのである。

1・5 移民、危機、そして貧困

貧困の発生率は、一般的に、定住者よりも移民の方が高い。ＩＳＴＡＴのデータによると、２０２３年には、外国人だけで構成される世帯の35・6％が絶対的貧困状態にあった[10]。国全体では、相対的貧困と絶対的貧困がパンデミック以降の期間に大幅に増加し、２０２３年には合計５７０万人が貧困状態にあるとみなされた。危機は、既住民よりも移民に大きな影響を及ぼしている。これはイタリアだけでなく、すべてのヨーロッパ諸国で起こっている。危機の影響は一般的に、建設業や製造業など、不況時に被害を受ける業種に雇用される外国人男性労働者により強く出ている。一方、女性労働者は一般的に、家事や個人サービスなど、景気の循環局面の影響をほとんど受けない部門に集中している。最近の調査によると、イタリアでは、経済危機が男性外国人労働者の失業の可能性を高めたが、逆に女性外国人労働者の労働条件はむしろ若干改善したことを示している[11]。

前述したように、外国人の所得に最も悪い影響を与えた経済危機が起こったにもかかわらず、公的支出の財源に一切貢献せずに、一般課税に基づく社会的セーフティネットを頼って生活する、ステレオタイプの寄生的移民は、実際には存在しない。移民による福祉の利用は、貧困や社会的排除の状況と正確に結びついている非拠出型福祉の特定の形態では高いものの、全体としては平均して低いことと、前述した「市民の収入」の導入が、移民が貧困対策の行政にアクセスすることを困難にしたことを想起すれば、それは明らかであろう。

イタリアのいくつかの自治体での住宅サービスなど、移民が既住民よりも多く利用している福祉の形態においてさえ、不安定な仕事に就く移民労働者がいない場合に、社会支出の節約ができるとは考えにくい。実際のところ、この不安定な仕事の大部分は、一般的に男性の移民労働者によって賄われているが、仮に移民がいなければ、これらの仕事の一部は必然的に既住民によって行われることになり、既住民は移民の代わりに福祉国家の顧客としてサービスの受け手になるだろう。残りの「汚く、危険で、品位を傷つける」仕事は、誰も実行しようとしないので、経済システムに明らかなダメージを与えることになる。

最後に重要なこととして、イタリアでは合法的な入国の機会が制限されているため、ほとんどの就労目的の外国人が不法滞在をして、非合法な状態にとどまっていることがあげられる。非合法であることは、労働市場や住宅市場における搾取を高め、最終的には貧困と社会的排除のリスクを高める結果となる。非合法移民は、例えば国の医療制度など、いくつかの基本的な形態の支援を引き続き受けることができても、少なくとも潜在的には、個人を貧困の罠に閉じ込める悪循環を断ち切ることができる他の幅広い支援からは自動的に除外されることになるのである。

1・6　福利を生み出す移民たち

木曜日の午後、私（ニコラ・コニーリョ）が働いているバーリ大学の近くを歩いてみると、移民問題に関心のある人々にとっては、とても特別な体験ができるだろう。2,800平方メートルの市内最大の広場は、介護や支援サービスに従事する移民労働者、いわゆる介護者たちで混雑する。午後の休憩時間は、友人、親戚、他の同胞と会ったり、一連の雑事（送金や、品物の送付など）をしたりするために使うことができる貴重な時間となっているのだ。いったい何人いるのかを見積もることは困難だが、おそらく約1万〜1万5,000人の介護者がその広場にやってきており、プーリア州の州都であるバーリに隣接する周辺の街々からも来ているとだろう。こうしたイベントは、最小の自治体から最大の自治体まで、イタリアのすべての広場で週に1日繰り返されている。

彼らは、イタリアの家庭のために低コストで福利を生みだす、まさしく見えない軍隊である。外国人女性の労働力の約70%は、家族介護部門に集中している。INPSによると、正規の家事労働者は約70万人おり、これに推計が困難な非正規労働者を加える必要がある。20歳から70歳までの人口に占める75歳以上の人口の割合が12%で、2050年には25%に上昇すると推定されているイタリアでは、移民による家庭への支援に対する需要は高まる一方でである。というのも、公的財政が逼迫しているということから、伝統的な福祉制度、すなわち移民労働者が提供する労働力によって支えられる州や地方自治体が提供する公的サービスの適用範囲が拡大する可能性は低いからである。

しかし、多くのイタリア人家族の世話をしている70万人の外国人介護者が一瞬にして姿を消すとしたら、私たちの経済システムにどのような影響があるだろうか？　第一に、確実に起こるのは、労働力の供給の大幅な減少と、その結果としてのイタリア人家庭への介護サービスの価格の上昇である。労賃の上昇は、移民が残したポジションを埋めるために、イタリア人の家事労働者の参入を誘発するだろうが、たとえ相当に高い賃金が支払われても、移民に代わって雇われようとするイタリア人は十分に多くはないだろう。その結果、介護労働者不足で多くの家庭がこれらの介護サービスをもはや受けられなくなるだろうし、家事手伝いや介護者（イタリア人または合法就労の外国人）を雇い続ける家庭は、これまでよりもはるかに高いサービスへの対価を支払うことになるだろう。特に裕福でない家庭では、その幸福度が下落していることは明らかである。

ともあれ、70万人の介護者が消えることの直接的な影響はそれだけにとどまらない。介護者が提供するサービスを価格上昇であきらめたとしても、高齢者や子供の世話、その他さまざまな家事がなくなるわけではない。したがって、多くの家族は、仕事に専念したり、余暇を楽しんだりする時間を削ることによって、介護や家事の時間を作り出さざるを得なくなるだろう。かなりの数の人が（少なくともフルタイムでの）仕事をやめざるを得なくなり、その結果、収入が減り、その人たちも同じく幸福度は低下するだろう。

イタリアで実施された最近の調査によると、家事介護サービスに雇用されている外国人労働者の存在により、イタリアの女性労働者、特に高度な資格を持つ地位に就いている女性は、労働時間を増やすことができている。(12) 働くイタリア人女性に代わって外国人が働くことになるので、国内での家庭への支援の量が増え、支援の価格も引き下げることができる。その影響は、3歳未満の子どもを持つ女性、家庭内に障害のある家族がいる場合、託児所や自治体の社会支出など、社会的・家族的支援の公共政策が脆弱な地域では、より広範囲に及ぶことになる。このように、移民は福祉国家の重要な柱である。家計への支援は経済効率にも好影響を与える。医師やエンジニア、教授など高度な技術を持つ労働者が、誰よりも得意とすること、つまり自分の仕事に多くの時間を費やすことができれば、社会全体の利益になる。外国人労働者が不足し、特別な利点のない活動に多くの時間を割かざるを得なくなれば、全体的な経済効率、ひいては社会全体の幸福度は大幅に低下することになる。

外国人介護者が消えることがもたらすさらなる影響は、国民の福祉（特に医療制度）への強いダメージだろう。外国人介護士がいなければ、高齢者や障害者のための託児所、入院患者、院外支援が当然に必要になるだろうが、それは数十億ユーロの公共支出を医療部門に追加することを意味する。

イタリア人の幸福と財布におよぼすこれらの重要な直接的な結果に加え、いくつかの間接的な影響をあげる必要がある。70万人の介護労働者が消えることは、パン屋から携帯電話充電業者まで、イタリアに拠点を置く企業が生産する商品やサービスの消費者が70万人減ることを意味する。外国人介護労働者による送り出し国への送金を考慮したとしても、イタリアでの彼らの消費活動は、主にイタリア人労働者が占める何万もの雇用を創出することを可能にしてきた。それらの仕事は外国人介護労働者がいなくなれば、ほとんどが一緒になくなってしまうことだろう。

最初に空想したシナリオに戻ると、70万人以上の外国人家事・介護労働者がいなくなれば、彼らの貴重なサービスに頼っている約３００万のイタリア人家族の幸福の大きな部分が損なわれるだろう。こうした移民労働者がいることは、国家の支援があまり行き届いていない、特にイタリアの貧しい地域の、とりわけ女性たちに、最も正確に利益をもたらしている。移民女性はイタリアの家族に必要な福祉、イタリア国家が自ら引き受けようとしないし、実行もできないような福祉の大部分を負担しているのだ。

1・7　結束と社会的協定

アイデンティティ、つまり、個人が特定のコミュニティで自分自身をどのように認識し、それを構成する他の個人とどのように関係するかは、社会的協定の持続可能性にとって基本的な要素である。福祉国家は、私たちが住む社会の礎となる社会的協定であり、人として生きて行くうえでのリスクを減らすために、コミュニティの他のメンバーと協力しようとする意志に基づいて成り立っている。個々人は、他の民族グループのメンバーに対する信頼度が低く、文化的に均質なコミュニティで交流することを好む傾向にある[13]。実際、アイデンティティがどの程度近接しているか、あるいは距離があるのかは、社会経済的な決定を含む個人の行動に直接影響する。言い換えれば、徐々に統合せずに、一気に多様性を高めると、逆効果が生じる可能性がありうる。オックスフォード大学の開発経済学者ポール・コリアーが近年、研究対象とした移民問題の論文では、ヨーロッパのエリートが推進する多文化主義は失敗したと結論している[14]。

移民によって生み出される多様性は、豊かさの要素になり得るものである。しかし、多様性がアイデンティティに根差した性質を帯びるとき、すなわち、移民と既住民がお互いを異なる、あるいは遠いと認識するとき、それは集団間の対立の度合いを増大させ、福祉国家を支える協力的行動を支持する意欲を低下させる可能性がある。アイデンティティの多様性が生み出すリスクとしては、高度に二極化され断片化されたコミュニティでは、人びとが集団を超えて社会全体のために資金や労力を投じる傾向が低下する可能性があることがあげられる。そうなると、集団的制度は適切に機能しなくなる。これは無視できない現実的なリスクであり、既住民と新参の移民の間の、実際の距離と認識された距離の両方を減らすことを目的とした、適切な統合ポリシーを伴う移住プロセスを行うことが重要である。

1・8 統合が進むほど、福祉の利用は減る

仮に移民の問題を、移民による生活保護制度の乱用であると考えるなら、解決策は、真の意味で社会的に新規移民の統合を進めることである。人の統合を促進するということは、第一に、その人の経済的自立を、そして第二に、公共支出から引き出す以上の貢献ができるような能力を身に着けるように促すことを意味する。社会的な統合政策、語学研修、積極的な就職支援はこうしたことに役立つだろう。最も手厚い福祉制度を持ち、同時に多くの移民がそれを利用している国の1つであるデンマークを対象としたある研究では、移民に関する積極的な雇用政策の有効性を分析している。この研究では、外国人人口全体のデータを使用し、職業紹介プログラムを活用することによって、外国人が社会的助成金措置を受け取る期間を大幅に短縮できることが示された。特に、大半が民間企業である雇用主の人件費を削減できる賃金助成金プログラムは、福祉への依存が男性で15カ月、女性で10カ月減少するなどと、最も広範な効果をもたらした。イタリアの「社会的に有用な仕事」政策に相当する、公共部門への直接雇用を行うプログラムでは、福祉への依存が男性で4・6カ月、女性で3・7カ

月減少した。研修、専門化、カウンセリング計画など、行政にとって一般的に費用がかからない他のプログラムも利益をもたらしたが、福祉への依存月数の減少は小さかった（男性で2・6カ月、女性で1・5カ月）。デンマークで見られたような好ましい結果は、移民に対するこれらのプログラムの有効性について調査した他のいくつかの研究によっても、明確に確認されている[15]。

したがって、移民による福祉の利用が増加しても、公的予算や福祉国家の持続可能性の問題につながるわけではない。むしろ、イタリア人社会学者のマウリツィオ・アンブロジーニが「従属的統合」と定義する、移民を労働市場の周縁に閉じ込め、社会的流動性の低さに追いやることこそが問題であり[16]、その問題は経済危機の間により大きなものとなった[17]。真の統合システムが欠如していると、「私たち」である既住民と「彼ら」である移民という、人為的に構築された社会的カテゴリーを生み出し、その結果として、福祉国家を形成する社会協定の基礎となるべき接着剤、つまり社会的結束がゆっくりと減耗することになる。現在のイタリアの制度は、労働や社会の統合を本当の意味で促進しておらず、移民現象がイタリアで生み出す経済発展の可能性を低下させている。「過剰教育」現象として知られているように、その職業に必要な資格よりも高い資格を持っている労働者の割合は、既住民が41％であるのに対して、外国人労働者の場合は90％にのぼる。低技能職種へ外国人を追いやっていることがもたらす人材の浪費は明白である[18]。こうした問題点は、公的予算の問題も含めて、誰にとっても満足がゆく社会への人的・金銭的投資、つまり統合の促進によって改善できるのである。

2．日本の実情

2・1 日本の「磁石」とは──外国人労働者政策

先進諸国の福祉制度が移民にとって磁石の役割、すなわちプル要因の1つになるのでは、という疑問には説得力があるかもしれない。移民の受け入れ国において、移民が納める税金と、移民が受益者として受け取るさまざまな福祉関連支出の、果たしてどちらが大きいのか。移民を認めていない日本の場合、「磁石」の役割をしているのは、政策そのもの、つまり外国人労働者を受け入れるドアそのものだ。1980年代バブル期以後、人手不足に悩む産業で受け入れを拡大させてきている。実際、在留外国人数はコロナ禍前の水準を超えて増加し続けているし、就労している外国人も増え続けている（図表4－1）。

そもそも日本は外国人の入国当初から永住を認める移民国家ではなく、在留資格制度で入国と滞在を管理している。(19) 一定の技術やスキル、高度な専門性を有する人材は受け入れを進

図表４－１　日本の在留外国人数と外国人労働者数の変化

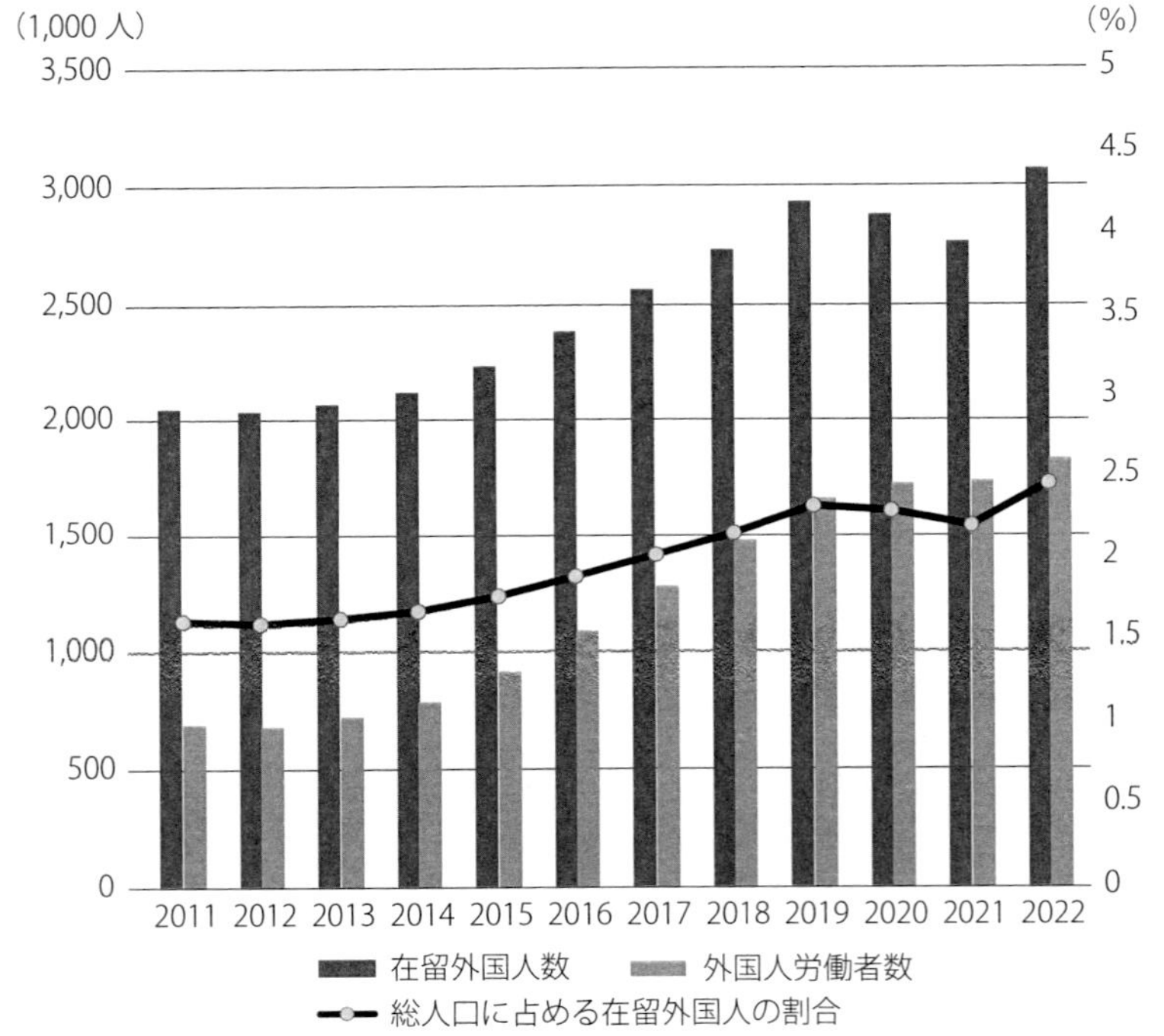

出所：出入国在留管理庁，2023 年 5 月。

める[20]一方、単純な労働力（未熟練労働）の受け入れは認めない方針を貫いている。しかし、少子高齢化に伴って労働力不足に直面するという予測や、実際に１９９０年代以降、人手不足に悩む産業界からの要請もあって、その都度、労働力需要に即した質的要件を満たす在留資格を拡大することで未熟練労働者を受け入れているのが実情である。どのような磁石が誰を選択し、どのように受け入れのための資格を拡大させてきたのか。その経緯を見るために、まずは日本の入管法と在留できる資格について確認しておこう。

日本の外国人労働者をめぐる法政策は、第二次世界大戦後の1951年に制定された「出入国管理令」が基礎となっている。その後、難民条約への批准を契機に1981年に「出入国管理及び難民認定法」（以下、入管法）が制定され、幾度かの改正を経て今に至っている。

日本が受け入れる外国人の在留資格は4つに分類される（図表4－2）。まず、就労が認められる在留資格は、図表4－2の左側にあるような、一定のスキルや技術、専門性を持つ外国人が対象となる。ここには後述するように、「技能実習」「特定技能」が入っている。次に、身分・地位に基づく在留資格で、永住者、日本人や永住者の配偶者等に加え、日系3世に認められる「定住者」で構成される。この4つの身分・地位に基づく在留資格は、在留中の活動に何ら制限はなく、就労が自由な点で日本人と同様である。3つ目は特定活動。ここには、経済連携協定（EPA）に基づく外国人看護師・介護福祉士、ワーキングホリデー等で、法務大臣が個々の外国人について指定する活動が許可される。最後に、就労が認められない在留資格があり、観光等の短期滞在の他、留学もここに位置づけられる。[21]

現在の、いわゆる未熟練労働受け入れの窓口に関わる主な在留資格は、「定住者」「技能実習」「特定技能」である。日本人の採用が困難な農業、漁業、建設、食品、繊維、製造業等の分野においてこうした在留資格のもとで外国人の受け入れが進み、現在もなおその流れは

図表４－２

就労が認められる在留資格（活動制限あり）

在留資格	該当例
外交	外国政府の大使，公使等及びその家族
公用	外国政府等の公務に従事する者及びその家族
教授	大学教授等
芸術	作曲家，画家，作家等
宗教	外国の宗教団体から派遣される宣教師等
報道	外国の報道機関の記者，カメラマン等
高度専門職	ポイント制による高度人材
経営・管理	企業等の経営者，管理者等
法律・会計業務	弁護士，公認会計士等
医療	医師，歯科医師，看護師等
研究	政府関係機関や企業等の研究者等
教育	高等学校，中学校等の語学教師等
技術・人文知識・国際業務	機械工学等の技術者等，通訳，デザイナー，語学講師等
企業内転勤	外国の事務所からの転勤者
介護	介護福祉士
興行	俳優，歌手，プロスポーツ選手等
技能	外国料理の調理師，スポーツ指導者等
特定技能	特定産業分野（注１）の各業務従事者
技能実習	技能実習生

（注１）介護，ビルクリーニング，工業製品製造業，建設，造船・舶用工業，自動車整備，航空，宿泊，自動車運送業，鉄道，農業，漁業，飲食料品製造業，外食業，林業，木材産業（令和６年３月２９日閣議決定）

身分・地位に基づく在留資格（活動制限なし）

在留資格	該当例
永住者	永住許可を受けた者
日本人の配偶者等	日本人の配偶者・実子・特別養子
永住者の配偶者等	永住者・特別永住者の配偶者，我が国で出生し引き続き在留している実子
定住者	日系３世，外国人配偶者の連れ子等

就労の可否は指定される活動によるもの

在留資格	該当例
特定活動	外交官等の家事使用人，ワーキングホリデー等

就労が認められない在留資格（注２）

在留資格	該当例
文化活動	日本文化の研究者等
短期滞在	観光客，会議参加者等
留学	大学，専門学校，日本語学校等の学生
研修	研修生
家族滞在	就労資格等で在留する外国人の配偶者，子

（注２）資格外活動許可を受けた場合は，一定の範囲内で就労が認められる。

出所：出入国在留管理庁「外国人材の受入れ及び共生社会実現に向けた取組」（令和６年７月）より転載（p.4）。

太くなっている。流れの源流は、１９８０年代後半以降、人手不足に直面する業界からの強い要請を背景として、１９８９年に２つのサイドア[22]を政府が開いたことに遡る。１つは日系人の受け入れ（図表４－２では身分・地位に基づく「定住者」資格）、もう１つは外国人研修・技能実習制度である（図表４－２では就労が認められる「技能実習」）。まず日系人を受け入れる資格「定住者」から見ていこう。1980年代の高度成長を謳歌する中で、高校生など日本の若者の採用を十分に見込めない自動車産業や電機産業が人手不足に直面した。そこで政府は1989年の入管法改正によって「定住者」の在留資格によって日系人の受け入れを拡大し、家族の帯同も可とした。20世紀初頭に国策としてブラジルやペルーに移民を送り出した日本は、その子孫に労働供給先を求めたことになる。以後、日系人の在留者は急増し、日本の産業を支える重要な労働力となる。(24) しかし、その多くは、派遣や請負など不安定な雇用に従事することが多かったこともあり、2008年の世界金融危機の中でいち早く解雇されたのはこうした日系人であった。(25) 結局のところ、「定住者」という名の景気の調整弁だったのではないか、という批判(26)が起きたが、事実そうであった。以後、日系人在留者の数は減少してきているものの、22万人を超える「定住者」が日本に住み(図表4－3)、永住資格を取得する者も増えている。

2つ目のサイドドアは、外国人研修・技能実習制度である。これには紆余曲折がある。そもそも「外国人研修」制度は、技術の移転を通じて発展途上国への人づくりを支援する国際貢献として始まった。しかし、国際貢献とは名ばかりで、実際は研修という名目で未熟練労働(27)を導入するものであるとの批判も多く、看板と実態はかけ離れていく。海外に拠点を持たず単独で研修生を受け入れる手段を持たない中小企業でも受け入れ可能となる反面、労働法も適用されない人手不足対応のための、事実上の未熟練労働者だった。雇用契約を結ばず、

図表４－３　在留資格別　在留外国人の構成比（2024 年６月末）

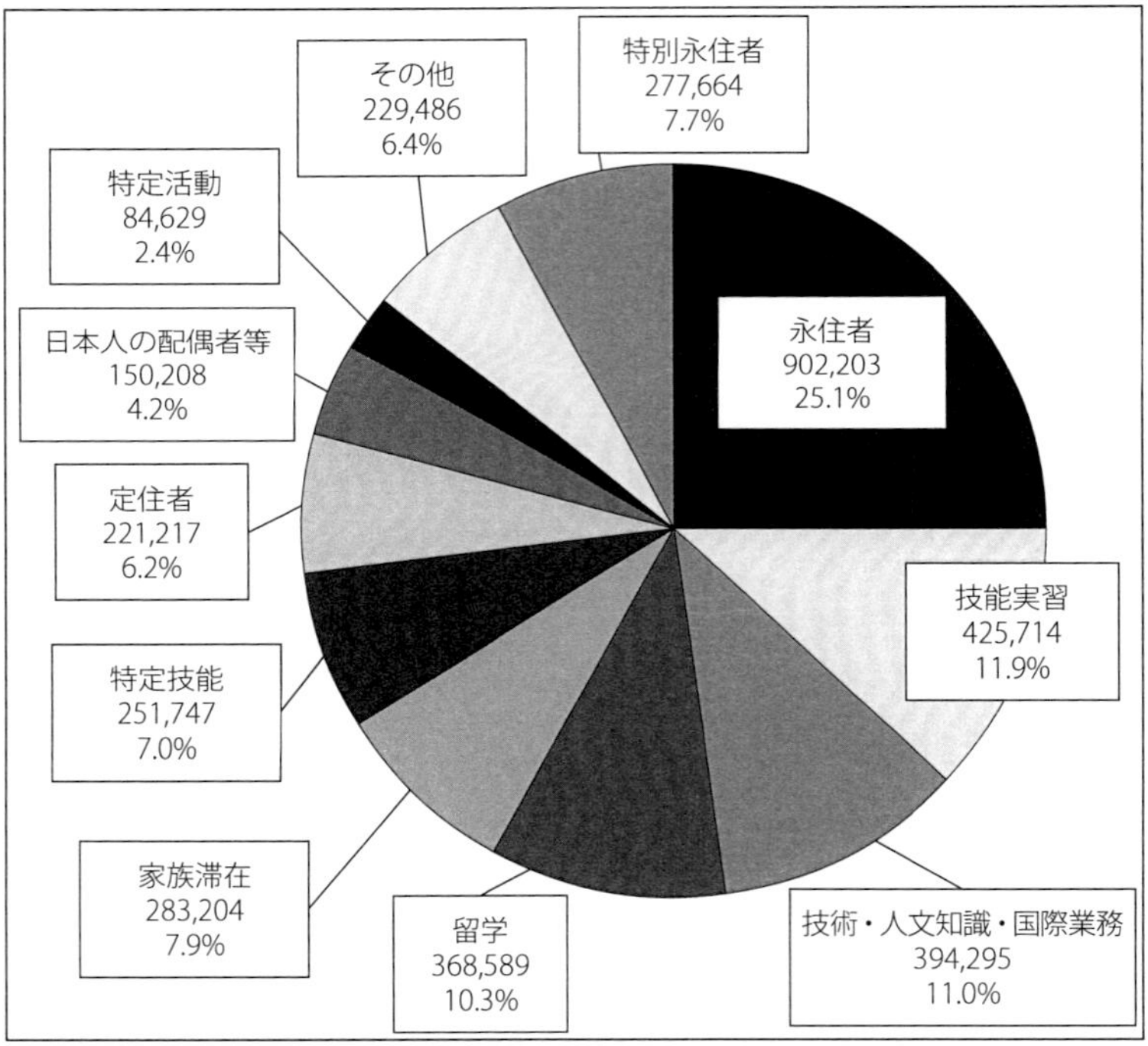

出所：出入国在留管理庁　在留外国人統計（2024 年 6 月末）。

労災保険法の適用もなく、研修中の負傷や死亡等が相次いで社会問題になるにあたり、ようやく研修活動終了後に雇用契約を結ぶ「技能実習制度」が設けられた。とは言え、雇用契約を結ばない研修生という段階は残り、その保護に課題を多く抱えたことは当然の成り行きで、２０１０年になって研修を伴わない在留資格「技能実習」制度が創設された。今では技能実習生は日本の在留外国人の11・9％を占める存在となっている。なお、研修制度そのものは実務を伴わない限られた範囲での、言わば本来のあるべき姿に戻る形で残っている。

2・2　フロントドアへの転換点は「特定技能」

「技能実習」制度では、最長5年間[28]は日本で就労できる。対象となる職種も拡大され、農林水産業はもとより、建設、食品、繊維・衣服、機械・金属、宿泊からビルクリーニングなど日本の産業の支え手になっている。しかし、遵法精神のない雇用主による低賃金や賃金未払い、長時間労働などの問題が繰り返され、技能実習生の失踪も相次いだ。もとより、技能実習生は転職を認められないため、失踪すればそれはそのまま不法残留となってしまう。

こうした課題や批判がある中で、なおも人手不足を理由として外国人労働者を受け入れたい産業界からの要請により、2018年、政府は国際貢献のための受け入れではなく「一定の専門性・技能を有し即戦力となる外国人」を受け入れるための在留資格「特定技能」を新設した。「生産性向上や国内人材の確保のための取組を行ってもなお人材を確保することが困難な状況にある産業上の分野」[29]に対して、初めてフロントドアを開くことになったわけで、受け入れ分野は、日本人の採用が困難な農業、漁業、建設、食品、繊維等の分野である。具体的には、介護、ビルクリーニング、工業製品製造業、建設、造船・船用工業、自動車整備、航空、宿泊、自動車運送業、鉄道、農業、漁業、飲食料品製造業、外食業、林業、木材産業だ。このうち、自動車運送業[30]、鉄道、林業、木材産業の４つの分野は２０２４年3月に新たに加わったものである。在留資格の位置づけとしては、「専門的・技術的分野」とされており、求められる技能水準は「相当程度の知識または経験」である。その技能水準を有するか否か、日常生活や業務に必要な日本語能力があるか否か、は試験等で確認することになっている[31]。未熟練労働者は受け入れないという政府の方針はそのままに、その実、ミドルスキル用の「移民政策」[32]に舵を切った、ということになるだろうか。と言うのも、「特定技能」には1号と2号があり、1号の在留期間は最長でも5年だが、2号に移行すれば在留期間は何度でも更新でき、望めばずっと日本で働ける。家族の帯同も許可される。就労分野に関する制限があるものの、技能実習生には認められていない転職も本人の意思によって可能となる。フィリピンやカンボジア等、ＡＳＥＡＮ諸国（シンガポールとブルネイを除く）や中央アジアなど、すでに17カ国と二国間の協力覚書を交わしていて、受け入れは着実に進んでいる。

現在、「技能実習」生は在留外国人の11・９％、「特定技能」で就労する外国人は同じく７・０％で、合計18・９％だ。いずれにしても、日本の磁石は人手不足を補うための外国人労働者政策そのものである。

2・3　流れは東南アジアから日本へ

日本に住む在留外国人が増えている、といっても、今は日本人口の2・75%を占めるに過ぎない。国連によればイタリアの人口に占める移民は約11%だから、社会におけるインパクトはかなり違うし、福祉や社会保障に関してイタリアと比較をするのは少し難しい。その議論をする前に、日本の外国人労働者をデータで確認しておこう。

日本の在留外国人の国籍別シェア（2024年6月末現在）のトップ3は、中国23・5%、ベトナム16・7%、韓国11・5%（図表4－4）。以前は韓国[33]が2番目に多かったのだが、2020年にベトナムが上回るようになった。後に見るように、ベトナムの急増は「技能実習」と「特定技能」によるもので、それぞれ在留資格のほぼ半数を占めるほどに受け入れを増やしている。ベトナムを中心として、日本はASEAN諸国と結びつきが強い。貿易や投資など経済における紐帯は、人の移動の流れも促進しており、今では日本の在留外国人のうち38%がASEAN諸国出身者だ。

就労に関して見てみると、在留外国人の就労者は204・8万人[34]で、日本の就業者数6、882万人[35]のおよそ3%になる。ベトナムが25・3%を占め、以下、中国19・4%、フィリピン11・1%。近年特に増加率[36]が高いのは、インドネシアとミャンマーで、どちらもや

図表４－４　国籍・地域別　在留外国人の構成比（2024年６月末）

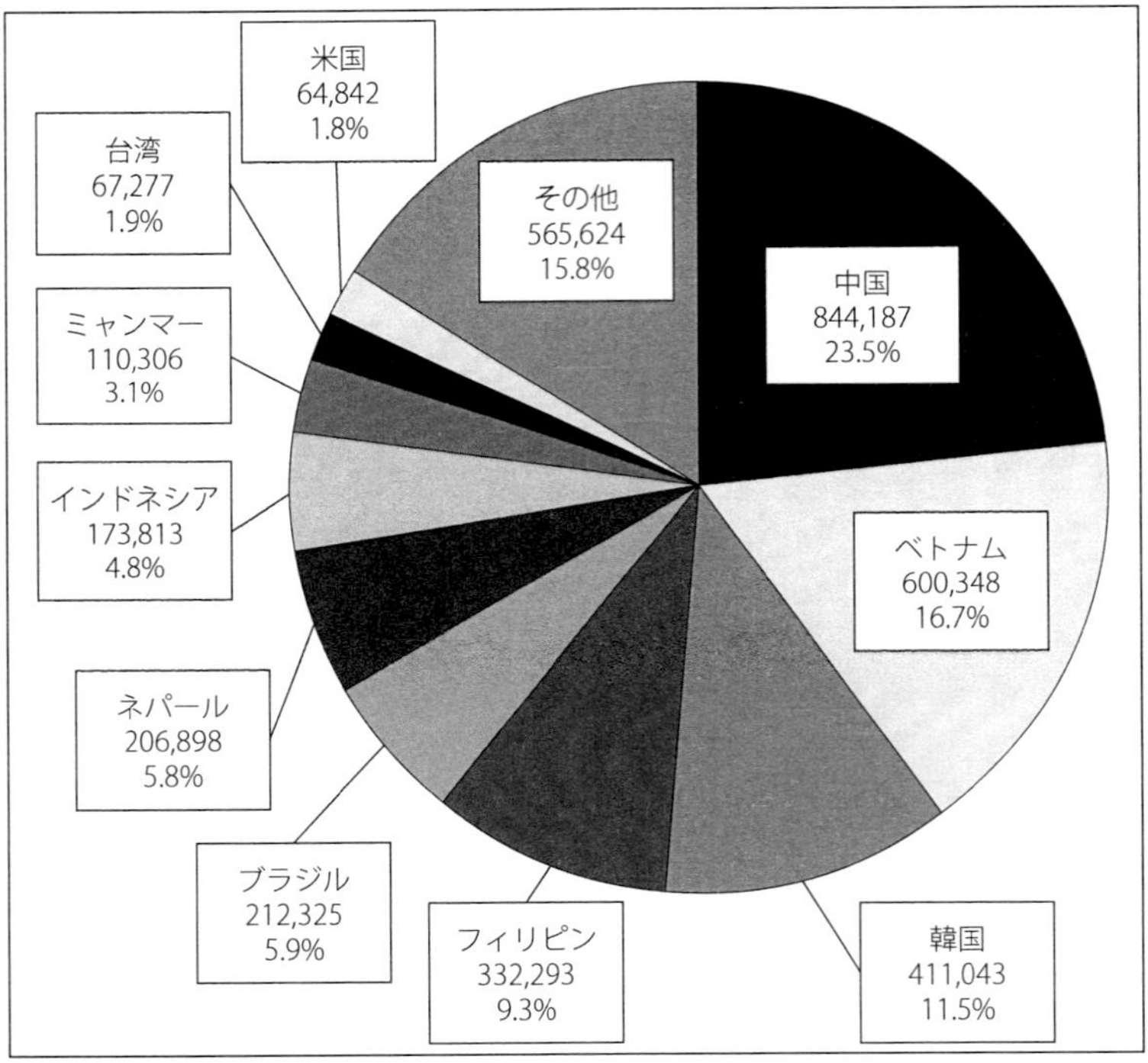

出所：出入国在留管理庁　在留外国人統計（2024年６月末）。

は「技能実習」と「特定技能」の受け入れが増加要因だ。

産業別でみれば、製造業（27％）、サービス業（15・７％）、卸売・小売業（12・９％）で半数以上を占め、以下、宿泊・飲食・サービス業、建設業、医療・福祉、と続く。何度も繰りかえすが、人手不足に直面する日本の産業を外国人労働者が支えている。

2・4　イタリアと日本で介護を担う人々

木曜日の午後、プーリア州バーリの広場で集う介護を担う移民女性の姿を見て、イタリアのすべての広場でそうした集いが行われていることを想像する著者のコニーリョ。アジアでは、例えばシンガポールではそうした姿が見られるが、日本では見られない。とは言え、イタリア同様、高齢化が進むのは日本も同じで、内閣府によれば65歳以上の人口は3,623万人で総人口の29・1％だ（2023年10月1日現在）。推計によれば、2037年には33・3％、2070年には38・7％に達し、なかでも75歳以上の人口は25・1％になって、4人に1人は75歳以上の世界になる。世界銀行[37]によれば、そもそも東アジアの高齢化のペースが圧倒的に早く進んでいることが指摘されている。日本、シンガポール、韓国はすでに高齢化社会であり、中国、タイ、ベトナムは高齢化が進みつつあり、カンボジアやラオスは20～30年もすれば急速な高齢化が始まる。世界銀行は女性の労働力参加を奨励するとともに、日本などの先進国は労働市場を開放して若い移民層を惹き付けることを推奨しているのだが、この課題に私たちはどう対応するだろうか。イタリアの介護事情と比較する前に、日本の介護を担う外国人について確認しておこう。

日本で介護職に就くルートはかなり複雑で、4つもあり、しかもそれぞれの制度主旨が違っている。

①　ＥＰＡ（経済連携協定）による受け入れ。在留資格は「特定活動（ＥＰＡ）」で、２００８年開始。制度主旨はあくまでも二国間協定に基づく公的な枠組みで、日本の国家資格を取得してほしいという送り出し３国（インドネシア・フィリピン・ベトナム）からの期待に応えるもの、というスタンス。とは言え、現実は日本製品の輸出への見返りとして始まったことを上林（２０１５）[38]が指摘している。介護福祉士の国家試験を受けて合格すれば在留期間更新の回数制限はなく家族帯同も可能。２０２４年1月現在、３、１８６名が在留し、うち介護福祉士資格取得者は５８７人。

②　専門的・技術的分野の中の「介護」。２０１７年に開始。留学生や技能実習生として入国した後、研修などを経て介護福祉士国家試験に合格すれば介護福祉士として就労できる。在留期間更新の回数制限はなく、家族帯同も可能。２０２３年12月末現在、９、３２８名が在留している。

③　技能実習の介護職種。すでに述べたように、名目上は母国への技能移転が目的の技能実習生として受け入れており、２０２３年６月末現在、１４、７５１名。５年で帰国。

④　特定技能1号の介護分野。２０１９年に開始、人手不足対応のために「特定技能」で受け入れ。５年で帰国。２０２３年12月末現在、２８、４００名を受け入れている。ただし、特定技能2号の対象分野に介護はないので、特定技能2号に移行できない。

②の専門的・技術的分野に「介護」の資格があるためだ。

さらに、国家戦略特区の外国人家事支援[39]、日系人の定住者（就労自由）を加えれば6つのルートが並立する複雑さだ。なぜこんな複雑なのか。EPAは機能しなかったのか？　EPAの制度設計では、介護福祉士という国家試験と日本語が高い壁となり、受け入れる介護現場の負担が増してしまうことが要因だと上林（2015）[40]は指摘し、同時に、そもそも介護職が人手不足になるのは介護保険料収入という財政原理のもとで賃金が低めに抑えられてしまうからで、日本人、外国人問わず人手確保のためには介護保険制度の見直しが必要という事情がある。介護を担う外国人材受け入れルートの複雑さは、結局は日本の制度設計はそのままにして、別のルートが必要になった結果と言えるだろうか。

2・5　同じ高齢化社会に直面しているイタリアと日本の介護事情は

イタリア人家族の世話をしているのは70万人の外国人介護者であるとコニーリョは述べていた。そうした外国人介護者が一瞬にして消えてしまうと、イタリア人の幸福と財布の大部分が失われる、とも。これは大げさなことではないようだ。林（2019）[41]が介護人材の国際比較を分析してくれている。それによれば、既存研究における介護分野の外国籍従事者数は、イタリアが一番高く、72％を占めているのだ。続いてフランス50～70％、英国35％、米国23％。家庭での介護者に絞ると、最も高いイスラエル91・3％に次いでイタリアは89％だ。ただ、介護人材の定義や統計の取り方で違いがあることも指摘しており、外国籍か外国生まれか、による違いもあることを考慮してセンサスデータで分析すれば、この既存研究の割合よりも低くなり、概ね労働力人口における外国籍の割合と同等、もしくはより低いことが示されている。つまり、それを日本に当てはめて考えれば、日本の労働力人口に占める外国人労働者の割合は3％ほどである一方、介護分野の外国籍割合は0・6％ほどでかなり低い。欧米諸国の経験を辿るなら、将来的に外国籍の介護人材は今以上に増加する。今の制度設計でそうなるだろうか？　は別として。

林（2018）[42]は同じ論文でイタリアの介護事情について述べてくれているので紹介したい。先に見た通り、イタリアの介護人材の外国人の割合はとても高いが、センサスデータでみればそこまで高くないのは、非正規労働者が介護を担っているのではないか、という点である。イタリアでは、入国してすぐに働けるのは介護職であるとのこと。いずれにしても、介護に大きな需要があることは、コニーリョの観察通り、イタリア人女性、特に高度な資格を持つ地位にいる女性の就労を助けているのだ。そうした介護を担う外国人がいなくなったら？　をコニーリョは想像したが、日本の場合はどうだろうか。女性の就労についていえば、女性活躍のための家事支援人材受け入れスキームである国家戦略特区を活用しているのは、東京都、神奈川県、大阪府、兵庫県、愛知県、千葉市。内閣府[43]によれば、2016年の数字ではあるが、その6自治体合わせて1、300人が入国している。いかにも少ない。業界団体の意向を踏まえて特定技能制度への移行も検討されているようだが、そもそも日本でどれほどの需要があるかどうか、である。定松（2020）[44]は、日本の場合、女性活躍のための「外国人」「女性」家事労働者による家事代行サービスの需要の必然性は見いだせないと言っている。イタリアと日本の外国人介護者については、結局は日本が女性の就業率を高められるかどうか？の話に行きつきそうである。

2・6　日本の外国人労働者は社会保障の救い手か重荷か？

本章でコニーリョが最初に提示した疑問は、受け入れ国の社会保障制度が移民にとって「福祉磁石」であるから移民が増え、結果的に受け入れた社会にとっては負担となり、自国民も含めた社会保障の持続可能性に対する脅威になり得るか？であった。結論はノーである、という研究結果が示されていた。移民が受け入れ国の賃金に与える影響については、短期的にはマイナスになるケースはあっても、長期的に見れば否定的な結論に至っていないこと[45]も経済学では概ね認めている。社会保障制度の面からも、経済へのインパクトの面からも、移民が否定される要素はなさそうに見えるが、「どれだけの移民が福祉にただ乗りし、どれだけの移民がイタリアの制度に貢献しているかを見積もることは可能だろうか？」という移民と財政に関わる問いは、イタリアだけにとどまらない。北欧諸国のような高福祉社会で、移民や難民を比較的寛容にその社会に受け入れてきた国でさえ、反移民感情が大きくなっている。欧州全体でみても反移民を掲げる政党が力を得る国は増えている。米国においても、移民問題は常に大統領選挙の争点になる。

さて日本。日本の外国人労働者は、社会保障制度に貢献するかどうかを議論する段階にない。したがって、貢献しているかどうかについては、ノーと言えるだろう。外国人労働者と日本の社会保障制度に関する議論を概観することで、ノーの背景を考えよう。

日本における移民と福祉国家の関係について、財政学の立場から掛貝・早崎（２０２２）[46]がわかりやすく論じてくれている。「欧米では移民問題が歴史的に長い間論点となっていたこともあり、様々な研究が発表されてきた。とりわけ今年はその重要性にかんがみて、福祉国家論や財政分析の中に移民問題を重要な変数として持ち込むものも少なくない。対照的に日本に関する分析は、個々の社会科学の領域で多くの研究の蓄積があるものの、財政領域での議論は僅少であると言ってよい」[47]。社会科学からの分析であっても、「問題告発型」の個別的な研究が多く、背後にある財政制度の問題の分析が欠けていると指摘している。

また、社会保障制度に関する問題告発型の個別研究は、例えば、生活保護や年金、労働保険（雇用・労災保険）、医療では健康保険、福祉に関しては国民健康保険などの制度において、途上国からの外国人労働者が日本で就労するにあたっては、むしろ不利益を被ってしまうような制度の欠陥も指摘している。

日本人に適用される社会保障は外国人にも適用される。その契機となったのは、1981年に日本が批准した難民条約(難民の地位に関する条約、及び難民の地位に関する議定書)である。自国民と同じ対応を難民にも適用すると規定されたもので、日本のほとんどすべての社会保障法が外国人にも適用されることになった。[48]この背景については興味深い指摘がある。[49]外国人にも同じ対応が適用されることになったのは、この難民条約批准が契機となっただけであって、国境を越えて移動する労働者が適切な社会保障を受けられるようにすることを通じ、国境を超える労働者の移動を促進することを直接的な狙いとするものではない、という点である。1981年当時は、日本においては移民、ましてや外国人労働者への関心はまだうすかっただろう。[50]バブル景気初期に人手不足に直面した業界の要請によって日本のサイドドアが開いたのは1989年のことで(日系人の在留資格「定住者」と研修生制度の新設)、もっと以前から世界ではすでに移民が社会的に分析すべき研究対象となっていたし、国際的な労働力移動の経済理論分析が進むことによって知見が蓄積されていた頃である。

日本人と同じ対応が適用されると言っても、生活保護法に基づいた保護を受ける権利は外国人には認められておらず、日本人に準じる措置がとられているに過ぎない。しかもその対象は永住外国人や定住外国人等に限られているため、合法的に就労可能な在留資格であっても、日本で生活するうちに困窮状態になった場合は生活保護を受けることを期待できない。

公的医療保険に外国人も加入できるものの、厚生年金とセットで加入しなくてはいけないため、雇用側も労働者側も保険料負担を避ける場合が多い。[51] そのような保険未加入者は、治療費は全額自己負担となるため高額の支払いは当然できないし、不法残留や不法就労などの場合はその発覚を恐れて受診をしないケースもある。[52]

年金制度に関しては、滞在期間に上限のある短期滞在の在留資格では、日本で就労する間に年金制度に加入して保険料を支払ったとしても、10年間の加入期間が必要となるため、老齢年金給付には結びつかない。[53] いずれ帰国することが明らかな外国人労働者にとって、日本で年金保険料を払うインセンティブはない。移民受け入れが次世代を生み、継続的な年金保険料の納入者の増加をもたらし、高齢化社会の保険料収入確保に役立つことを期待するのは、少なくとも移民を認めていない日本には当てはまらない。

労働市場のセーフティネットとして雇用保険と労災保険があり、この保険も国籍を問わず適用される。ただ、最終的に受給できるかどうかは、受給要件次第だ。労災保険に関しても、加齢に伴って労災のリスクが高まるものの日本で就労する外国人労働者は比較的若いことから、すぐに負担が増えることもなさそうだが、具体的なデータが蓄積されているわけではない。

イタリアの貧困対策において、さまざまな議論や制限があるものの、外国人市民も所得支援を受けることができることや、移民による福祉の利用が平均して低いことを私たちは知った。しかし、そもそも日本の場合、社会福祉は社会生活をする上でハンディを負う人々のための制度であって、数年で帰国する外国人労働者が家族を持って社会生活することは想定されていない。

今後、日本が移民受け入れに舵を切り、永住を目的とした外国人を受け入れ、世代を継いでいくような社会になると覚悟を決めた時、社会保障制度の維持に関する議論が出てくるだろう。日本がより多くの外国人材を確保したいと思うならば、日本に来て働く外国人にとって社会保障の面で不利にならないような制度設計にする必要がある。イタリアを擁するEU（欧州連合）では、20世紀半ばから労働者が自由に移動することを政策の柱にしてきたため、加盟国間で社会保障制度の調整に取り組んできた歴史がある。そのような経験を日本はどう生かせるだろうか。外国人労働者受け入れを考えることは、合わせ鏡のように私たち自身を考えることに他ならない。

コラム「イタリアを知る」#4

イタリアの政治

1946年6月の国民投票で、王政が廃止され共和国が誕生、1947年には憲法が制定された。新憲法の下での最初の選挙で「共産党」や「社会党」を抑えて勝利した「キリスト教民主党」のアルチーデ・デ・ガスペリは、冷戦を西側陣営に与し、マーシャルプランを受け入れた。以後は同党の長期政権の下、国が出資した公共企業体による製鉄所や天然ガス・石油開発が核となり、ミラノ、トリノ、ジェノヴァを結ぶ三角工業地帯を中心に急速に工業化を成し遂げる。1950年代後半から1960年代前半は「奇跡の経済」とよばれる、年平均6・3%の経済成長を達成した。しかし南部の工業化は進まず、安価な労働力が北部に流入した。

1960年代の終わりから1980年頃にかけては政治テロが頻発し、「鉛の時代」とよばれる。極右団体は1969年のミラノでのフォンターナ広場爆破事件、1974年のブレーシャでのデッラ・ロッジャ広場爆破事件、1980年のボローニャ駅爆破事件を引き起こした。「共産党」と「キリスト教民主党」の提携（「歴史的妥協」とよばれる）を嫌った急進的左派組織「赤い旅団」は、1978年に提携の推進役だった元首相アルド・モーロを誘拐した。ここで親米反共のジュリオ・アンドレオッティ首相が人質交換を拒否したために、モーロは無惨に殺されてしまう。

ながらく権力の座にあった「キリスト教民主党」だったが、1980年代に入ると政権交代が起き、「社会党」のベッティーノ・クラクシが二度にわたり大連立で内閣を率いた。クラクシは労働者の反対を押し切って賃金の物価スライド制（スカラ・モービレ）を廃止し、財政支出を拡大して石油危機以後低迷していた経済を後押しした。「第三のイタリア」とよばれる北東部や中部地域の、デザイン性が高い商品を職人的熟練技術で生み出す高付加価値工業の伸長も経済回復に貢献した。

１９９２年は、マフィア撲滅に注力していたジョヴァンニ・ファルコーネ判事、パオロ・ボルセリーノ判事が相次いで仕掛け爆弾で殺害された年だが、ミラノの「社会党」関係者の汚職問題が発覚した年でもあった。これをきっかけに政治家のみならず政府高官や企業経営者が裁判にかけられ、政党再編が進むことになった。１９９３年には選挙法が改正され、小党分立をもたらしていた比例代表制に代わり、小選挙区制を主とした選挙制度が導入された。１９９４年の選挙では元コメディアンで実業家、メディア王のシルヴィオ・ベルルスコーニ率いる保守主義政党「フォルツァ・イタリア」が勝利し、北イタリアの自治拡大、反移民を主張する「北部同盟」、南イタリアが地盤の国家主義的な右派政党の「国民同盟」と連立して内閣を組織する。ベルルスコーニが不正疑惑で退陣した後、１９９６年には中道左派連合「オリーブの木」のロマーノ・プローディ内閣が、イタリアのユーロ導入の条件を満たすため、増税や社会保障の削減で財政赤字を一時的に減らす努力を行った。なおベルルスコーニは汚職や不正疑惑、個人的なスキャンダルにまみれながらも政界で影響力を持ち続け、２０１１年までに合計四度も組閣し、任期の合計は戦後最長だったデ・ガスペリを上回った。

２０１０年代には、非政治家のマリオ・モンティ（経済学者）、次いで「民主党」（中道左派）

のエンリコ・レッタ、マッテオ・レンツィ、パオロ・ジェンティローニによる短命な政権が交代した。その後再び非政治家のジュゼッペ・コンテ（法学者）、マリオ・ドラギ（前ＥＣＢ総裁）の内閣が続き、ウクライナ支援をめぐる内部対立でドラギ政権が瓦解して２０２２年に行われた総選挙では、「イタリアの同胞」（中道右派、党首はジョルジャ・メローニ）が第一党となった。以下、「民主党」（党首はレッタ）、「同盟」（地域主義を外して「北部同盟」から改称した右派ポピュリズム政党、党首はマッテオ・サルヴィーニ）、「五つ星運動」（左派ポピュリズム政党、創設者はコメディアンのベッペ・グリッロら、党首はコンテ）が続いた。メローニはイタリア初の女性首相で、「同盟」、「フォルツァ・イタリア」（２０２３年のベルルスコーニ死後はアントニオ・タイヤーニが党首格書記長）と連立して政権を担当している。

【註】

（１）ティト・ボエリによる２０１０年の研究によると、移民が生じさせる財政的コストが、過去10年間にヨーロッパ（イタリアを含む）で見られた反移民感情の主な理由である。ボエリは、２００４年から２００６年の３年間の一連のヨーロッパ諸国のデータを用いて、移民が福祉措置（社会扶助や住宅などの非拠出型福祉措置を除く）の受益者になる確率は、既住民よりも低いことを示している。詳細は、Boeri T. (2010), "Immigration to the land of redistribution," *Economica,* 77 No.308, pp.651-687を参照されたい。

（２）詳細はGiulietti C. & Wahba J. (2013), "Welfare migration," In: Zimmermann K. F. and Constant A. F. (eds). *International Handbook on the Economics of Migration.* Cheltenham: Edward Elgar, pp.1015-1048を参照の

こと。

（３）この点に関して、１９９８年から２００８年の間にヨーロッパ19カ国で実施された調査では、より手厚い失業手当が非ＥＵ諸国からの移民の誘致に効果があるという証拠は見つからなかった。引用した文献は、Giulietti C., Guzi M., Kahanec M. & Zimmermann K. F. (2013), "Unemployment benefits and immigration: Evidence from the EU," *International Journal of Manpower*, 34(1), pp.24-38.

（４）欧州難民危機以前のイタリアを扱った研究としては、Pellizzari M. (2013), "The use of welfare by migrants in Italy," *International Journal of Manpower*, 34(2), pp.155-166 がある。

（５）既存の研究では、受け入れ国のＧＤＰへの−1％から+1％の影響が見込まれるとされている。これらの計算は困難であることに留意すべきである。第一に、多くのデータが不足しているために、多かれ少なかれ恣意的な近似値を使用して推定せざるを得ない。第二に、移民がもたらす間接的な影響を正しく測定することの難しさがある。その影響は、正の影響、すなわち既住民が労働市場へ参加しようとする誘発効果や、イノベーション、成長、商品やサービスの価格への影響についても、負の影響、すなわち多様な社会文化集団に対して公共サービスを提供しなければならないことなどについても、両方ともに該当することである。引用された文献の計算方法の詳細については、Stuppini A., Tronchin C. & Di Pasquale E. (2014), *Costs and benefits of immigration in Italy*, Neodemos, 2014, www.neodemos.info. を参照されたい。

（６）既存の研究の多くは、欧州連合（ＥＵ）の個人と世帯の代表的なサンプルの収入と生活状況の調査であるＥＵ-ＳＩＬＣから得られたデータを使用している。しかし、これらのデータでは、中央政府が管理していない福祉の形態を正確に測定することはできない。ペッリザーリ（２０１３）の研究は、ＩＳＥＥの要求によってイタリアの地域別の福祉にアクセスするために必要なＩＮＰＳデータが使用できたおかげで、地理的な偏りがイタリアの福祉の断片化をもたらしていることを考慮に入れることに成功した唯一の事例である。しかし、この研究は、移民によってどの程度便益が拡大されるかではなく、移民が来ることで福祉への需要がどうなるのかを測定することに力点を置いている。ただし福祉サービスへの需要に関しては、他の研究に基づくと、既住民と移民の間で違いがある傾向はみられないのだが。公教育や保健などの福祉分野もこの研究では除外されている。Pellizzari M. (2013), "The use of welfare by migrants in Italy," *International Journal of Manpower*, 34(2), pp.155-166 を参照されたい。

（7）２０１７年の絶対的貧困の発生率は、移民を含む世帯では16・４％であったのに対し、イタリア人のみで構成される世帯では５・１％にとどまっていた。

（8）国籍所得を確立する政令第４／19号を変換する法律について議会で議論されている議案文は、非ＥＵ諸国の市民が、出身国からの合法性を示す文書を作成・翻訳して、イタリア領事館に提出する義務を規定しており、世帯ごとの家族構成と出身国の収入と資産状況を証明しなくてはならない。この追加的な負担があることは、特に十分な質の必要文書を作成することが困難な国の市民にとっては、この措置から得られる利益を受けることができなくなり、結果として出生地に基づく貧困層への差別につながる可能性があることは明らかである。

（9）ＳＰＲＡＲシステムはサルヴィーニ・ルールと呼ばれる２０１８－２０１９年の移民安全保障令によって大幅に縮小された。ＳＰＲＡＲは、国家政策基金から資金を引き出している内務省によって資金提供されている。経済・財務文書のデータによると、２０１８年４月初旬の時点で、２５、６５７人の亡命希望者がＳＰＲＡＲ制度に受け入れられていた。ＳＰＲＡＲは、ヘルスケアから多文化活動まで、未成年者の語学学習から、言語や文化間の仲介・トラブルの調停まで、さらに法的なガイダンスや情報から、就職斡旋、インターンシップ、トレーニングコースまで、諸々の重要なサービスを提供している。第１次ジュゼッペ・コンテ政権の下、反移民で知られる「同盟」のマテオ・サルヴィーニ副首相・内務大臣が提案した移民安全保障令は、人道的保護を制限する内容の新たな基準を追加した。この政令以前は、難民認定も補助的保護も受けられない個人に、客観的かつ深刻な個人的事情により国外追放できない場合に、人道保護許可が与えられていた。サルヴィーニは、この人道保護制度が悪用されたと主張し、人道保護許可を廃止した。改正では、ＳＰＲＡＲへのアクセスは、国際保護の申請が受理された人に限定され、亡命を希望する者はこれらのセンターを利用することができなくなった。またこの政令の下では大多数の移民が、カーラやカスなどの通常の受け付けセンターに回されることになったが、そこでは地域社会への受け入れや統合という面で不十分なことが多い。この法令は不安定な社会を作り出し、結果として不法移民の数を拡大したという点で、その安全保障という名に反して逆説的なことに、社会不安を生むものとなったため、強く批判されてきた。２０２０年、第2次ジュゼッペ・コンテ政権はセルジオ・マッタレッラ大統領の発言に従って、移民と安全保障に関する新たな政令を承認し、サルヴィーニ・ルールを廃止した。新しい法令では亡命受け入れシステムが再度改革され、新たな特別保護許可が導入され、亡命希望者が都市登録簿に登録する可能性が追加された。

（10）相対的貧困は、一人当たりの「平均」支出との関係で計算するが、絶対的貧困とは、特定の世帯が最低限許容可能な生活水準を達成するために不可欠であると考えられる財やサービスのバスケット（いわゆる絶対的貧困バスケット）を取得するために必要な最小限の支出が可能かどうかで測定する。絶対的貧困の閾値は、家族の規模、年齢別の構成、地理的分布、居住自治体の規模に応じて異なる（ＩＳＴＡＴ、２０１７）。

（11）Paggiaro A. (2018), "How do immigrants fare during the downturn? Evidence from matching comparable natives," *Demographic Research*, 28(8), pp.229-253. を参照されたい。

（12）2人のイタリア銀行のエコノミストによる研究、Guglielmo B. & Mocetti S. (2011), "With a little help from abroad: the effect of low-skilled immigration on the female labor supply," *Labor Economics*, 18(5), pp.664-675. を参照されたい。

（13）これらの問題に関して参考にすべき研究としては、Glaeser E., Laibson D., Scheinkman J. & Soutter C. (2000), "Measuring trust," *The Quarterly Journal of Economics*, 115(3), pp.811-846. と、Alesina A. & La Ferrara E. (2002), "Who trusts others?" *Journal of Public Economics*, Elsevier, 85(2), pp.207-234. をあげておく。

（14）Collier P. (2015), *Exodus*（大量出国）, Laterza Editori を参照されたい。

（15）デンマークでの調査研究では、失業保険制度が直接適用されない労働者に対する、多くの積極的な労働統合政策の影響を分析している。デンマークでは、これらの制度の対象とならない労働者は、基準を満たしていれば、他の形態の恒久的な社会給付を受ける権利がある。ただし、受益者は、給付を維持するためには、地方自治体が提供する積極的な労働政策スキームに参加する必要がある。この研究は、そのような政策への参加が、労働市場への再統合を通じて福祉への依存期間を短縮することを示している。詳細については、Heinesen H. Husted L. & Rosholm M. (2013), "The effects of active labor market policies for immigrants receiving social assistance in Denmark," *IZA Journal of Migration* 2:15を参照されたい。また Rinne U. (2012), "The evaluation of immigration policies." In: Zimmermann K. F. & Constant A. (eds.) IZA Discussion Paper No.6369, in. *International Handbook on the Economics of Migration*, Edward Elgar Publishing, Cheltenham, UK. も参照されたい。

(16) Ambrosini M. (2001), *The struggle to integrate. Immigrants and work in Italy*. Bologna: The Mill.

(17) この点に関するアレッサンドラ・ヴェントゥリーニとクラウディア・ヴィロジオによる最近の研究は、外国人雇用が低技能で不安定で経済的に限界的な職業に分離されつつあることを明示している。Venturini A. & Villosio C. (2018), "Are migrants and asset in recession? Insights from Italy," *Journal of Ethnic and Migration Studies*, 44(14), pp.2340-2357. を参照されたい。

(18) このデータは、ＩＳＴＡＴの２００５－２００７年の労働力調査に基づいた研究である、Dell'Aringa C. & Pagani L. (2011), "Labour market assimilation and over-education: the case of immigrant workers in Italy," *Economia Politica*, 2, pp.219-240 から得られたものである。

(19) 早川智津子（２０２０）『外国人労働者と法―入管法政策と労働法政策』第1章に詳しい。

(20) 出入国在留管理庁（２０２４）「外国人材の受入れ及び共生社会実現に向けた取り組み」https://www.moj.go.jp/isa/content/001335263.pdf 参照。

(21) 資格外活動として1週28時間以内なら報酬を受ける活動が許可される。

(22) あくまでも政府は未熟練労働者を受け入れない方針、つまりフロントドアを閉めたままであるため、こうした資格はサイドドア、ないしバックドアと表現されることが多い。

(23) 本書第２章２－２を参照のこと。

(24) 例えば、2005年当時、自動車産業の集積地である東海地域4県（愛知・岐阜・三重・静岡）には、全国における日系ブラジル人の52・6％が居住しており、その多くが20代・30代で、90％が生産工程・労務作業に従事していた。平岩恵里子・伊藤薫（2008）「東海地域における外国人労働者の実態と特徴：中国人と日系ブラジル人を中心に」『星城大学研究紀要』5、49－96頁。

(25) この時、政府は帰国のための旅費等を負担するなど帰国支援事業を行い、約2万人が帰国した。

(26) 山本かほり（2010）「「多文化共生施策」が見落としてきたもの：経済不況下におけるブラジル人」『JICA横浜海外移住資料館研究紀要』（国際協力機構横浜センター海外移住資料館）、3、33－44頁。日系ブラジル人の大量解雇を「市場の失敗」「政府の失敗」の立場から論考した研究として、樋口直人（2010）「経済危機と在日ブラジル人：何が大量失業・帰国をもたらしたのか」『大原社会問題研究所雑誌』（法政大学大原社会問題研究所）、622、50－66頁、を参照されたい。

(27) 上林千恵子（2018）「外国人技能実習制度成立の経緯と2009年の転換点の意味づけ：外国人労働者受け入れのための施行過程」『移民政策研究』10、45－59頁。

(28) 技能実習制度には、技能実習1号・2号・3号があり、1年目の1号を終えて所定の実技試験・学科試験に合格すれば2号に移行でき、2年間就労できる。その後、所定の実技試験に合格すれば3号に移行でき、さらに2年間就労が可能となる。

(29) 出入国管理庁（2018）特定技能制度「外国人材の受入れ及び共生社会実現に向けた取組」 https://www.moj.go.jp/isa/content/001335263.pdf

(30) トラックやバス、タクシーのドライバーにも門戸が開かれたことになる。

(31) 技能実習2号を修了していれば、試験が免除される。

(32) 上林千恵子（2020）「特定技能制度の性格とその社会的影響：外国人労働者受け入れ制度の比較を手掛かりとして」『日本労働研究雑誌』62(715特別号)、20－28頁。

(33) 朝鮮半島など、旧植民地出身者で第二次世界大戦前から日本国籍を有して日本で暮らしていたが、1952

年サンフランシスコ平和条約によって日本国籍を失った後も継続して日本に滞在している人々とその子孫は「特別永住者」という在留資格を持つ。そのほとんどは在日朝鮮・韓国人の人々で、高齢による死亡、少子化、帰化（日本国籍の取得）等によって人数は年々減少傾向にある。
(34) 厚生労働省「外国人雇用状況」の届出状況による。
(35) 総務省統計局の労働力調査2024年の集計による。
(36) ネパールも急増しているが、興味深いのはその要因で、「技術・人文知識・国際業務」と「留学」。「技術・人文・国際業務」の中の「技能」（外国料理のコック等）で来日し家族を呼び寄せて働くケースが多いのだが、今では「留学」が最多だ。東日本大震災以後、日本に留学する中国人や韓国人が減り、その穴埋めに日本語学校がネパールの日本語学校に積極的に日本留学をPRしたことが報道されている。日本経済新聞「急増ネパール人、留学生は2位浮上　人手不足救うか？」2024年1月11日　https://www.nikkei.com/article/DGXZQOCD266L50W3A221C2000000/?msockid=1ae0fe3163696395 30e1ec8562116 2cd（閲覧日2024年9月25日）。
(37) 世界銀行（2015）『長く幸せな人生を：東アジア・太平洋地域の高齢化』。
(38) 上林千恵子（2015）「介護人材の不足と外国人労働者受け入れ：EPAによる介護士候補者受け入れの事例から」『日本労働研究雑誌』、57(9)、88－97頁。
(39) 安倍政権のもと、2017年に女性活躍促進や家事支援ニーズに対応するために開始された。企業請負型で、例えばダスキンやパソナなど（開始以降、約1、300名が入国している）。在留資格は「特定活動」（家事使用人）。
(40) 前掲上林（2015）、90頁。
(41) 林玲子（2019）「外国人介護人材の人口的側面とその国際比較」『人口問題研究』、75(4)、365－380頁。
(42) 前掲林（2019）。
(43) https://www.chisou.go.jp/tiiki/kokusentoc/pdf/231020_gaikokujinzai_gaiyou.pdf

(44)女性の就業率とＧＤＰの上昇を関連させた分析をサーベイしており、女性の就業率が上がれば、ＧＤＰが一桁から二桁のレンジで上昇する分析が示されている。定松文（２０１８）「国家戦略特区と「外国人家事支援人材」」『経済社会とジェンダー：日本フェミニスト経済学会誌』、３、59－74頁。

(45)「富裕国に流入した低技能移民が受入国労働者の賃金水準を押し下げるという証拠はない。」アビジット・Ｖ・バナジー、エステル・デュフロ、村井章子訳（２０２０）『絶望を希望に変える経済学 社会の重大問題をどう解決するか』日本経済新聞出版、日経ＢＰ、55頁。

(46)掛貝裕太・早崎成都（２０２２）「財政学はなぜ移民を論じるべきなのか？――隣接領域における議論の限界と「貢献論」の問題を踏まえ」『立教経済学研究』、75（４）、３－30頁。

(47)前掲掛貝・早崎（２０２２）、５頁。

(48)堀勝洋（１９９４）『社会保障法総論』東京大学出版会。

(49)松本勝明（２０１６）「国境を超える労働者の移動に対応した社会保障」『社会政策』、８（１）、45－56頁。

(50)当時は１９８５年プラザ合意後の円高の時期でもあり、出稼ぎのためにビザ免除協定で入国し不法残留する外国人（主にイランやパキスタン）や、「興行」の在留資格で来日するフィリピン女性（「じゃぱゆきさん」と呼ばれていた）の増加が社会問題になってはいた。その後、バブル期における労働需要の増加が「定住」などのサイドドアを開くことにつながる。

(51)企業が日本人労働者と同様の雇用条件で外国人労働者を雇用する場合、外国人も健康保険と厚生年金保険に加入させる必要がある。

(52)最終的に救急車で運ばれて治療を受ける場合の費用は、当該病院や医療関係者、支援ＮＰＯボランティア等が負担する場合が多く、これはこれで日本の課題である。窪田道夫（２００６）「労働力の国際移動に対応する医療政策：アジア経済の一体化と外国人労働者の社会保障」『アジア研究』、52（３）、70－83頁。

(53)１９９５年から掛け捨てにならないよう、脱退一時金を請求することができるものの、支払った保険料の全額が戻ってくるわけではない。

第5章　労働移動と送り出し国の経済発展

1．イタリアの事情

1・1　2つの偽善的見解

現実に移民労働者の流入問題をどのようにコントロールしてゆくのかについては、日本でもイタリアでも最も意見が分かれており、例えば家庭内でも、バール（イタリアの喫茶店）でも、あるいはソーシャルメディアにおいても、その問題についてしばしば非常に白熱した議論が交わされている。また、テレビやその他のメディアの場でも討議がなされているが、しばしば不正確な情報に基づいているのを目にすることがある。そして多くの場合、これらの話し手はかなり偏った見解にしたがっており、移民研究の専門家による豊饒で科学的な立証を無視したものとなっている。

以下では典型的にみられる2つの偽善的な見解を俎上に上げよう。

多くの場合、議論の一方の側には、移民の受け入れを一種の慈善的行動、すなわち受け入れ国（一般的にはより裕福な国）が、送り出し国（より貧しい国）や移民労働者に恩恵を与える形の援助と見なす人々が存在している。これまでの章で筆者は、移民の受け入れが、移民（および出身国の家族）を歓迎する人々からの一方的な贈り物ではないこと、むしろそれどころか、国境を越えた人々の移動は、必ずしもすべての関係者に平等に利益分配されるわけではないとはいえ、相互利益を生み出す交換に似たものであることを示してきた。移住を贈り物や助けとみなす上から目線の考えには、「本当に助けなければならないのなら、彼らの母国で助けよう」という誤った考え方に発展するリスクがある。こうした解決法は、乞食のように貧しい移民と接触することを最小限にでき、なおかつ移住機会を提供した者の側の良心の問題を解決することができるから、皆にとって望ましいものと考えられがちなのだ。

議論のもう一方の側には、人は好きな場所に自由に住み、働くことができなければならないという考えに基づき、移民流入のドアを閉ざすことや、その後にも各種の障壁が存在することに対して異を唱える、やや少数派だが同じく極端な考え方の人々が存在する。究極的には国境撤廃をめざそうとする人々の組織は、程度の差こそあれ、ほぼすべての国で活動しているが、個人の自由を尊重し、自由を制約することを否定しているため、多くの人を引き付けている。また仮に彼らの考えが現実に適用されれば、経済面では非常にプラスの効果をもたらす可能性がある。しかしながらこの見解は、無秩序な移民の流入を受け入れる国の能力には限界があるという、根本的な事情を考慮に入れていない。こうした限界は、前の章で見たように、部分的には経済的な性質のものだが、主として社会的な性質のものである。その国の社会に独自のルールや価値観に代表される社会的アイデンティティは、単なる抽象的な哲学的概念ではなく、現代社会における共存のルールとメカニズムの基礎をなすものである。例えば福祉制度や税制が成り立っているのは、アイデンティティに代表されるような社会集団を結び付ける接着剤があるからである。ところが異なる社会的背景を持つ移民の流入は必然的に社会集団のアイデンティティを変化させる。限定的で巧みにコントロールされた移民の受け入れは、アイデンティティを徐々に変化させ、多くの場合、時間の経過とともにゆっくりと新しい形のアイデンティティを生み出すことになる。このような軟着陸ならば大きな問題は生じない。しかし大規模で無秩序な移民が流入すれば、アイデンティティを分断し、異なるアイデンティティ集団の間に強いコントラストを生み出し、「私たち」すなわち既住民と「彼ら」すなわち移民の違いが強調され、その結果として社会を機能させる基礎である社会的協定が損なわれる可能性がある。

どちらの見解も、移民問題を適切にコントロールするための具体的かつ効果的な解決策から議論を遠ざけるという点で、危険な見解であり、その主張は偽善と言わざるを得ない。移民問題については、他の問題とは異なって、こうした極端な立場の中間の立ち位置が考えられるが、それが実は唯一採用すべきものなのである。

1・2 母国で彼らを助けるという誤謬

初めに第一の見解ないし偽善について、イタリアの実例を参考にしてもう少し踏み込んで考えよう。

現代では、自然災害、紛争、特定の集団への迫害によって強制的に居住地を追われて移住する一部のケースを除けば、経済的な理由を動機とする移民が大部分を占めている。それゆえ経済理論的には、富裕国から貧困国へ資金等を適切に移転することは、両国間の経済格差を縮小することになり、移民の量を減らし、場合によってはほぼ完全になくすことさえできると考えられる。しかしこれまでの章で述べてきたように、移民は移住する労働者本人および送り出し国だけでなく、受け入れ国内での財やサービスの消費を行うことを通じて、経済厚生を高めることに貢献するので、資金等を移転することで移民をやめさせようとする行為は経済的な観点からはほとんど正当化されない。それは傑出したアメリカのエコノミスト、ミハエル・クレメンスによって論じられたように、50ユーロ紙幣を拾うために路上に置いておくという決定と同じくらい不合理なものである。

しかし、イタリア政府が、意識的にせよ無意識的にせよ、移民受け入れの有利性をあえて放棄し、「母国で移民を助ける」という決定を下すことで、移民が母国を出国するインセンティブをなくす政策をとったとしよう。そのためにかかる費用はどの程度のものだと考えられるだろうか。それを正確に計算することは非常に複雑な作業だろう。実際のところ、移住そのものの費用を差し引いたうえで、移民とその家族にとっての利益額を見積もることは容易ではない。簡単にするために、投資の選択肢として、イタリアに移住するか、アフリカの国の市民のために自国にとどまるかの選択を想像してみよう。ただしここでいう投資とは、合計金額で明示される金融投資とは違って、自分自身の「人的資本」への投資を指す。移住コストとしては、定期的にないし不定期にイタリアに行くために必要な費用、愛する人との別離にともなう非金銭的諸費用、移住することで受け取れなくなった賃金、または可能な限り最良の条件の下に母国にとどまるという選択が、移住出国と比べて有していると考えられる価値などが考えられるが、期待されるリターン（賃金やより良い生活条件など）が移住のコストよりも高い場合には、移住することへの人的投資は魅力的なものとなるだろう。しかしイタリアに住むことの喜びや、逆に家から離れて暮らさなければならないことの不快感など、簡単には貨幣換算できないリターンとコストがあるため、この計算は難しい。

したがって、しばしば政治家連中の主張に見られるように、「移民を母国に送り帰す」、または「母国で彼らを助ける」ために必要な金額を計算するには、ある程度単純化する必要がある。すなわち上記の非金銭的費用（愛する人から離れて生活する費用など）は存在しないと仮定する一方で、同時にその行為自体には移民自身にとってメリットはないものの、残された家族のことを気にかけて、母国に送られる送金金額を、彼の移住投資のリターンの全額と仮定するのである。[1] この単純化により、イタリアにいる500万人以上の外国人が毎年出身国に送る送金総額を、これらの人々が移住する代わりに「母国で助けられる」ことを好むように誘導することができる最低額と考えることができる。[2] 2021年から2023年の最近3年間で、外国人が毎年公式・非公式に出身国に送金する額は80億ユーロに上っていた。比較として、イタリアが政府開発援助、すなわち貧困国を支援する目的に割り当てた資源の総額は、同期間におよそ35－40億ユーロ（これはGDPの0・2％未満である）であったことを考えれば、いかに送り出し国である発展途上国への資金移転が不十分であるかは明らかである。[3] では、イタリアの外国人の数を減らすために、貧しい国への援助を2倍以上に増やすだけで十分なのだろうか？ 実際のところ、答えはノーである。この援助の増額は、たとえそれが効率的であったとしても（この点については後で述べる）、せいぜい、すでにイタリアに滞在している人々の一部が（一時的に）出身国に帰国するきっかけとなる程度である。他の潜在的な移民が彼らの代わりにやってくるだろう。例えば、開発援助の大幅な増額を通じて、ベラルーシからイタリアへの移民の圧力を軽減し、多くの移民が帰国するきっかけとなる開発プロジェクトを立ちあげることが可能だと想像してみよう。しかし、これらの移民が帰国したからといって、彼らがわが国で抱えている仕事がなくなるわけではない。おそらく、新しくできたこれらの空席は、他の出身国からの新しい移民を引き付けることになるだろう。最近の調査によると、[4] 世界でのこれらの潜在的な移民の数は約4億人と推定されているのだ（ちなみに、２０１７年時点の国連推計によれば、出生国以外の国に住んでいる人は約2億5、８００万人である）。

こう考えることで、「母国で助けよう」という論理がいかに間違っているかを浮き彫りにできた。移民たちを助けるだけでなく、この見解の支持者がなくしたいと思っている潜在的な移民を正確に特定する必要があるのである。さらにこのロジックを適用する際の問題点はそれだけにとどまらない。実際のところ、移民がもたらす恩恵は、送金を通じて広範に、かつ毛細血管のような形で出身国に届けられる。すなわち、送金は何百万人もの移民の家族（そして間接的には経済全体）に直接利益をもたらすが、これに対して政府開発援助は、そのような援助がない場合には移住を決意するかもしれない個人（およびその家族）に正確に向けられることはほとんどない。これまでに蓄積された豊富な経済学の研究文献によれば、開発援助の分配が必ずしも優先順位の論理、すなわち最も困窮している人々への援助を増額するというルールに従うとは限らず、途上国政府に影響力を行使したいという外交政策的な欲求など、他の戦略的考慮事項によって動機付けられた分配が多かったことがわかる。また、援助が被援助国の貧困レベルを下げ、経済の成長を促進する効果があるのかについても、多くの疑問が提起されている。[5]

開発援助の量と効果を高めることは、すべての富裕国が自ら設定すべき重要な目標である。しかし、これは現在進行中の移民の流れとはほとんど関係がなく、おそらく今後20年間に起こるであろう国際労働移動の動きとも関係がないだろう。

1・3　開発援助は国際労働移動をせき止めることはない

移民に対して敵意が高まってきている多くの先進国で、経済政策の立案者が採用した対応は、「母国で彼らを助ける」という戦略を全面的に受け入れることだった。

ＯＥＣＤのＤＡＣ（開発援助委員会）諸国による政府開発援助（ＯＤＡ）の実績を見ると、先進国31カ国の平均で、国民総所得（ＧＮＩ）の０・37％を貧困国への援助に充てている（２０２２年の数値）。ちなみに最も高い水準にあるのはルクセンブルクで、この割合は１％である。しかし、それにもかかわらず、これまでのところ最良の開発援助は移民の受け入れである。２０２３年、開発途上国への政府開発援助が２、２３７億米ドルに達したのに対し、移民からの送金は６、５６０億米ドルに達した。移民から送られてくる送金は、多くの国にとって主要な資源の１つとなっている。例えばトンガではその額はＧＤＰの34・３％を占め、キルギスタン（32・９％）、タジキスタン（32・６％）、ハイチ（29・３％）、ネパール（28・３％）、ガンビア（21・３％）がそれに続く。欧州では、送金がＧＤＰに大きく貢献している国としてモルドバがあげられる（20・２％）。毎年の送金の受け取り額がＧＤＰ

の10%を超える国は世界に30カ国あり、それは消費だけでなく投資（若い世代の教育への投資を含む）の資金調達にも役立っている。[6] 実際のところ過去に移民を送り出した経験を持つイタリアでも、欧州や北米の何百万人ものイタリア系移民が母国に送った送金があったことが、工業化を可能にし、それがイタリアから労働者が出国しようとする誘因を減らすことにつながり、ついには労働流出を完全に終了させることにつながったという経緯がある。これは今、発展途上国で起こっていることでもある。

「魅惑的な金の雨」にもたとえられるこの送金の重要性を示すものとして、20世紀の最初の15年間、海外からイタリアに送られた送金額は、イタリア国家による直接税からの年間収入を上回っていたという事実を紹介したい。[7] イタリアへの送金のマクロ経済的影響は驚くべきものだった。送金されたお金が広く配分されたことで、消費力と総需要は大幅に増加し、それは国内の企業活動を刺激した。送金のかなりの部分は、郵便貯金として預けられたり、国債に投資されたりしたが、それは間接的に、国の生産機構の近代化のプロセスに有利に働いた。また送金は、当時の貿易赤字を均衡させることにも役立った。言い換えれば、主に国の農業地域や山岳地帯、特に南部の出身者によるイタリア移民は、その後のイタリア経済の奇跡的発展の基礎となった工業化のプロセスを支えたのである。全国各地で送金を受け取っている家庭では、暮らしの状況が大幅に改善した。農民は、高利貸し（これこそは当時の田舎における真の疫病である）によって契約された借金を返済し、家や土地を購入し、食料消費と衛生状態を改善し、限られた方法ではあるが、畑での労働生産性を向上させることができた。

イタリアの歴史において送金が果たしてきた役割は、現在、移民の出身国で送金が果たしている役割と類似する側面がある。移民の動向を管理する政策と政府開発援助（ODA）の2つは、補完的なものでなくてはならず、決して代替的なものであってはならないことは明らかである。

1・4 国際労働移動に関する世界的な合意とは

移民・難民の「危機的状況」に対処する多国間イニシアチブの1つが、国連（UN）が求め、2016年に190カ国以上が署名した「難民と移民のためのニューヨーク宣言」、いわゆる「移住のためのグローバル・コンパクト」である。その後、欧州委員会は、移民や難民を受け入れるための国際的なネットワークを構築するために、出身国との一連の二国間イニシアチブも採択した。すでにヨルダン、レバノン、ナイジェリア、ニジェール、マリ、セネガル、モロッコ、チュニジア、エチオピアとの間で協定が締結されている。これらの協定では、「安全で規律ある正規の」移住という目標を設定している。そしてこれらの条約では、国外退去を余儀なくされた人々の「権利とニーズ」を保護するだけでなく、国境管理の実効性を向上させ、本国送還をより効果的にするための、関係するすべての国による一連の約束事を規定している。また、ヨーロッパへの不法移民の原因に取り組むために、出身国の発展を支援する長期的な目標も含まれている。

欧州委員会は、特にアフリカ諸国への投資を刺激するために、新しい金融的な手段である欧州対外投資計画（ＥＩＰ）を公表している。この制度に割り当てられた欧州予算の財源は実際には非常に限られているが（２０２４年では50億ユーロ）、欧州委員会によると、加盟国ならびに有力企業からの追加財源によるテコ入れも可能であるとしている。移民の送り出し国と受け入れ国の間のこれらの「協定」には、明らかに評価すべき要素が含まれるが、同時に２つの根本的な弱点もある。評価できる要素としては、国際労働移動のようなグローバル（または少なくとも超国家的）な問題に関しては、グローバルな解決策と管理を共有することが必要であるということが、公式に認識されるとともに、人々の間での意識が高まった点をあげることができる。これらの協定は、国際法に則って、基本的人権、特に安全に対する権利を認めているのである。ただし、それは確かに前向きな内容ではあるが、協定自体はまだまだ世の中を動かす原動力となるには未成熟である。「移住のためのグローバル・コンパクト」は国際条約ではないので、法的拘束力のある協定ではない。これが第一の弱点である。さらに、当初は広範な国々が加盟したが、その後、米国やイタリアを含む一部の国は協定に署名せず、交渉への参加を停止したので、その結果、協定の全体的な有効性は損なわれたものとなっている。これが第二の弱点である。

このような協定にある好ましくない要素としては、開発援助システム全体に対して存在している、潜在的な歪曲的効果が挙げられる。開発援助は、移民の流れを失くすことだけを目的としているわけではないし、そうすべきでもない。上記のように、すでに限られている援助資金をこの目的に振り向けることは、必然的に歪みを生み、貧困と不平等の削減という援助の真の目的を遠ざけることになる。移住しようとする圧力が最も高い国は、世界で最も貧しい国ではない。その理由は単純で、国際的な移住は高額な「投資」だからだ。イタリアにおける不法移民の流れに関するいくつかの研究は、「移民の費用」が多くの場合、出身国での長年の収入に相当する金額であることを示している。(8) 貧しい国の比較的裕福な家庭の個人だけが、そのような危険な「投資」をする余裕がある。コストが高いということは、逆説的ではあるが、貧しい国の平均所得が増加すると、移民は減るどころか増えることを意味する。実際、収入が増加することで、より多くの家族が移住の費用を支払える可能性がある金額として認識するようになるのである。

援助資金の増額は、現在この目的に割り当てられている資金に追加する形で、最も貧しい国に対して実施されなければならない。その反対に、移民送り出し圧力を減らそうと考えて、援助を（移民の少ない）非常に貧しい国でなく、比較的豊かな国（移民の多い国、あるいはさらに悪いことに、豊かなヨーロッパを守護すると称する疑わしい役割を演じる通過国）に振り向ける歪んだ行動をとることは、正しい選択とは言えない。すでに述べたように、こうした国への資金援助は労働移動自体を効果的に減らすことには決してつながらないからである。

ここまでで述べたように、移民を阻害する唯一の要因は、出身国の経済成長なのだが、ここで2つの疑問が生じる。第一の疑問。経済移民の出国を思いとどまらせるために、送り出し国はどこまで成長すべきなのか。そして第二の疑問。開発援助は、出国を阻止するレベルの経済成長を達成するための適切な手段となり得るのか。最近の調査では、[9]サブサハラ・アフリカ、北アフリカ、中東諸国から欧州への移民の量を2010年の水準に維持するためには、GDP成長率は、今後20年間で約10％である必要があるとのことだが、このような急速な経済成長は、これまでまったく達成できていない。1990年以降、GDPが10倍に増加した中国も、年平均8％の成長率にとどまっているにすぎない。1980年から2000年にかけてGDPがそれぞれ5倍、7・5倍に成長した台湾と韓国の場合でさえ、このような持続的な好景気は起こっていない。これらのデータは、たとえアフリカのために野心的なマーシャル・プランを実施したとしても、アフリカ大陸からの移住圧力の増大、すなわち高い出生率と平均余命の延長に煽られた莫大な人口増加によって引き起こされるであろう移民の増加を相殺することができないことを示している。2030年までにアフリカ大陸の人口は約4億5、000万人増加すると予想されている。また2050年には、アフリカの人口は現在と比べて倍増する一方で、ヨーロッパ市民の数は減少すると見込まれている。国連の推計によるこれらのデータからは、世界の人口構造の格差を考えれば、将来移民が増加することはほぼ避けられないことを暗示している。イタリア、日本、そしてその他の先進国は、移民の流入が増加するシナリオを避けることはできないし、避けるべきでもない。彼らにできることは、移民がすべての社会に利益をもたらすことができるように、準備し、法制度と社会経済制度を調整することである。

1・5 国境のない世界は可能か？

次に第二の極端な見解、すなわち人の移動を制限する国境がない世界について考察を進めよう。

国境の完全撤廃は、世界経済にどのような影響を与えるのだろうか。経済理論的には、自由な移住が可能になれば、資源配分が効率化され、特に労働者の生産性の大幅な向上がもたらされると言えるだろう。最新の研究によると、世界のGDPの増加は約11・5％から12・5％にも達するという。[10] また別の既存の研究によると、国境を越えた人の移動の自由化は、国際貿易に対する残りの障壁のさらなる自由化（世界のGDPを0・5％から4％増加させる）や資本移動の自由化（0・1％から1・7％の増加にとどまる）よりも、世界の所得向上にはるかに大きな効果を与えるとされている。一部のエコノミストは、国境を越えた労働移動の自由化の影響を「歩道で回収されるのを待っている1兆ドル」になぞらえている。

しかし、これらの推計の楽観的なロマン主義は、これらの計量経済モデルでは考慮できない厳しい現実、つまり、それを構成するコミュニティに幸福をもたらす経済システムには、安定した持続可能な社会システムが必要であるという現実を前にすると、打ち砕かれたものとなるだろう。国境撤廃政策のシミュレーション研究で想定されたものよりも実際の労働移動量がはるかに少ないことは、短期的には、社会的・文化的観点から、受け入れ国側の吸収能力に限界があるからに他ならない。確かに移民がもたらす効果は経済効果だけではない。多大な量の移民の流入は、社会に重要な構造的変化をもたらし、社会文化的革新をもたらす。世界の隅々で移民を最も引き付けてきた大都市の活気が示すように、長期的には移民の受け入れは望ましいものととらえられがちである。しかし、社会文化的な革新が、多くの市民にとって価値があるものであった、何世紀にもわたって根ざした社会パターンを変えることにつながるならば、少なくとも短期的には必ずしも移民のもたらす影響が好ましいものとは受け止められないだろう。先進国のエリート層がしばしばそうしがちなように、一般の人々が目新しいことに拒絶反応を示すことを、後進性とか不寛容の態度とかのレッテルを貼って否定することは、変化について懸念を表明する人々のしばしば正当な要求を無視するだけでなく、社会的対立を増大させ、適切で共有された解決策が取られることを妨げると考えられる。いくつかの研究によれば、アイデンティティの特性が、社会連帯体制において公共の財を供給する制度を共有し支えてゆくことを維持するための基本であることが明らかになっている。均質なコミュニティの方が、個人が特定のアイデンティティを持つ異質なコミュニティよりも協力する傾向は強い。それどころか社会的・文化的な分断があると、コミュニティ内での紛争を生み出すことがある。

また社会集団に移民などが含まれていて、文化的に多様な要素で構成されている場合には、近代国家の基本的な柱の1つである所得の再分配政策を支持する個人の割合が低いことを示している興味深い研究もある。(11) イタリアを含む6カ国の約25，000人を対象に実施された研究によると、最も弱く、最も困窮している人々に資金を移転して、寛大な社会システムを支えていこうとする行為に住民がどの程度反対するのかは、移民の数やその出身国についてどの程度情報認識を持っているのかと深くかかわっている。この研究では情報認識がいかに歪められているかを示しており、例えばイタリア人は、外国人の数が居住民の30％で、外国人の30％の教育レベルが非常に低いと考えているが、実際には、どちらの場合も正しい数値は約10％でしかない。

移民に対する嫌悪感を煽らせず、「私たち」と「彼ら」とを識別する障壁をつくり出さないためにも、より広範で、そして何よりも正確な情報が重要である。しかし、移民を統合することは、既住民と移民との平和的共存が築かれる共通のアイデンティティを創造する唯一の方法であるため、移民現象を社会的・経済的に持続可能なものとする必須のステップである。ただし、統合は自動的になされるものでも、コストなしに行えるものでもなく、適切なリソースとポリシーが欠かせない。このことは決して看過すべきではない。それゆえ国境のない世界という見解は、現代社会や明確に定義された国境を持つ国家を安定化させる社会的協定に対する移民の影響を考慮しないという点で、有害であり偽善とみなしうるのである。

2. 日本の実情

2・1　資本移動か労働移動か？　慈善か尊厳か？

コニーリョは、移民をめぐる言説には、格差を埋めるための支援をすればよいとする経済面に焦点を当てた考えと、人は自由に移動する権利があるとする人間の尊厳に焦点を当てた考え方があることを示唆した。[12] 前者は経済支援を主張し、後者は国境開放をすべきと主張する。[13] しかし、ともに危険であり偽善的であるのは、先進国が現実にはどちらの政策も採り得ていない事実が物語る。

移民は賃金格差で生まれる、とするプッシュ＝プル理論[14]は、移動の動機の説明としてはもっともだと思われるが、それだけで十分ではない。移民を生む意図のないグローバルな経済活動が結果的に移民を生み出すこともある。例えば米国。米国は常に移民を惹きつけてきたが、1980年代に米国への移民が増加した時、その増加要因は主にアジアと中南米からの移民だった。なぜそのタイミングで特定の地域から移民が増えたのか？　また、プッシュ＝プル理論によれば、最貧国こそ移民が生まれるはずなのに、その事実が観察できないのはなぜか？　という疑問に1つの答えを与えたのが、多国籍企業による海外直接投資をはじめとするグローバルな資本の流れとする理論だった(15)。

第二次世界大戦以降、アジア諸国が経済発展の戦略として輸出志向型工業化(16)を進め、海外からの投資を呼び込む輸出特区を設ける動きが生まれた。低賃金を指向して多国籍企業が生産拠点を海外に移す「生産の国際化」が移民を生み出す、という考え方だ。投資受け入れ国の伝統的な農村社会が崩壊し、外資企業の生産工場で賃金労働を経験することによって、輸出財を通じて米国のような先進国の豊かな生活を知る。賃金も高く、就労機会もあることを知る。移住するインセンティブが生まれる。技術革新による通信や交通手段のコスト低下も移住を容易にしただろう。この考察からは、多国籍企業による投資は、もちろん途上国の雇用を生み経済発展戦略に資するものであり、格差を埋めるための一助にはなるが、かえって移民を生み出すプッシュ要因になるという逆説的な結論が導かれる。

さらに、先進国に拠点を置く多国籍企業はプル要因にもなりうる。経営の中枢機能を担う本社は都市においてさまざまなサービスを需要する。通信・運輸、ビル清掃、ケイタリング、家事・育児など。その労働市場に低賃金の移民が供給源となった。単なる経済格差だけで人は動かないのだ。

2・2　援助と移民送金

移民を送り出す国は、永遠に送り出し国であり続けているわけではない。ＩＭＦは、一人当たりの国内総生産（ＧＤＰ）が７、０００ドルを超えると、国外に移住する移民の数は減少し始めると推定している。[17] イタリアもかつては送り出し国だったが現在は受け入れ国になっているし、アジアではタイやマレーシアも今では近隣諸国から労働者が移動している。したがって、一人当たりのＧＤＰ経済成長を促す支援をすれば母国に留まる可能性を高めることができる、という考えは妥当であるように思える。

そこで、イタリア政府に倣い、日本政府が外国人労働者受け入れの有利性をあえて放棄し、「母国で移民を助ける」という決定を下し、移民が母国を出国するインセンティブをなくす政策をとったとしよう。非金銭的費用（愛する家族から離れて生活する心理的な費用等）は存在しないものとし、母国への送金金額が移住するために費やした投資に対するリターンと仮定する。移民として出国するために費やしたコスト（投資額）を、送金金額（すなわちリターン）が上回れば（上回ると予想できれば）、移住が選択肢になる。したがって、そのリターンに等しいか上回るだけの金額を援助すれば、理論上は日本に移住するメリットはないので帰国する、ないしはこれから移住しようとはしなくなる。

日本にいる在留外国人約300万人が出身国に送る送金総額は、2017年から2021年の5年間で326・4億ドル[18]、年間平均は65・28億ドル。その間、日本のODA贈与実績は40億ドルであった[19]。年平均は8億ドル[20]。贈与の対GNI比は0・4%だ（イタリアは0・2%未満とコニーリョは述べていたが、2022年では0・3%だった[21]）。イタリアの場合、自国の外国人の数を減らすために貧しい国への援助を175%増やすだけで十分だろうか、という議論があったが、日本の場合は816%増やす必要があることになる。増額すれば日本に向かう労働者を抑えることになるだろうか？　答えは同じくノーであろう。

2・3　開発援助と国際労働力移動

2022年の低所得・中所得国への移民送金は、6、470億ドル[23]で、図表5－1が示すように開発援助額をはるかに上回り、近年では海外直接投資（FDI）すら上回るようになっている。途上国にとっては移民送金が母国のファイナンスを担う重要な役割を持っていることがわかる。興味深いことに、中国の存在を除くと海外直接投資額がぐっと減る。したがって途上国にとっての移民送金の重要さが明らかになる（図表5－2）。低中所得国[24]にとって移民送金が大きな意味を持つことは、コニーリョも指摘していたが、移民送金がいかにGDP

図表５－１　低中所得国への移民送金額，海外直接投資額，政府海外援助額の変化

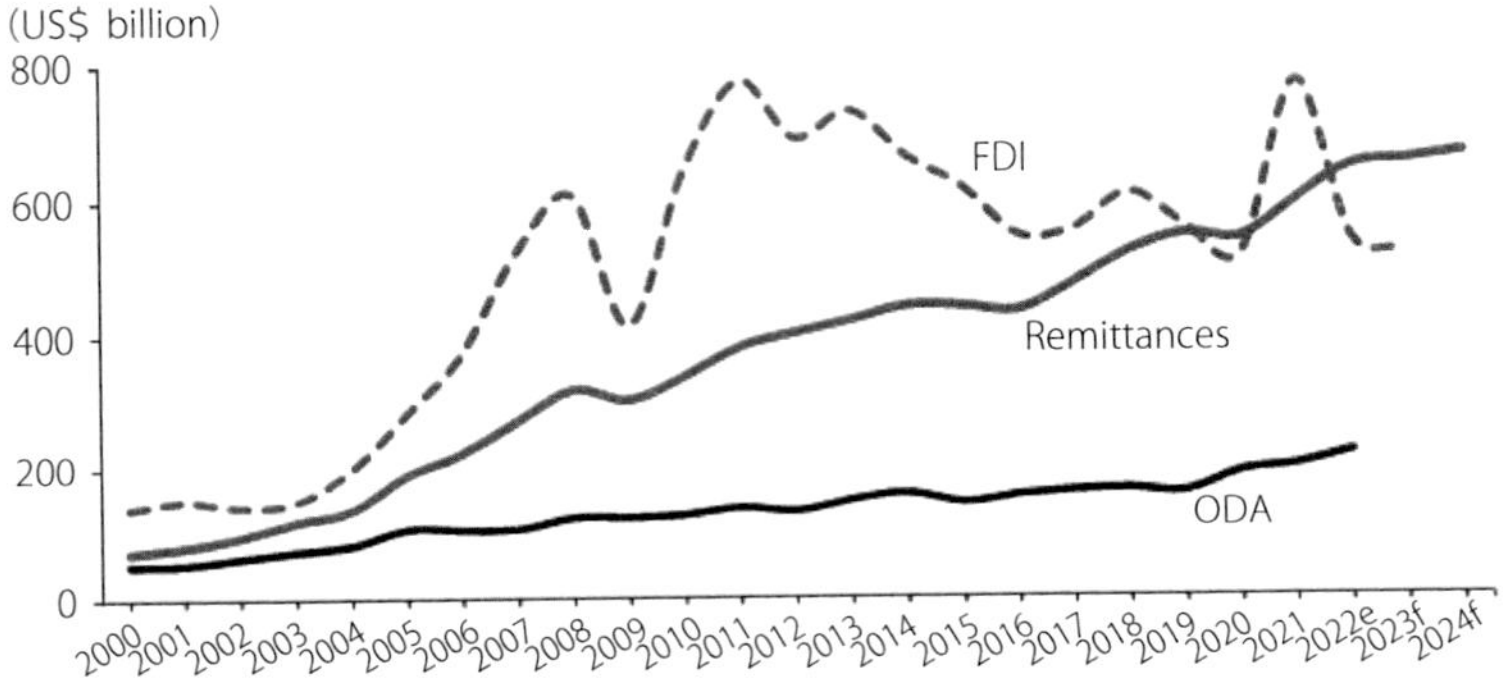

出所：Dilip Ratha, Vandana Chandra, Eung Ju Kim, Sonia Plaza, and William Shaw（2023），"Migration and Development Brief 39: Leveraging Diaspora Finances for Private Capital Mobilization." World Bank, Washington, DC.（p.2）より転載。

図表５－２　低中所得国への移民送金額，海外直接投資額，政府海外援助額の変化（中国を除く）

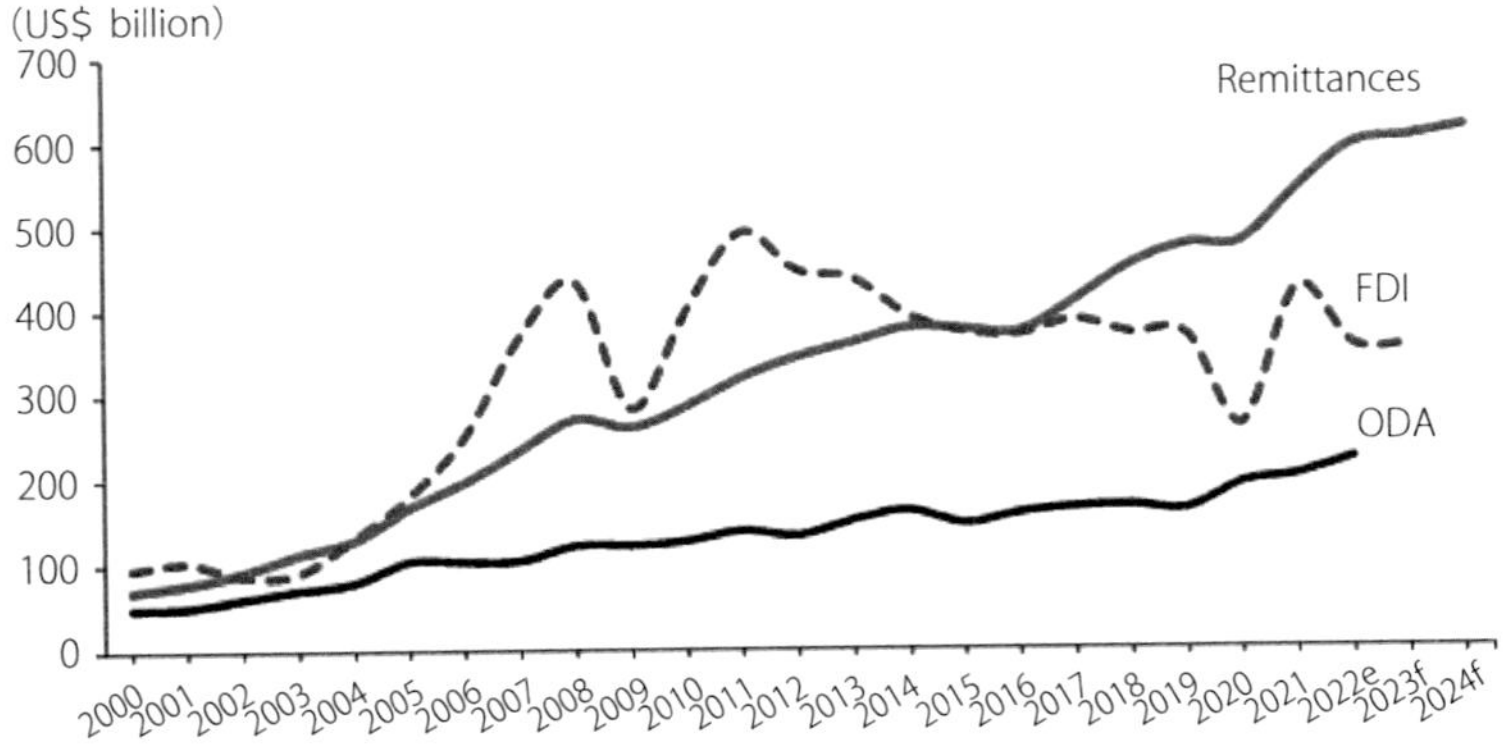

出所：Dilip Ratha, Vandana Chandra, Eung Ju Kim, Sonia Plaza, and William Shaw（2023），"Migration and Development Brief 39: Leveraging Diaspora Finances for Private Capital Mobilization." World Bank, Washington, DC.（p.2）より転載。

を支えているかがわかる。
イタリアにおいては、20世紀初頭、海外に移住した同国人からの送金がイタリアの工業化を推し進めて経済発展し、そのことが移民流出を終わらせた。第2章で見たように、日本もかつては移民送り出し国であり、在外日本人から日本の故郷への送金も行われていた。佃(2023)によれば、1880年に設立された横浜正金銀行(現在の三菱UFJ銀行)の記録において、在米日本人移民の郷里への送金金額は、1929年においてアメリカ本土から1,500万円、ハワイを含めるとアメリカからの送金は海外からの送金の4分の3を占めていた。[25] 現在の価値にすると95億4千万円ほどになる。[26] 送金を受け取った郷里の経済に大きく寄与したことは想像にかたくない。また、和歌山県においては、1938年7月と8月の2カ月間の送金は同年度の税収の4分の1を占めており、当時のアメリカとの経済格差からすれば、郷里の家族や親戚にとって大きな価値があったと述べている。移民一世は自分の子供(移民二世)を教育費用の安い日本に留学させ、日本での生活を支援するために送金していたこともわかっている。そうした人材が日本の経済に寄与した事例もあった。[27]
興味深いことに、イタリアと同時期、日本も在外邦人からの送金を海外進出の足掛かりとして重要視していたことが、外務省による海外在留邦人送金額調査(1935年)の記録[28]からわかる。1933年における在外邦人からの送金金額は20,306千円と記され、「国際収支上における寄与の程度については、イタリア移民の2億9千万円、ギリシャやポーランド移民の7、8千万円に比べれば（邦人送金の2千万円という額は）比較にならないが、在外邦人が漸く70万人余に過ぎない現状においては必ずしも少ないと言えない」（2頁）と述べられている。イタリアが受け取る送金が果たした同国経済への役割と同様に、日本も在外邦人からの送金が経済発展にとって大きな役割を果たすと考えられていたのだ。

移民受け入れ国となったイタリア同様に、日本も今では外国人労働者を受け入れる国になっている。世界銀行の試算（２０２１年）によれば[29]、日本から海外に向けた移民送金は１０５億ドルで、日本が受け取る海外からの移民送金52億ドルを大きく上回る。では日本からの移民送金はどこに向かっているのか。金額順に、中国（36億ドル）、ベトナム（17・2億ドル）、韓国（15・5億ドル）、フィリピン（15・4億ドル）、ブラジル（4・2億ドル）で、日本に在留する人数規模の順になっている。10年ほど前までのトップ3は中国、ブラジル、フィリピンだったが、主に技能実習生として在留するベトナム出身者が近年急増し、人数において中国に次ぐ存在になっている。日系ブラジル人が２００８年の世界金融恐慌以後[30]、減少しているのと対照的である。

ベトナムは日本の二国間援助先として6番目だが[31]、同国にとっては日本が最大の援助国だ。ベトナムに関しては、移民の動向と政府開発援助は補完的な関係にあるように見える。しかし、実際のところ、移民管理の動向を管理する政策は日本の場合は労働力不足を補うためのツールになっている。政府開発援助と移民の動向の関係が代替的であれ補完的であれ、日本の外国人労働者政策はプル要因となっている以上、在留外国人を減らすインセンティブはないのが現状だ。移民として出国する人数は7,000ドル（一人当たりのGDP）が分水嶺となり、その水準を超えると出国する人数は減少に向かうという知見によれば、ベトナム[32]への開発援助はさらに日本への移民を促すことになるだろう。

2・4 アジア版グローバル・コンパクトの可能性はあるか

移民の流れを開発援助と結びつけるのは困難であることがわかってきた。何と言っても、開発援助はあくまでも資金や資本の流れである一方、人は意思を持ち、移民の権利保護という問題にも直面する。貿易や開発援助の包括的な枠組みに相似するような人の移動に関する管理方法はありうるだろうか。

難民問題だけでなく、移民問題も包括的にカバーする取り組みが必要であると認識されたのは、ようやく2016年になってからで[33]、国連における移民と難民に関するサミットにおいて「難民と移民のためのニューヨーク宣言」が採択されたことに端を発することはコニーリョが述べた通りだ。その後、移民の人権保障に関する関心は2018年「安全で秩序ある正規移住のためのグローバル・コンパクト」に受け継がれ、採択にあたって152カ国が賛成したものの、米国は反対、イタリアを含む一部の欧州国は棄権している。日本は中国、韓国とともに賛成したのだが、誰を受け入れるのかを決める裁量は国家に認められており、移民政策はすぐれて内政問題であると考える国は多いのだ。[34] 米国は自国の移民政策を縛るものとして参加を否定したのである。とは言え、欧州では欧州委員会が移民出身国との二国間イニシアティブを採択し、アフリカへの経済援助も行っていることはコニーリョも述べた通りだ。それではアジアにおいてはどうだろうか。

世界の移民の60％は欧州とアジアに住み、北米には20％が住む。アジアは世界人口の60％を抱える地域でもあり、主に域内での移動が活発である。まさに労働移動のホットスポットだ。そのアジアにおける移民管理は、イタリアが属す欧州とは少し事情が異なる。東アジア、東南アジア、南アジア、西アジアを抱え、欧州以上に経済の発展段階や政治体制が異なる国々が国境を接していることは、人の移動管理を複雑にする。さらに、未熟練労働者や非正規労働者が圧倒的に多く、家事労働などで移動する女性移民が多いという特徴を併せ持つ。こうした状況下、２０１５年にＡＳＥＡＮ経済共同体が発足し、人の移動に関しては自由な移動を奨励する合意がなされたものの、それは熟練労働者に限ったものであり、未熟練労働者については合意が得られていない。経済統合を目指し、域内関税撤廃に取り組みつつ貿易や投資の自由化を推進するＡＳＥＡＮではあるが、人の移動に関して円滑化されたのは熟練労働や観光など自然人の移動だけであった。２０１５年以前にも、「移民労働者の権利保護と促進に関するＡＳＥＡＮ宣言」（２００７年）、人身取引に関する「人、特に女性と子どもの取引に対するASEAN条約」(2015年)などの行動計画が策定されてルールが形成されつつあったのだが、なかなか実効力を持たせるような合意形成は難しいのが実情だ。

2・5　偽善、あるいは国境のない世界

国境を取り払って人の移動を自由にする世界は〝偽善〟だろうか。

モノ・サービスの移動には、貿易の自由化を目指しさまざまな国際ルールを定める国際機関として世界貿易機関(WTO)がある。しかし、人の移動、あるいは移民に関しては、そのような国際協調機関は存在していない[35]。もちろん、難民に関しては国連難民高等弁務官事務所(UNHCR)があり、外国人労働者に関しては国際労働機関(ILO)がある。国連には国際移住機関(IOM)[36]が存在するが、あくまでも秩序ある人の移住を主導するものであり、貿易自由化のように人の移動の自由化を目指すものではない。国境を越えた労働移動を自由化すれば世界のGDPは増加するし、その増加程度は貿易の自由化が完全に実現した時よりも大きいことが示されているにも関わらず、なぜ人の移動の自由化を目指す世界機関はないのか。それが〝偽善〟であることを誰もが認識しているからだ。

移民に対するイタリアの人々の認識が歪んでいることが示されたが、日本人の意識はどうだろう。2つの事例で見てみよう。まず、法務省が2023年に行った外国人との共生に関

する意識調査がある。対象は日本国籍で18歳以上の１０、０００人。周囲に働いている外国人が増加してきていることを感じる人の割合は62・４％で、感じない人の割合29・９％を大きく上回る。地域社会に外国人が増えることについて好ましく思う：28・７％、好ましくない：23・５％、どちらともいえない：47・３％で、多少の迷いがありそうだが、外国の言葉や文化に関心を持つようになる・知る機会が増える、に対してはポジティブな意見が多い。一方、日本の文化が変わる、と思う人は36・６％に対して、そう思わない人は53・９％。ただ、文化の違いによるトラブルが生じると思う人は71％おり、外国人が増えることに漠然と不安を感じる人が50・６％いる（感じない人は38・２％）。この傾向をどう判断すればいいだろうか。日本の文化が変わるとは思わないが、トラブルについては心配する姿だろうか。差別・偏見については、外国人に対する偏見や差別があると答えた人は68・３％、ないと答えた人は14・０％。この偏見や差別に対する意識は、「自分が偏見や差別をする意識がある」ということではなく、社会的に存在すると思う差別、例えば外国人が仕事を探す、近所づきあいをする、公的機関で手続きをする、家を探す、等の場面で差別があると思う場合である。

ＮＨＫが２０２０年に行った調査（18歳以上、１、５７２名）では、日本で働く外国人が増えることについて賛成が70％、反対が24・２％。興味深い結果は、外国人の受け入れへの考え方に表れている。労働力として限定的に受け入れるべきと考える人が28・２％いるが、労働力に限らず広く受け入れるべきと考える人が53・９％いる。半数以上が外国人（ある意味で移民とも言えようか）を受け入れてよいと思っているのだ。また、外国人労働者が家族を伴って暮らすには本人が高い技術を持つことが条件となっているが、それを緩めて家族同伴で暮らすことを今より広く認めるべきか、という質問には、賛成が32・7％、現状のままでよいとする人は43・1％、今より条件を厳しくすべきと考える人は18・3％に過ぎない。

日本には社会的統合や多文化共生に関する法律は存在せず、在留外国人の社会統合を国レベルの制度は支援していない。例えば日本語教育への支援[37]は、外国人労働者が多く住む自治体にほぼ丸投げしている状況だ。そのような中で、日本人の外国人労働者受け入れに対する意識は必ずしも否定的とは言えない一方で、外国人側の意識はどうだろう。永吉（２０２１）[38]の調査では、少なくない割合の外国籍者が日本社会で差別を経験している。差別を禁止する法律に関しては、２０１６年にヘイトスピーチ規制法や部落差別解消法が成立したものの、どちらも罰則規定を持っていない。差別を受けたことのある外国人は日本への帰属意識を失うことも指摘されている。

外国人の社会統合の程度や権利保障について国際比較をした指標として、移民統合政策指数（Migrant Integration Policy Index：ＭＩＰＥＸ、以下ＭＩＰＥＸ）[39]がある。欧州諸国やアジア、南北アメリカ、オセアニア諸国等56カ国について、８分野（労働市場、家族結合、教育、政治参加、永住許可、国籍取得、差別禁止、保険医療）の評価を行い、社会全体における統合を促進する政策を測定、指数化したものである。[40]基本的権利などについて、その好ましさから10のグループに分類しており、日本の評価は47（／100）でグループ7の「統合なき受入れ：やや好ましくない」（Immigration without integration: Halfway unfavourable）に分類されている（このグループ7は日本のみ。全体では56カ国中35位）。特に、差別禁止、教育、政治参加における評価がとても低いのだ。一方、イタリアは58（／100）で、フランス、ドイツ、イタリア、オランダ、イギリスと共にグループ3「一時的な統合：やや好ましい」（Temporary integration: Halfway favourable）に分類されている（56カ国中14位）[41]。このグループの評価は、移民は基本的権利と平等な機会を享受しているが、国が移民に安定した将来を保証するものでなく、平等な隣人として見るよう促す政策を採るものの、市民（potential citizens）ではなく外国人として見るよう促す国々、である。他方、日本の評価の低さは、そもそも「移民」受け入れ国であることを否定していることが原因であり（このことはＭＩＰＥＸ評価にも明記されている）、イタリアでは移民が基本的権利と平等な機会を享受していることを考えると、日本はイタリアから学ぶ点が多いはずだ。他方、イタリアも個別に見れば、政治参加と国籍取得のしやすさについては評価が低い。コニーリョが語った「認識の歪み」だろうか。

日本人は、先に紹介した国内の意識調査を見る限り、日本に外国人差別があることを認識しつつも、あくまでもそれは「自分の意識からくるもの」というよりは「観察した」ものであり、強烈な否定感情ではなさそうだ。一見、比較的おおらかな態度でいるが（あくまで他人事であり自分事として考えていない可能性もある）、他方、移民を認めない政府方針を反映してか、平等に対する意識が希薄であり、外国人労働者の日本に対する帰属意識を必ずしも醸成するような環境ではない。前節（第5章 イタリアの事情2・3）の結論で、コニーリョは「（社会）統合は自動的になされるものでも、コストなしに行えるものでもなく、適切なリソースとポリシーが欠かせない」と語った。日本は外国人労働者を必要とし、すでに不可欠な存在になっているにも関わらず、適切な（社会統合のための）リソースとポリシーを持たず、それをつかさどる司令塔もなく、私たち自身もコストを負担する覚悟を持てないでいる。イタリアが直面する移民社会の切実さから見ると、日本はいかにも周回遅れに映るが、その分、社会を二分するような議論もないことは幸せだろうか。何も見ない・考えないことをコニーリョは有害で偽善と指摘しているのであって、イタリアの経験から学べることは、適切なリソースとポリシーを日本こそ持つ時期に来ている、ということではないだろうか。

コラム「イタリアを知る」#5

イタリアの文芸

ルネサンス、バロック期のイタリアの文芸は、それだけで一冊の本が余裕で書けるほど豊穣なのだが、ここでは19世紀以後のイタリアの音楽、美術、文学、映画について簡単にまとめておきたい。

ジョアキーノ・ロッシーニ、ヴィンチェンツォ・ベッリーニ、ガエターノ・ドニゼッティ、そしてジュゼッペ・ヴェルディと、19世紀のロマン主義の時代にイタリア音楽界を席巻したのはオペラである。とりわけヴェルディは当時のリソルジメント運動と絡めて「国民の父」として敬愛された。『ナブッコ』の「行け、我が想いよ」はオーストリア支配のミラノの悲嘆を間接的に表現したとして熱狂的に迎えられ、第2のイタリア国歌とまでいわれる。ほかにも『リゴレット』『椿姫』『アイーダ』など多くの傑作が残された。ヴェルディ以後も、ジャコモ・プッチーニの甘美な旋律美を特徴とする『トスカ』などの諸作品、さらにルッジェーロ・レオンカヴァッロやピエトロ・マスカーニらの写実主義的なヴェリズモ・オペラへと伝統は受け継がれてゆく。20世紀イタリアでは器楽作品に力を注いだ作曲家の活躍も目立った。世紀の前半では、アルフレード・カゼッラやイルデブランド・ピツェッティらもいるが、最も名高いのはオットリーノ・レスピーギである。『ローマの松』などの華麗な響きの交響詩や、ルネサンスやバロック音楽の編曲作品が名高い。20世紀後半には前衛的なルイージ・ダッラピッコラ、ゴッフレド・ペトラッシ、ルチアーノ・

レーガ『民謡を歌う女たち』

出所：近代美術館（フィレンツェ・ピッティ宮）蔵

ベリオらが活動した。

　リソルジメント運動は美術にも影響した。１８５０年代半ばにフィレンツェのカフェ・ミケランジェロに集った画家たちはマッキアイオーリと呼ばれ、バルビゾン派に影響を受け、印象派に先立ち外光の下で点描画を試みたが、その背景には愛国的なリアリズムへの志向があった。テレマコ・シニョリーニはトスカーナの風景画を、シルヴェストロ・レーガは平穏な家庭画や女性画を、ジョヴァンニ・ファットーリは農村の風景や家畜を描いた。20世紀になると非常に個性的な画家が多数出現し、百花繚乱となる。個性的な肖像画で知られるエコール・ド・パリの画家アメデオ・モディリアーニ、幻想的な「形而上絵画」を描き、シュルレアリスムの祖とされるジョルジョ・デ・キリコ、時代に抗って黙々と静物画を描いたジョルジョ・モランディ、前衛的な未来派に属するジャコモ・バッラ、カルロ・カッラ、ジーノ・セヴェリーニらはとりわけ知名度が高い。

　19世紀のイタリア文学では、ロマン主義のアレッサンドロ・マンゾーニ、次いで自然主義のジョヴァンニ・ヴェルガがよく知られている。世紀末から20世紀初めには、ファシズムの先駆者ともいえるガブリエル・ダヌンツィオが『死の勝利』など退廃的な作品を書き、三島由紀夫ら日本の近代文学に大きな影響を与えた。戦間期から第二次世界大戦後にはネオ・レアリズモの文学が主流となり、『故郷』『美しい夏』で知られるチェーザレ・パヴェーゼを筆頭に、ノーベル賞作家のグラチア・デレッダやルイジ・ピランデッロ、巧みな心理描写により現代人の倦怠と退廃をえぐったアルベルト・モラヴィアらが活躍した。幻想文学も台頭し、『タタール人の砂漠』のディーノ・ブッツァーティはイタリアのカフカともよばれ、国民的作家イタロ・カルヴィーノはSF、実験的作品など多彩な作風を展開した。詩人にはジュゼッペ・ウンガレッティやサルヴァトーレ・クァジーモドらがいる。現代では、緻密に書かれた歴史小説『薔薇の名前』で知られるウンベルト・エーコや、幻想的叙情的作風のアントニオ・タブッキが重要である。

イタリア映画の歴史は古く、20世紀の初頭には早くも短篇歴史映画が製作されていた。1930年代にベニート・ムッソリーニによって映画撮影所チネチッタがローマに建設され、併せて映画学校なども作られたことで、イタリア映画は一気に興隆する。第二次世界大戦前後は芸術思潮と呼応して、厳しい現実を写実するネオ・レアリスムの作品が多く製作された。ロベルト・ロッセリーニの『無防備都市』『戦火のかなた』や、ヴィットリオ・デ・シーカの『自転車泥棒』などが代表的作品である。やがて経済発展にともない、コメディ（ピエトロ・ジェルミの『イタリア式離婚狂想曲』など）、マカロニ・ウェスタン（セルジオ・レオーネの『荒野の用心棒』『夕陽のガンマン』など）やホラー映画など、娯楽性を高めた作品が流行するが、一方では作家の美的感覚の追求を目的とした、大衆に迎合しないアート・フィルムとよばれる作品も作られ、フェデリコ・フェリーニの『道』『甘い生活』などがその代表例である。また『山猫』などのルキノ・ヴィスコンティの作品は重厚かつ唯美的で、芸術性と大衆性を兼備したものであった。近年のイタリア映画では『ニュー・シネマ・パラダイス』や『ライフ・イズ・ビューティフル』がハリウッドでも高く評価された。

フェリーニ『道』

出所：IVC 社　DVD パッケージ（2002 年）

【註】

（1）この単純化によって省かれる2つの要素は、互いに補い合っている。実際、一方では、非金銭的な移住コスト（故郷や愛する人から離れることによる移民の幸福度の低下など）の存在が移住のパフォーマンスを低下させるとすれば、移民の直接的な利益（例えば、より豊かで、より安全で、より質の高い生活の国に住むことに関連する幸福度）がそれを増加させる。2つの要素の正確な計算は主観的なものでしかなく、個人ごとに異なる。ここでは平均してそれらの要素のもたらす効果がほぼ同じ場合を考える。

（2）ここでの計算が、現在いる移民が出身国へ帰国することを検討し、その結果として受け入れ国への移民量を減らすことを可能にするような実際の資源の流れを過小評価していることは明らかである。実際、移民の恩恵は「移民労働者を貧困から救う」ことだけにはとどまらない。また、すべての貯蓄が送金されるわけでもない。最後に、多くの送金は非公式なチャネル（非公式のオペレーターや直接輸送など）を通じてなされるため、すべての送金が「測定可能」であるとは限らない。これらの非公式送金の総額は不明であり、既存研究による推定値は、国と対象期間に応じて、35％から２５０％の範囲にまたがっている。イタリア銀行によると、わが国の非公式送金は、特にイタリアに近い国への非公式送金については、正式な送金額の10～30％を占めているとのことである。Oddo G., Magnani M. Setimo R. & Zappa S. (2016), "The remittances of foreign workers in Italy: an estimate of the invisible flows of the "informal channel"", *Questioni di Economia e Finanza* (Occasional papers), Issue 332 – June 2016を参照されたい。

（3）政府開発援助（ＯＤＡ）の算定は、ＯＥＣＤのデータ（https://data.oecd.org/oda/net-oda.htm）に基づいている。

（4）Docquier F., Machado J. & Sekkat K. (2015), "Efficiency gains from liberalizing labor mobility," *Scandinavian Journal of Economics*, 117(2), pp.303-346. を参照されたい。

（5）フィン・タープと他の共著者による最近の研究は、援助効果に関する何百もの実例に基づくもので、援助と成長の間に正の関係があることを立証した。詳細は、Mekasha T. J. & Tarp F. (2018), "A meta-analysis of aid effectiveness: Revisiting the evidence," *WIDER Working Paper Series* 044、世界開発経済研究所（ＵＮＵ－ＷＩＤＥＲ）を参照されたい。開発援助の有効性に関する批判的見解の例としては、William E. (2006), *The White Man's Burden: Why the West's Efforts to Aid the Rest Have Done so Much Ill and so Little Good*. New York, Penguin Press がある。ただし最近では、それほど批判的ではない見方の文献が出てきている。

（6）データは、世界銀行の統計から取得できる。

（7）イタリアの送金の経済効果に関して歴史的な視点から書かれたジーノ・マッスーロの興味深いエッセイを参照されたい。Massullo G. (2001), "Economia delle rimitta, capitolo 10," in Bevilaqua P., De Clementi A. & Franzina E. (eds.) *Storia dell'emigrazione Italiana, Partenze*, pp.161-183, Donzelli Editore, Rome.

（8）イタリアでの不法移民の旅費は、手段、時間、そして何よりもその安全性に依存する。場合によっては密入国への対価は、送り出し国の一人当たりの平均所得の10倍にもなる。これは一部の家族だけが耐えられる非常に高くてリスクの高い投資といえる。詳細については、Chiuri M., Coniglio N. & Ferri G. (2007), *The Army of the Invisibles: Economic Aspects of Illegal Immigration*, Il Mulino, Bologna も参照のこと。

（9）Dao T-H., Docquier F., Maureld M. & Schaus P. (2018), "Global Migration in the Twentieth and Twenty-first Century: the Unstoppable Force of Demography," *Discussion Paper 2018-3*, Institute de Recherches Économiques et Sociales de l'Université catholique de Louvain を参照されたい。

（10）これは、前述の Docquier F., Machado J. & Sekkat K. (2015) による研究を指す。この研究は、他の先行研究とは異なり、国際的な移動に対する法的障害がない場合でも、高い移住コストが存在することを考慮している。したがって、世界のＧＤＰへの影響の推定値は、ＧＤＰの+50%から+150%の範囲など、以前の推定よりもはるかに抑制されているが、信頼性が高いものとなっている。Clemens M. A. (2011), "Economics and Emigration: Trillion Dollar Bills on the Sidewalk?," *Journal of Economic Perspectives* 25, pp.83-103 も参照されたい。

（11）Alesina A., Miano A. & Stantcheva S. (2018), "Immigration and Redistribution", *NBER Working Paper* #24733.

（12）国連が１９４８年に「すべての人民にとって達成すべき共通の基準」として採択した「世界人権宣言」では、人間が享有すべき市民的、政治的権利の１つとして、移動の自由・避難する権利・国籍を持つ権利、を規定している。

（13）しかし国際法では、国家は誰を入れ誰を入れないか、選別する権利を持つ、とされる。

（14）賃金レベルが低く就労機会の少ない国から（プッシュ）、賃金レベルが高くて就労機会もあり豊かに暮らせる国（プル）へ移動が起きる、とする労働移動を説明する基本的な理論。

（15）Sassen S. (1988), *The mobility of labor and capital: a study of international investment and labor flow*, Cambridge University Press.

（16）発展途上国が比較優位に基づき、労働集約的な財を生産し輸出することによる工業化を進めることで経済発展を目指す政策。

(17) ジュネーブ国際開発高等研究所のスロボダン・ジャジックによれば、移民として出国する人数（縦軸）と所得（横軸）の関係が逆U字型であることを示している。Djajic S., Kirdar M. G. & Vinogradova A. (2016). "Source-country earnings and emigration," *Journal of International Economics*. 99. pp.46-67.

(18) イタリアのケースは２０１３年から２０１７年の5年間を対象としていたが、なるべく直近のデータを使うため、日本の直近のＯＤＡ実績が２０１７年から２０２１年であることから、送金実績も同じ期間のデータを利用した。

(19) 当然のことながら、年によって送金金額は異なる。

(20) これがどれほどの規模感になるかＧＤＰで比較してみると、２０２３年単年で59・３億ドルが日本から送金されており、同年ＧＤＰの０・１％に相当する。因みにイタリアは同じ年の実績でみるとＧＤＰの０・５％である。イタリアには５００万人を超える外国人がいることを考えれば、大きな違いはないように思える。

(21) 外務省国際協力局編、政府開発援助（ＯＤＡ）国別データ集２０２２による。

(22) 両国とも、ＯＥＣＤのデータ（https://www.oecd.org/en/data/indicators/net-oda.html）による。

(23) World Bank (2023). Remittances Remain Resilient but Are Slowing. Washington DC. １ドル１５５円換算で約１００兆円。

(24) 世界銀行の分類による。２０２２年の一人当たり所得US$１、０８６～US$４、２５５の国々。

(25) 佃陽子（２０２４）「１９３０年代の在米日本人による郷里送金：横浜正金銀行ロサンゼルス分店の送金票の分析から」『効用論集』成城大学法学会、32、75－89頁。

(26) 三菱ＵＦＪ銀行によれば、１９２７年当時の１円は企業物価指数をもとにすれば６３６円の価値がある。https://magazine.tr.mufg.jp/90326

(27) 前傾佃（２０２４）によれば、ロサンゼルスで日本語を学び、東京商科大学を優秀な成績で卒業後、日本郵船に就職した二世の例が語られている。

(28) 外務省調査部（昭和十年二月）「海外在留邦人送金額調査（昭和八年中）」。

(29) https://www.worldbank.org/en/topic/migration/brief/remittances-knomad, https://prosperitydata360.

worldbank.org/en/indicator/WB+KNOMAD+BRE 等を参照。

（30）日系ブラジル人が大量に解雇され、失業者が増えたことに対し、日本政府は帰国支援事業を２００９年４月から実施した。失業者本人に30万円、扶養家族に１人当たり20万円の帰国支援金を支給した（https://www.mhlw.go.jp/houdou/2009/03/dl/h0331-10a.pdf）。以後、日系ブラジル人の在留者数は危機以前の31万人から１年半後には約23万人へと急激に減少した。

（31）２０１９年の実績。筆頭はインド、次いでバングラデシュ、フィリピン、ミャンマー、インドネシアの順。外務省国際協力局、２０２０年版開発協力参考資料集による。https://www.mofa.go.jp/mofaj/gaiko/oda/files/100199622.pdf

（32）２０２３年のベトナム一人当たりＧＤＰは４，２８５米ドル。外務省ベトナム社会主義共和国基礎データによる。

（33）国境を越えて移動する人々の人権に関して国際スタンダードを設けようとする試みは、すでに国連によって１９９０年に「全ての移住労働者及びその家族の構成員の権利の保護に関する国際条約」（United Nations Convention on the Protection of the Rights of All Migrant Workers and Members of Their Families）が採択されている。しかし、発効に至ったのは２００３年、欧米や日本など先進国の批准・加盟は皆無だったし、現在も署名批准していない。その理由を外務省は「移住労働者権利条約については、我が国は移住労働者及びその家族の権利の保護を図ろうとする同条約の理念そのものは理解しているが、一方、同条約は移住労働者に対して、国民や移住労働者以外の外国人に対して保障する以上の権利を保障する内容となっていることを含め、同条約の締結については、平等原則、我が国の国内諸制度などとの関係の観点から、十分慎重な検討を要すると認識している。」と説明している。外務省：The Government of Japan Mid-term Report on the progress made in the implementation of the recommendations issued at the third cycle of the Universal Periodic Review as of April 2020, https://www.mofa.go.jp/mofaj/files/100371883.pdf

（34）UNHCR (2018), Press Releases: States reach historic deal for refugees and commit to more effective, faire response. https://www.unhcr.org/us/news/news-releases/states-reach-historic-deal-refugees-and-commitmore-effective-fairer-response

(35) Hatton J. T. (2007), "Should we have a WTO for international migration?," *Economic Policy*. 22(04), pp.339-383を参照のこと。WTOのような枠組みを持った移民問題に関する国際協力が進まないのは、移民に関する交渉においては互恵性が欠如しており、その理由は移民は貿易のように比較優位ではなく絶対優位によって起きるからだと考察している。

(36) 前身は1951年、欧州からラテンアメリカ諸国への移住を支援するために設立された組織。以後、活動範囲が世界に拡大して数度の名称変更を経て、2016年、難民・移民が国境を越えて移動せざるを得ない危機的な状況を背景に「難民と移民に関する国連サミット」(「難民と移民のためのニューヨーク宣言」が出されている)の際に国連の関連機関となった。https://japan.iom.int/who_we_are

(37) 文部科学省の調査によれば、日本語指導が必要な児童生徒数は69、123人で年々増加している。また、日本語指導が必要な高校生の中退率は8・5%(全高校生は1・1%)、大学進学率が46・6%(同75%)、非正規就職率も38・6%(同3・1%)であり、不利な状況にある。進学も就職もしていない者、いわゆるNEET率も11・8%で、全高校生(6・5%)と比較して非常に高い。このまま放置しておいていい状況ではない。文部科学省「日本語が必要な児童生徒の受け入れ状況等に関する調査(令和5年度)」の結果について(令和6年8月8日)、https://www.mext.go.jp/b_menu/houdou/31/09/1421569_00006.htm

(38) 永吉希久子(2021)『日本の移民統合:全国調査から見る現況と障壁』明石書店。

(39) 最新版は2020年。https://mipex.eu/

(40) 国際比較にはOECDの調査等他にもあるが、MIPEXが最も包括的な内容を備えている。詳しい分析は近藤敦(2022)「移民統合政策指数(MIPEX2020)等にみる日本の課題と展望」『移民政策研究』、14、9-22頁を参照のこと。

(41) グループ1のトップ5は、カナダ(80)、フィンランド(85)、ニュージーランド(77)、ポルトガル(81)、スウェーデン(86)。

第6章　壁と海上封鎖による移民締め出し政策

1．イタリアの事情

1・1　移民を止めるには

移民の流入を止めることはできるだろうか？　イタリアの移民の数を大幅に減らすことは可能なのか？　答えはイエスである。しかしその戦略は非常に高い代償を伴う。移民を抑制する唯一かつ最善の方法は、より貧しい国になることである。それが実現できれば、イタリアは移民にとって魅力のない目的地になるからだ。同様のことは日本についても当てはまるだろう。

これまでの章で見たように、強制移住を除外すると、労働者の国際間移動は、主に目的地の国に経済的機会があることに対しての直接の反応であると言える。壁や有刺鉄線、制限的な移民政策などの障壁を、高所得国で働く機会を掴もうとする人々との間に課すことは、移民を止めるどころか、移民の本質を変えてしまうことになる。これらの障壁は正規の合法的移民を阻止する代わりに、非合法の移民を増やしてしまう。不法移民斡旋業者と、これらの人々の集団を搾取しようとする人々にとってだけ、こうした障壁は大いに役立つものとなるだろう。移民自身も、送り出し国も、そして何よりも受け入れ国にとっても、障壁を設けることはほとんどプラスにならない。

1・2　壁や海軍による封鎖の有効性

近年、イタリアのメディアは、移民、とりわけ不法移民現象を、大きく歪曲された形で報道する傾向があるようだ。不法移民ないし偽装難民が地中海の対岸からボートやゴムボートで到着したニュースは、実に詳細かつ大々的に報道される。彼らを救助するためにドイツの非政府組織（ＮＧＯ）であるシー・ウォッチの数十人乗りの船がやってきた際には、イタリアだけでなく他のヨーロッパ諸国のテレビ番組を占拠するほどの過熱した報道ぶりで、新たな景気後退局面の可能性や英国王室の結婚式の話題よりも多くの時間枠が費やされた。また地中海で救助され、イタリア政府によって沿岸警備隊の船ディチョッティ号に嵐の海上で数日間拘束された１７７人の難破者についても、同様な報道がなされた。こうした偏った報道が、アフリカから逃れて地中海を渡ろうと企てている人々の大群を警戒するという、イタリア世論を形成したことは疑いない。

ほとんどの国民は、不法移民の侵入口は外部国境、つまりイタリアの場合は海岸、米国の場合はメキシコとの国境線であると思っているが、実際にはそれは間違っている。イタリアやヨーロッパの不法移民のほとんどは、最初は通常のビザで合法的に入国するのであり、特に地中海ルートから不法入国する人は少数派である。(1) 米国でもこの点は変わらない。移民研究センターによると、不法入国者の65%は、正規ビザ取得による入国後の不帰国、いわゆるビザ超過滞在者である。メキシコ国境での不法入国者の摘発は、２０１８年には40万人に減少した。１５０万人以上を記録した90年代末を頂点に、特に２００９年の金融危機以降、着実な減少がみられる。トランプ政権によるメキシコ国境の新しい壁の建設は、特定のルートを塞ぐことにつながるかもしれないが、全体として不法移民を止めることはできないだろう。

もう1つの広く行き渡った誤認は、不法移民を支える仲介ブローカーの組織は単一のグローバル組織で、人身売買マフィアであるというものだ。現実には、一部のマフィアは移民の密入国をビジネスとしているものの、不法移民産業は広く細分化されていて、それぞれが広範で異質な顧客に多様なサービスを提供している。いくつかの科学的研究によれば、イタリアへの不法移民の経路のほとんど、特に中央地中海ルートには、移民を出生地からヨーロッパに輸送する単一の独占的で上意下達の組織は存在しない。実際には、小さく分割されたローカル・グループが仲介業務を行っている。不法移民はたいていの場合、長い旅路の折々の段階で、これらの密入国業者に個別に金銭を支払う。これらの独立したグループは互いに結託し、さまざまな段階で協力して行動する。彼らはしばしば競い合って不法移住を実現できるよう斡旋するサービスを提供する。(2) このように斡旋業者が多中心的であることは、不法移民を阻止しようとする政策当局に2つの困難をもたらすことになる。第一に、不法就労斡旋組織を取り締まる警察活動は、それを止めることはできないと考えられることである。なぜなら警察活動によって一部の事業者を撤退に追い込んだとしても、その業者が持っていた市場シェアを吸収する他の競合他社が簡単に取って代わると考えられるからである。第二に、場合によっては、一部の斡旋組織を解体すると、担い手の不足から、移民（とその家族）が業者に支払う価格が上昇し、残った斡旋組織の所得が高くなる可能性がある。この値上げは必ずしも不法就労者の全体量を減少させるわけではないが、他の手段（例えば偽の文書や偽の結婚式など）や他のより怪しい事業者を介した移住を後押しすることになるのは確かだろう。それが時には、はるかに高いリスクを伴いうるとしても、である。

1・3　壁が増えれば、不法移民が増え、結果誰もがコストがかさむ

移民の流入を制限する政策を強化すれば、合法的な移民を非合法な移民へと変えてしまうことになる。不法移民の増加は、明らかに多くの深刻な社会問題を引き起こすことになるだ

ろう。第一の問題として、不法移民は、職場でも、家を借りるときでも、さまざまなサービスを必要とするときでも、必然的に相手に対して弱い立場に置かれるが、この不平等は、搾取や雇用の不安定さにもつながる。実際に搾取は不法移民がいる労働市場において広がっており、例えば外国人農業労働者が搾取されることは、イタリア人の農業労働者への搾取をも生んでおり、農業労働者全体の立場の弱さを際立たせるものとなっている。

第二の問題は、第一の問題の結果であり、不法移民への社会的統合が生まれないという問題である。これまでの移民の歴史、あらゆる場所、あらゆる時代での経験を鑑みれば、社会的統合の過程は、職場、余暇の場、学校、日常の出会いなどで、移民たちと既住民とが相互に作用し合うことによって促進されてきたことを知ることができる。しかし非合法という身分の下では、社会の周縁部での生活を余儀なくされ、摘発される恐怖や資金の不足から、受け入れ社会との接触を避けざるを得ない。このため統合を目指す社会は「キメラ」になり[3]、社会経済的分離が促進されることになる。

第三の問題は、治安の問題である。法そのものによって影の中で生きることを余儀なくされている個人の方が、法に反する行為を犯す傾向は強い。不法移民が治安を悪化させるのは、不法移民が社会的統合からはじかれているからである。

誰もが目にしてきたこれらの社会問題に加えて、経済効率の問題も議論の俎上に載せなくてはならない。効率性の問題はさまざまな視点からとらえることができる。例えば非合法移民の実際の移住経験から導くことができる経済行動という視点、送金をしてくれる労働者が移住することで社会経済開発の促進が可能になる送り出し国の視点、そして不法移民の問題が国民経済に及ぼす影響を重視する受け入れ国の視点の3つが挙げられよう。これら3つの側面は、理想的には、受け入れ国である先進国の移民政策の策定において考慮されるべきである。しかし、仮にイタリアが利己的に国民の幸福にしか関心がなく（イタリア人が第一）、それゆえに、移民自身とその出身国に対する不法就労の悪影響を無視しているとしよう。そのとき不法移民の経済効率の面から見たコストはどうなっているのだろうか。[4]第一に、不法移民の流入量が大きければ大きいほど、現代経済の成長の根幹をなす人的資本の量は低下する。[5]より規制的な移民政策をとっている国では、移民にとっては不法滞在をする可能性が高くなるので、結果として技術水準や教育水準の低い移民を引き付ける傾向がある。なぜならば、不法就労の状態では個人のスキルや能力をフルに活用できないからである。第二に、困難な状況を超えて到着した移民にとっては、不法就労という状態では必然的に人的資本に投資するインセンティブが低くなる。実際のところ、不法滞在者であるために、この先もどれだけイタリアに滞在できるか不確実である場合、その不法移民はイタリア語を学ぶ意欲が低く、知識とスキルに投資する努力を払わないだろう。生産性が低いことは、不法移民自身だけでなくイタリア経済にとっても不利益なことであり、彼がいるコミュニティに溶け込むこともより困難になるだろう。さらに、イタリアへの主な入国が不法な手段である場合、移民の2世でさえ人的資本への投資が少ない傾向がある。この現象はすでにイタリアの統計で確認されており、受け入れ社会への統合が困難で長期間を要した低技能移民の子どもは、中等教育や高等教育への入学率が低いことが示されている。

また、規制的な移民政策が不法移民を生み出すという悪循環は、いわゆる地下経済を生み出した。地下経済と不法移民の依存関係は、双方向に広がっている。地下経済の規模が大きければ大きいほど、不法移民の機会も大きくなる。一方では、就労許可証がないために定期的に雇用できない不法移民の集団の存在は、地下経済の主な活力源となるだろう。不法移民は、経済のインフォーマル・セクターで提供される機会を利用することしかできず、それゆえ、搾取される可能性が高く、最適とは言えないリスクの高い条件を進んで受け入れるしかない。このリスクに比べると、実際に労働者自身が当局に報告する雇用関係のリスクは、相当に過小なものである。

壁を作り、有刺鉄線を張るなど、規制的な移民政策を採用することは、望ましい結果（すなわち、移民の流入の減少）を達成できないだけでなく、何よりも、移民自身、送り出し国、受け入れ国など、移住する過程で関わるすべての関係者に非常に高いコストを課すことになる。富裕な国の門を閉ざす前に、このような保護主義の経済的、社会的、そして何よりも人的コストを認識する必要がある。

2. 日本の実情

2・1　日本の壁とは？

日本の場合、移民という存在を認めていないため、「不法移民」ではなく「不法残留者」と表現している。現在、日本にはその不法残留者が70、491人いる。(6) 1993年には約30万人であったが、以後、減少傾向が続いている（図表6－1）。1990年以降の増加は、グローバル化に伴って国際航空路の増便が続き、外国人入国者数が増加したことと軌を一にしている。また、日本の経済が成長し、貿易や投資がグローバルに移動する過程において、国境を越えた労働移動もまた活発になった帰結でもある。

戦後の経済復興過程において外国人労働者を必要としなかった日本は、1970年代以降に労働力不足に直面した時に、名目上は技術指導であった研修制度（1981年）を創設した。日本に入国するための新たな手段ができ、人の移動する流れを生むことになった。さらに1983年には、政府が打ち出した「留学生受け入れ10万人計画」もまた就労を目的とした入国の手段として使われた実態もある。(7) とはいえ、現在300万人を超える外国人が在留する日本において、不法残留者は数の上では2％程度に過ぎないことは、移民を受け入れて

図表６－１　不法残留者数の推移

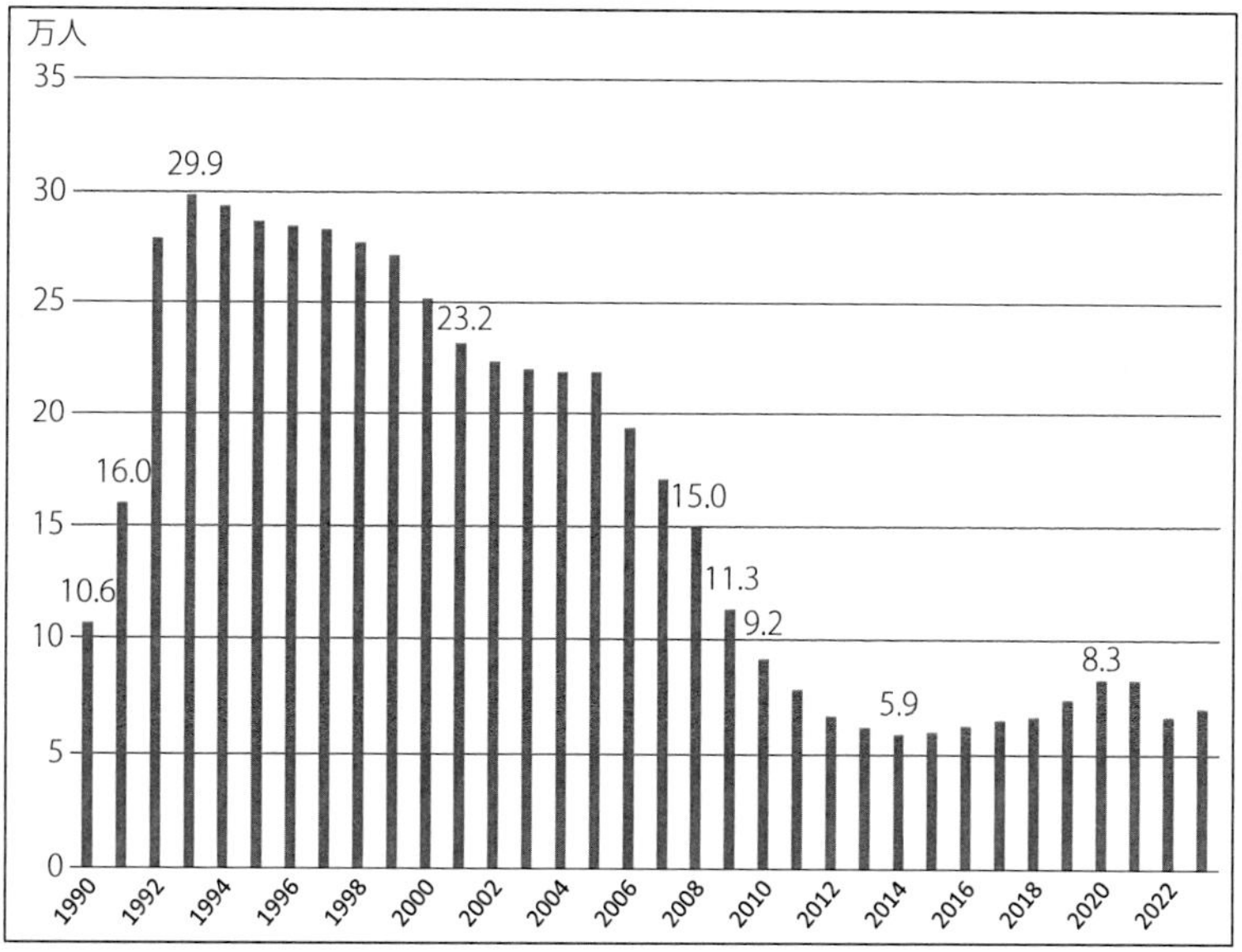

（注）1996年までは5月1日現在，1997年以降は1月1日現在。
出所：出入国管理庁『本邦における不法残留者数について』，各年より作成。

いるイタリアや米国とは事情が異なる。

　不法残留は入管法違反として計上される。入管法違反事件には、不法残留の他、不法入国、不法上陸、資格外活動、掲示法令違反、等があり、不法残留者がもっとも多く全体の90％以上を占める（図表6－2）。不法残留者は、合法の在留資格を持たない者を指し、多くが不法に就労している。不法就労とは、在留期限が切れても就労する場合、就労可能な在留資格を有していない者（観光等の短期滞在目的で入国した者や留学生、難民認定申請中の者）が就労する

図表６－２　入管法違反事件の推移

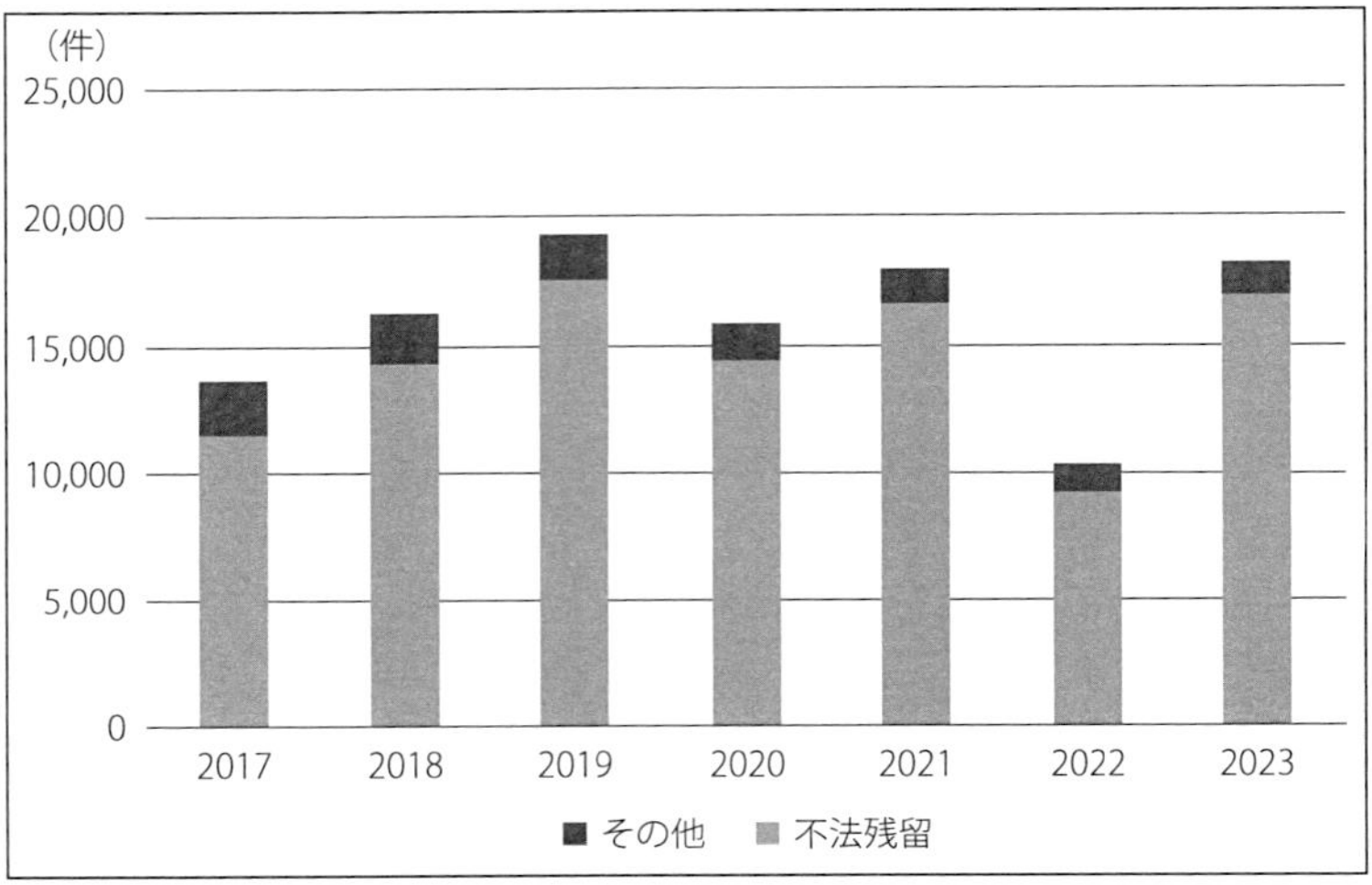

出所：出入国在留管理庁『本邦における不法残留者数について』各年より作成。

場合、在留資格の範囲を超えて就労する場合、[8]の３つを指す。

日本の国境はイタリアと同じ海岸線だが、イタリアの北部はＥＵ諸国と国境を接している点で事情は少し異なるかもしれない。日本の海岸線を突破して不法に入国（ないし不法上陸）するケースはごくわずかで、[9]この点は海岸線ルートから入国するケースがイメージに反してごく少ないイタリアと同じだ。

日本にも小型船を利用した集団密航という不法上陸が増えた時期があった。１９８９年には２、８００人を超える偽装難民が漂着、そのほとんどが中国人または中国に居住するベトナム華僑であった。そうした不法入国を仲介していたのが蛇頭[10]（スネークヘッド）と呼ばれる密航請負組織、いわゆるブローカーである。請負料（手数料）を目的として、密航希望者の勧誘、移動のための船舶や偽装旅券の調達、さらには日本上陸後の隠蔽やその後の不法就労の斡旋まで行っていたことがわかっている。

２・２　入国させたいブローカー、不法残留を一掃したい政府

国際労働力移動の研究では、合法であれ不法であれ、人の移動を仲介するブローカーを移住産業（migration industry）[11]として捉える。人々の国境を越える移動に必要となる資源やインフラを提供、ないし仲介して報酬を得る主体の総称である。海を渡って移動する場合には船が必要で、イタリアの場合は地中海ルート、日本の場合は日本海ルートを移動する手段を提供するブローカーが存在する。１９９０年代の集団密航は中国を拠点とする蛇頭（スネークヘッド）による事件が多かったことは、メディアでもしばしば取り上げられていた。日本では船舶による集団密航事件は、１９９７年から減少傾向にあるものの、発見されにくい少人数での密航やコンテナに潜伏する等、巧妙な手段へと変化している。さらに増えているのは、海路ではなく、空路でやってきて偽変造パスポートで入国し、そのまま日本にい続けるパターンである。不法移民（日本の場合は不法入国や不法在留）を支える仲介ブローカーが単一組織でないことは、イタリアと状況は同じで、例えば蛇頭の場合、指揮系統が異なる

組織が協力し合い、競い合ってビジネスを成立させている。[12]

現在、日本においては不法に入国する手段を提供する仲介ブローカーよりも、正規の在留資格である技能実習生として来日するプロセスに仲介ブローカーが関わることが問題視されている。在留許可を取得する手続きを請け負うブローカー等に手数料を支払うために、技能実習生は多額の借金を背負って来日するケースが多い。例えば、ベトナムの場合、技能実習生が来日前に仲介業者に支払うコストとして、一人当たり45万円から90万円程度とされる。[13]

政府による取り締まりに関しては、不法入国よりも不法残留が対象となる。2000年代に入ってから不法残留人数が減少し始めているのは（図表6－1）、出入国管理庁による「不法滞在者5年半減計画」（2004年～2008年）が奏功した。[14]偽造パスポート鑑識の強化や摘発の推進を行った結果である。[15]

こうした不法移民が受け入れ国の経済厚生にどのような影響を及ぼすか、についての研究は1980年代に蓄積が進んだ。その背景には、米国ではメキシコからの不法移民が社会的にも大きな課題になったことがあげられる。国境管理強化によって不法移民対策をすれば、受け入れ国の国民所得は向上するだろうか？　答えはノーで、国境管理の費用がかかり過ぎて厚生水準が上昇しない可能性を示唆する研究が相次いだ。[16]

イタリアや米国でそうであるように、日本でも合法的に入国した後に不法に残留するケースがほとんどである。イタリアではアフリカを逃れて地中海の対岸からやってくる不法移民や偽装難民の存在が、米国ではメキシコとの国境を越えて入国しようとする不法移民の様相が、また日本では不法残留外国人による犯罪報道が、それぞれの社会においてネガティブな世論を形成し、国境管理強化を求める空気を醸成する。しかし、実際のところ膨大なコストをかけて国境に壁を建設しても湾岸警備を強化しても、そのコストに見合う実入りは期待できないのだ。

2・3　社会的コストの背景には

一般的に不法移民が正規の労働市場の外側に置かれ、低賃金や長時間労働など弱い立場に置かれるのはイタリアも同じだが、日本の場合、技能実習生は転職できないという規制が不法残留を招く要因となっている。在留外国人のうち、技能実習生は永住者を除き最も多く日本に住んでおり、人手不足に直面する産業にとって重要な担い手である。主に、建設、食品製造、機会・金属、農業部門で働いているが、技能実習生は認められている就労部門以外の企業に転職できないため[17]、雇用主に対して弱い立場に立たされる。雇用主に遵法精神がなければ、低賃金や長時間労働に晒されることになり、結果、失踪して資格外就労や超過滞在で不法在留に陥るケースが生まれる温床になってしまう[18]。こうした規制的な外国人労働者政策が不法残留を生み出す悪循環になっているのは、先進諸国における移民政策の帰結と同じだ。

不法在留者・不法就労者が社会の周縁部での生活を余儀なくされることは想像に難くないが、そもそも在留外国人の社会的統合に関して日本は大いに疑問符がつく。在留外国人は労働者を必要とする産業が集積する地域に集住する傾向にあり、自動車産業が集積する愛知県や静岡県、群馬県等の都市[19]にコミュニティを形成している。1990年代、「いきなり隣に外国人が来た」豊田市保見団地[20]のような状況を背景に、外国人が集住することで課題に直面した都市が外国人集住都市会議を設立（2001年）、現在は11の都市が参加して外国人住民との共生に向けた取り組みを模索し続けている。日本社会での共生に関する取り組みは、ほぼこうした集住都市や地域に丸投げされているのが現状だ。

2・4　コストかベネフィットか

社会的な問題も、経済厚生の視点から見て受け入れ国経済に資するものであれば許容されるかもしれない。人的資本の蓄積は経済成長にとって重要な要素だが、もとより不法残留者が自身のもつスキルや能力を生かす職場に就くことは考えにくい。不法でなくとも、一般的に受け入れ国以外で取得した人的資本が適切に評価されない、いわゆる人的資本の移転可能性は、スキルレベルが低いほど低下することを示す研究がある。[21]他方、スキルの移転可能性が制約されるということは、働くことの機会費用の低下を通じて教育など人的資本への投資をしようというインセンティブが働く。しかし、日本の場合、就労するための在留資格は分野ごとに決められており、転職が可能となる労働市場の流動性が極めて低い。キャリアアップを目指して人的資本を蓄積するインセンティブは働かず、ましてや技能実習生などは数年後に帰国することを前提とした在留資格で就労している。そのような状況では日本語すら学ぶインセンティブは生まれにくい。

他方、生産性の低い技術しか持たない企業がスキルの低い外国人労働者を低賃金で雇用し、より高度な技術を導入するインセンティブを持たないのは当然だが、実際はどうだろうか。相対的に低い生産性を維持している企業が外国人労働者を導入すると、企業の存続にプラスの効果を持つことが示されている(22)。これは、産業構造の高度化を遅らせる可能性があることを意味し、本来であれば退出すべき企業が存続することとなり、望ましくない結果をもたらす。ただ日本の場合、スキルが低くても低賃金の労働力を欲する企業と技能実習生就労の結びつきは、外国人労働者政策がもたらす必然の結果と言える。

コラム「イタリアを知る」#6

イタリア系アメリカ人

第2章でくわしくのべられているように、19世紀から20世紀初頭にかけては、イタリアは労働力の送り出し国だった。その目的地は、アルゼンチン、ブラジル、アメリカ合衆国などであり、最も多いアルゼンチンとブラジルには他の民族との混血も含めて3、000万人ほどのイタリア系住民がいるとされる。サッカー界の英雄リオネル・メッシも父方の祖先がイタリア出身である。

アメリカにはイタリアにルーツを持つ人が1、780万人ほどいるとされるが、その中には各界で活躍する著名人も少なくない。政治分野では、第二次世界大戦中にニューヨーク市長を務め、空港名に名を残すフィオレロ・ラガーディア、20世紀末に同じくニューヨーク市長として、凶悪犯罪の撲滅に貢献したルドルフ・ジュリアーニの2人は、史上最も偉大なニューヨーク市長とされる。新しいところでは、トランプ政権時代に国務長官を務めたマイク・ポンペイオも曽祖父母がイタリア移民である。実業界では、ベストセラーのビジネス書『アイアコッカ：わが闘魂の経営』（徳岡隆雄訳、ダイヤモンド社、1985年）で知られる、クライスラー会長のリー・アイアコッカが名高い。南イタリア・ナポリ近郊からの裕福な移民の子であった。

イタリア系アメリカ人の最も華々しい活躍がみられたのは、芸能の分野である。映画監督のヴィンセント・ミネリ（代表作『巴里のアメリカ人』）、フランシス・フォード・コッポラ（代表作

『ゴッドファーザー』）、マーティン・スコセッシ（代表作『ディパーテッド』）、映画俳優だとレオナルド・ディカプリオ、アル・パチーノ、ジョン・トラボルタ、ロバート・デ・ニーロ、ニコラス・ケイジ、シルヴェスター・スタローンら、映画女優ならアン・バンクロフトらがいる。[23] 音楽の分野では、フランク・シナトラ、シンディー・ローパー、ヘンリー・マンシーニ、レディ・ガガの名前を挙げることができよう。

スポーツ界では、56試合連続安打のＭＬＢ記録を持つジョー・ディマジオがシチリア出身の貧しい移民夫婦の子。マリリン・モンローの夫であり、１９５４年新婚旅行で来日した際に、記者がモンローばかりに殺到したことにへそを曲げた逸話は有名である。49戦無敗の成績で史上最高のヘビー級ボクサーとされたロッキー・マルシアノ（映画『ロッキー』のモデルの１人とされる）、１９９５年に野茂英雄を迎え入れたロサンゼルス・ドジャーズの監督トミー・ラソーダもイタリア系である。

最後に誰もがその名を知る大物、アル・カポネをあげておこう。１９２０年代、禁酒法時代のシカゴで、ホテルを根城に酒を密造・販売し、賭博を主宰する犯罪組織を立ち上げ、対立組織や警察とは機関銃による血の抗争を行って、街を恐怖に陥れたマフィア（イタリア・シチリア島に起源を持つギャング集団、別名コーザ・ノストラ）のボスである。[24]

【註】

（1）不法就労を志す者たちの数は年によって大きく異なる。拘禁された者や送還された者に関するデータはこれを裏付けている。この点については、社会学者ジュゼッペ・シオルティーノの研究と、移民と亡命に関する欧州委員会の年次報告書を参照されたい。Sciortino G. (2004), "Between phantoms and necessary evils: some critical points in the study of irregular migration," *IMIS Beitrage*, 24: 17-44.

（2）不法就労斡旋業界については、数多くの調査・研究がなされている。特に興味深いのは、ケンブリッジ大学の学者パオロ・カンパーナ氏の研究で、２０１３年にランペドゥーザ島沖で３６６人の移民が命を落とした難破事故の後に始まった調査活動から得られた豊富な情報を使用している。Campana P. (2018), "Out of Africa: The organization of migrant smuggling across the Mediterranean," *European Journal of Criminology*, 15(4), pp.481-502を参照されたい。司法調査から得られたデータに基づくもう1つの興味深い研究として、Pastore F., Monzini P. & Sciortino G. (2006), "Schengen's Soft Underbelly? Irregular Migration and Human Smuggling across Land and Sea Borders to Italy," *International Migration*, 44(4)を挙げておく。

（3）ライオンの頭、蛇の尾、ヤギの胴をもち、口から火を吐くというギリシャ神話の怪獣。キマイラとも言う。ここでは、異なる遺伝子型の細胞が一個体の中で共存している状態を指す。

（4）不法移民のコストの詳細な分析については、Chiuri M. Coniglio N. & Ferri G. (2007), *The Army of the Invisible: Economic Aspects of Illegal Immigration*, Il Mulino, Bologna を参照。

（5）「移民という資源」を重視しない国は、カーネギーメロン大学の米国人エコノミスト、リチャード・フロリダが「人材をめぐる世界的な戦い」と呼ぶもの、つまり、人材を引き付けるための国、地域、都市間の競争に参加する可能性は低い。経済成長は生産性にかかっている。また、最も生産性の高い労働者は、多くの場合、国内および国家間の地理的移動が最も多い。

（6）出入国在留管理庁（２０２４）『本邦における不法残留者数について（令和6年1月1日現在）』https://

www.moj.go.jp/isa/publications/press/13_00032.html

（7）寺倉憲一（2009）「我が国における留学生受入れ政策―これまでの経緯と『留学生30万人計画』の策定―」『レファレンス』平成21年2月号、2－47頁、国立国会図書館、を参照のこと。10万人という目標は2003年に達成されたが、留学生の質の低下が懸念された。その後、高度人材獲得をめぐる議論を経て、2008年には留学生30万人計画が策定されるに至る経緯が考察されている。

（8）例えば、外国料理のコックや語学学校の先生として働くことを認められた人が工場の作業員として働く、等の場合が該当する。

（9）警視庁によれば、正規の入国ではなく、密航等の手段により不法に入国し、そのまま本邦に在留する不法在留者が計上不可能であることから、不法滞在者は相当な数に上るとされるが、実態は不明である。

（10）蛇頭の実態については、森田靖郎（2001）『蛇頭と人蛇―中国人密航ビジネスの闇』（東京：集英社）に詳しい。

（11）Harney R. F. (1977). "The Commerce of Migration," *Canadian Ethnic Studies*, 9(1). pp.42-53. 研究当初は不法移民を仲介する commerce of migration として概念化され、その後、合法・不法問わない仲介機能を指す概念へと発展してきた。

（12）陳天璽（2005）『華人ディアスポラ：華商のネットワークとアイデンティティ』明石書店。

（13）是川夕（2020）「誰が日本を目指すのか？：アジア諸国における労働力送出し圧力に関する総合的調査（第一次）に基づく分析」『人口問題研究』、76(3)、240－374頁。金額は仲介業者が国営企業か民間企業か、で変わるが、2次・3次の仲介業者を経由する場合もあり、その都度5－20万円ずつ増えていく可能性もある（368頁）。

（14）出入国在留管理庁（2009）『不法滞在者5年半減計画の実施結果について』。

（15）不法残留者の自宅に早朝に押し掛ける、駅における職務質問の頻発など、なりふり構わない摘発が行われた。加藤丈太郎（2017）「日本における非正規滞在者：APFSの活動を通して考える」『移民政策研究』、9、

１４０－１５２頁。

(16) 例えば、Ethier W. J. (1986), "Illegal Immigration: The host-country problem," *The American Economic Review*, 76(1), pp.56-71, Kondoh K. (2000), "Legal migration and Illegal migration: The effectiveness of Qualitative and Quantitative Restriction policies," *Journal of International Trade and Economic Development*, 9, pp.227-245, Hiraiwa E. & Tawada M. (2003), "A further analysis on the welfare effects of illegal immigration," *Journal of Economic Integration*, 18(2) pp.420-432. を参照。

(17) 技能実習先で実習継続が困難な場合は、技能実習の運営・管理を行う外国人技能実習機構（ＯＴＩＴ：Organization for Technical Intern Training）が新しい移転先の調整や支援を行うが、技能実習生自身が自発的に転職（ないし転籍）することは認められていない。

(18) 失踪事件は増加している。法務省によれば、２０１２年には３、５６６件だったが、10年後の２０２２年は９、０６６件へと増加。賃金不払いや長時間労働等、労働基準法に違反する行為に加え、パワハラや暴力等、人権侵害行為への批判も多い。こうした批判を受け、政府は技能実習制度に代わる育成就労制度を創設し（２０２４年9月現在、施行日は未定）、本人の意向による転籍も認めることとしている。

(19) 東京都には在留外国人の19・5％、愛知県には９・２％が住んでいる。人口における構成比が３％を超えるのも東京都、群馬県、愛知県、三重県。市町村レベルでは、在留外国人の人口における構成比が６％を超える地域も少なくなく、群馬県大泉町は人口の18％を占める。

(20) 愛知県豊田市の西端に位置する集合住宅地区。７、０００人近くの住人のうち約半数を外国人、なかでも日系ブラジル人が多く住む。１９８９年の入管法改正で日系人労働者に就労の門戸が開かれたことによって、製造業に従事する日系人が急増した。同団地で日系人の子ども達への日本語教育を中心に活動するＮＰＯ法人トルシーダ代表理事の伊藤浄江氏は、１９９０年当時の団地に起きた混乱を「なんの前触れもなくいきなり隣りに外国人が来た」と表現する。

(21) Lehmer F. & Ludsteck J. (2011), "The Immigrant Wage Gap in Germany: Are East Europeans Worse Off?,"

International Migration Review. 45(4). pp.872-906. ドイツにおける東欧諸国からの移民を対象とした研究である。

(22) 前掲（第1章）中村ら（2009）。

(23) ニコラス・ケイジが主演する『月の輝く夜に』（1987年MGM、ノーマン・ジュイソン監督）は、ニューヨーク・ブルックリン地区のイタリア系移民社会の人間模様を描くラブコメディ。メトロポリタン・オペラでプッチーニの『ラ・ボエーム』を鑑賞するシーンがあり、ケイジとシェールの2人ともが目を見張るほどに素敵にドレスアップする。イタリア系の人にとってのオペラは、魂に根付いた演歌なのだろう。『ゴッドファーザーPART3』のクライマックスでも、シチリア島パレルモのマッシモ劇場の大階段で、マフィアのドン、マイケル・コルレオーネ（アル・パチーノ）を狙った暗殺者の銃弾が逸れて、最愛の娘に命中する悲劇のシーンでは、マスカーニの『カヴァレリア・ルスティカーナ』の音楽が悲痛に響き渡り、絶妙の効果をあげている。

(24) 南イタリアの犯罪組織には、マフィア以外に、ナポリ発祥のカモッラ、カラブリア州発祥のンドランゲタがある。

第7章 望ましい移民政策とは

1．イタリアの事情

1・1 移民と共生する未来

前章では、移民が、特に合法である場合に、受け入れ国の経済厚生にどのようにプラスの役割を果たすかを見てきた。特にイタリアや日本のような人口減少国にとっては、移民の受け入れによって誰もが同じように恩恵を受けるわけではないが、移民の成果を主な「勝者」から「敗者」に再分配する政策をとることで、コミュニティ全体にとって移民の受け入れがプラスになる可能性が高い。

移民の流入は今日では避けられないものとなっている。経済的、社会的、人口動態的な格差が拡大している現状では、移民を止めることは不可能である。アフリカ大陸では、世界の他の地域ですでに経験した人口動態の変化に、現在直面しているが、アフリカからの侵略に直面する危険があるわけではなく、これを怖がる必要はない。かつてのアジアの爆発的な人口増加を思い浮かべてほしいが、過去の人口動態ブームは、時に大量の移民の流れを生み出したことは事実である。しかしメディア（そして恐怖を煽る政治家）がしばしば報じるような、絶望的な人々の大群が到来したことはない。今回も過去の事例と違うと考える理由はなく、それどころか、世界にはすでに新しい、より豊かな（または急成長している）地域が出現しており、そちらへ移動する人々の数が増える可能性がある。例えば中国では、人口増加のサイクルが一段落し、間もなく移民労働力の受け入れの必要性が高まると考えられる。他のアジア諸国でも同様であり、例えば韓国の少子高齢化の進展がきわめて急速である。

今後数十年のヨーロッパ（および日本をはじめとしたアジアの裕福な国々）の未来は、移民と共生する未来ともなるだろう。私たちは、この人の流れを重要な資源に変えることで、私たちの経済厚生を高めようとするのか、それとも取り締まるための非正規の軍隊を増やすかを選択することができる。この第二の道がもたらす社会的影響だけでなく、経済的影響についても明確にしておくことは必要であり、将来を考えるうえでとても良いことであろう。

今後数年間にイタリアおよび他の先進諸国に影響を与える移民にどのように対応することができるのだろうか。

1・2　合法移民の奨励：短期的政策

移民問題は基本的に労働市場の需要と供給の問題である。移民の大量の流入は、先進国の家庭や企業からの外国人労働力に対する旺盛な需要を背景としており、また提供された仕事に就く外国人の意欲に応えるものとなっている。先進国政府は、この市場機能が停止し、機能不全にならないように、統制することが求められる。

一時的ないし短期限定の移民受け入れ制度は、移民の流入に伴う経済的恩恵を享受すると同時に、非正規移民のコストを回避するための効果的なツールである。この制度では、一定数の外国人労働者に就労のための一時滞在ビザが発給される。過去には、ドイツで雇用された何千人ものイタリア人やトルコ人労働者、季節労働者を募集する米国の「ブラセロ」プログラムなどで、これらのスキームが広く使用されてきた。しかし、このような制度への評価はしばしば非常に批判的なものがある。「一時的な移民制度ほど恒久的なものはない」と言う人もいる。言い換えれば、これらの制度は一時的な受け入れを前提としたものだが、多くの移民労働者は、ビザの期限が切れた後も、多かれ少なかれ不規則に目的地の国に滞在し続ける傾向にある。要するに、この制度を批判する人たちは、非正規の地位を先延ばしにしているに過ぎないと主張しているのだ。だが、このことは制度の失敗を結論付ける理由となるのだろうか？　実際のところ、ツール自体の失敗を安易に宣言するのではなく、過去の実例から制度的限界の理由を探ることこそが有用ではなかろうか？　過去に発生した不法滞在の増加といった問題が、柔軟性を欠いた硬直的な政策に由来することは明らかである。例えば、受け入れ国社会にうまく溶け込んでいる外国人労働者にとっては、合法就労期間の期限切れのために国を離れることを余儀なくされた場合、不法滞在を続ける可能性が非常に高い。

「新世代」の一時的移民受け入れ制度を導入することは、不法移民に伴う悪影響を大幅に軽減し、移民がもたらす経済的利益を増幅させる可能性がある。さらに、うまく設計された一時的な移民制度は、政治的に受け入れられやすい。移民が自分たちの社会や社会組織、価値観を永久に変えてしまうという考えに対して、既住民はしばしば敵意を抱く。言い換えれば、「新しい市民」として直接的に認識される移民に対して敵意を抱くかもしれない。既住民は、国が一時的な労働者を短期間合法的に受け入れる制度に対しては、それほど敵対的ではないかもしれない。この章ではそのために何が必要となるのかを簡単に示すことにする。

(1)入国要件ポイントシステム

移民の入国要件の制度としては、基本的な選抜（必ずしも技能や専門的資格のみに基づくものである必要はない）と入国管理を最低限実施するべきである。このような制度は、カナダ（1967年以降）、ニュージーランド（1991年以降）、オーストラリア（1968年以降）などの国々で、最も熟練した移民や労働市場に吸収される可能性が最も高い移民を選抜するためにすでに利用されている。これらは一般的には、永住許可の申請に利用される制度だが、これらの国では、一時的ないし短期限定の移民受け入れについても同様の措置が取られている。これらの国々で、入国者の選択を行うことで、統合プロセスの可能性を高め、コストがかからないという利点がある。例えば、カナダのシステムでは、言語スキルに特に重点が置かれている。オーストラリアの制度では、国内に特定の人材不足がある場合など、資格や実務経験を持つ個人を優先することにより、就労につながることを優先している。しかし、過度な選択性は必要以上に制限的な移住制度につながるリスクがある。また、能力やモチベーションなどの望ましい特性が、移民の教育歴などの観察可能な指標と必ずしも関連していないことがありうる。[1] 主な目的は、移民の流れの大部分を合法性の範囲内に誘導し、不法移住しようとする誘因を失くすことでなければならない。

（2）一時的な在留を更新する可能性

移民は、この制度を更新し、在留期間を延長することができるべきである。これにより、最初の一時ビザの期限が切れることで、自動的に不法就労者になる事態を回避できる。さらに、長い期間の雇用は、雇用主が移民向けの教育および訓練活動に投資するより明確な理由につながるという利点がある。また同時に、より長い期間があれば、移民が訓練活動を通じて自分のスキルや能力に投資するようになるだろう。オーストラリアは最近、移民が永住許可を申請できる4年間の暫定制度を導入した。ニュージーランドでも、永住権のポイント制度は、一時的な制度期間中の移民の就労経験者を優遇するものである。これらの国の目指すところも提案も同じ方向性のものである。一時的滞在は、固定された柔軟性のない限定的在留期間を意味するものでも、永住権に代わる概念でもなく、永住権へとつながる潜在的な道筋となるものでなければならない。

(3) ポイント・イン・プログレス

移民によるいくつかの検証可能な「前向きな」行動(研修活動への投資、滞在国の言語の習熟度、仕事の継続性、社会活動や統合プログラムへの参加など)は、一時ビザの再交渉の可能性を高めるはずである。それに対して、望ましくない行動や犯罪行為などは、居住許可や労働許可証の期間延長を取得する可能性を減らし、特に深刻な場合は強制送還につながるはずである。要するに、ポイント・イン・プログレスのシステムは、移民が目的地の国の社会に同化する可能性を高めることで、移民にさらなる人的資本や必要な技術・資格を獲得するためのより確実で強力なインセンティブを与えることができる。受け入れ国にとって、この制度は、人的資本の大きい移民に対する移民政策の選択性をさらに向上させる手段となりうる。さらに、このようなシステムは、移民の福祉制度への依存を減らすことにもつながるので、プラスの効果をもたらすだろう。

（4）帰国移住に対する金銭的インセンティブ制度

多くの移民個人にとって、移住は、出身国に戻ったときに生産的に使用するための人的および財政的資源を蓄積することを目的とした、人生の一時期の経験とみなされている。出身国への帰還のための金銭的なインセンティブは、一時的な移民受け入れの枠組みと組み合わせることで、送り出し国における労働者の能力開発の可能性を高める。経済文献によると、こうした自発的な帰還は、移民とその出身国にとって大きな利益をもたらすことに加えて、強制送還よりもコストが低いことが示されている。

（5）移民の職業的・地理的移動

過去および現在における多くの制度は、外国人労働者が滞在期間中に拘束される「スポンサー」（雇用主）の存在を規定している。この「制約」は、雇用主に高い交渉力をもたらし、過去には労働市場の搾取と硬直化をもたらしてきた。そのような窮屈な制度を設定する理由がないことは疑う余地がない。一時的な制度の下での外国人労働者は、同じ居住域内においても、その滞在期間中に雇用主を変更する権利を持つべきである。実際、多くの研究は、外国人労働者が異なる地域間の賃金格差に対して（流動性の点で）既住民よりも敏感であり、その結果、労働市場のリバランスに重要な役割を果たすことを示している。

雇用主を変えることは、農業部門で雇用されている外国人労働者のための一時的または季節的な枠組みにおいて、ほぼ不可欠な権利である。農民が生産物を収穫するために数日間だけ数十人の労働者を必要とする場合、定期的に外国人労働者を雇うことは困難である。一方、季節的な出稼ぎ労働者は、複数の農業企業に労働力を提供するので、複数の契約を結ぶことの官僚的な複雑さと、この方法で通常の居住許可を取得することの客観的な難しさを考えると、同じ居住許可内で複数の雇用機会を連鎖させることが可能であることが不可欠である[2]。

(6) 不法移民を雇用する企業に対する制裁

懲罰的措置がなければ、多くの企業が不法移民を雇用する強いインセンティブを打ち消すことは難しいだろう。違法性を減らすためには、需要側への介入は供給側への介入(例えば、国境で移民を阻止する試み)よりも効率的である可能性が高い。

最後に、その暫定的な計画の管理には、かなりの財源が必要になる。この制度に資金を提供するための基金の設立に向けて、シンガポールですでに試みられているのが、外国人労働者と同様に、外国人労働者を雇用したい雇用主に税金を課すことである。このように、移民政策のコストは、少なくとも部分的には、雇用主や移民自身など、移民の流入から利益の大部分を得ている人々が負担することが望ましい。

イタリア（ないし日本）のような豊かな国は、現在も、そしてこれからも、移民の目的地であり続けるであろう。国境を開放しながらも、人の流れを規制し、予測可能なものにするためのあらゆる努力は、多様性を並外れた富の源泉にすると同時に、私たちの世界を非人道的で貧しいものにするような方法での移民の管理を回避するための重要なステップとなるであろう。

2. 日本の実情

2・1 日本の事情

今後数十年のヨーロッパの未来が移民と共生する社会になるのなら、日本の未来はどうであろうか。アジア地域は、中東諸国という旺盛な労働力需要のある西アジアから、その西アジアに労働を供給する南アジアがあり、日本や韓国、台湾のように労働力を東南アジアに頼る東アジアまで、人の流れはヨーロッパ以上にダイナミックに動いている。近い将来には中国に向かう流れが加わるかもしれない。

国立社会保障・人口問題研究所が2023年に発表した「日本の将来推計人口（令和5年推計）」[3]によれば、50年後の日本の人口は現在の7割に減少し、65歳以上人口は約4割になる。出生率も低下するが、平均寿命が延び、外国人の入国が超過増になれば人口減少の進行がわずかに緩和される。2020年の人口（126百万人）を50年後も維持するには、2040年における外国人の年間入国超過数が75万人になる必要がある。現在、日本が必要とする労働力を担う技能実習生の新規入国数が約18万人、留学生の新規入国数が約14万人、両者合計32万人程度のレベルだ。さらに、現在の高齢化率を維持するには100万人近い外国人の入国超過を必要とする。日本の外国人労働者政策は一時的・短期限の受け入れ制度が軸になっており、今の制度のままでは数十万単位での入国超過が起きるとは考えにくい。とは言え、外国人労働者に門戸を開く政策は現実に進んでいる。今は一時的滞在者を見込んでいるが、イタリアが経験している制度的限界はいずれ日本も経験する。他方、忘れてはいけないのは、外国人労働者がもたらす経済的利益をどう増幅させるか、である。そのためにコニーリョが提示した提言にそって考えてみる。

（1）入国要件ポイントシステム

日本の熟練労働力受け入れのための優遇措置は「高度人材ポイント制」である。この制度については第3章2・1（日本の熟練労働者と高度人材）で述べたが、再度確認しておこう。

日本の経済に貢献することが期待される高度な能力や資質を持つ外国人に、学歴や年収などの項目ごとにポイントを設け、一定点数（70点）以上に達した場合に付与される制度だ。[4] 法律上、最長の在留期間5年も随時更新することができ、永住要件も緩和され、配偶者の就労も可能となり、親の帯同も条件付きながら認められる。しかし、認定件数も増えてきてはいるものの、高度人材で在留する外国人は23，958人（2023年）。日本の産業にイノベーションをもたらすような優秀な外国人材求む、という位置づけ[5]であり、労働力不足を補うものではない。その分、日本社会での共生の可能性を高め、統合プロセスに必要なコストを低減させるかもしれない。しかしながら、日本の給与水準は先進諸国と比べると低い水準にとどまっており、日本が経済的な利益を享受できるほどの人材が来てくれるかどうかは微妙である。[6]

（2）一時的な在留を更新する可能性と職業的・地理的移動

定められた在留資格で滞在する外国人は、滞在期間を延長するために更新手続きをとることができる。短期滞在や外交等、一部の在留資格以外の外国人は中長期在留者として日本に滞在する期間を延長できるし、相当の理由があれば在留資格の変更も可能だ。[7] ただし、技能実習生は最長5年でそれ以上の更新はできない。転職の自由もほぼない。そのため雇用主が必要な就労条件を整えない場合、技能実習生は失踪を選択し、不法滞在・不法就労者になってしまう。(8) 逆に需要側も、帰国が条件の労働者に長期的な人的投資を行うインセンティブを持たない。一時的な滞在者が労働市場における流動性を享受し、異なる地域間移動をすることはほぼ不可能だ。そうした供給側と需要側の課題を克服する目的で新設された特定技能制度(9)では、特定技能1号で最長5年（技能実習期間と合計して最長10年）、特定2号になり希望すればずっと日本で就労でき、家族呼び寄せも可能になる。そうなれば、おそらく事実上の移民となる。

（3）雇用主への罰則

日本では、就労が認められていない外国人を雇用した場合、不法就労助長罪が適用され、3年以下の懲役、もしくは300万円以下の罰金が科せられる。コニーリョが指摘するように、国内査察による需要側への介入は国境管理強化よりも効率的であることはいくつかの研究で示されてはいるが、今のところ日本においては国境管理強化への要請も不法就労摘発のための介入への要請もほぼ聞かれない。

（4）社会に同化する可能性

日本は外国人を日本社会に統合・包摂していくプロセスを規定する基本法を持たない。したがって、外国人労働者が自己能力に投資し社会への帰属意識を持とうとする「前向きな」

行動をとるインセンティブを持つ環境にはない。他方、一時的な滞在でない「定住者」の日系外国人は日本人同様に就労も地域間移動も自由だが、そのための教育や言語に関する制度設計が全国的に整備されているわけではなく、今の日本では、二世・三世の子供世代は教育を十分に受けられない課題を抱える。日本で就労する外国人の職業的地位とその決定要因について是川（２０１５）がとても興味深い研究をしている。[10]労働市場において経済的な同化（現地人、すなわち日本人と同様の形で職業的地位が決定される状況）が達成されているかどうか、２０１０年の国勢調査を使い、中国籍とブラジル国籍を持つ15－64歳の男性と、同カテゴリーに属する日本人男性を分析している。結果、中国人男性は日本人男性と比較して経済的達成の遅れはあまり見られないが、ブラジル人男性の間では経済的達成が遅れていることが示された。人的資本面の選抜を入国段階で受けない日系ブラジル人は単純労働ゆえに底辺層が増加する可能性があること、中国人男性の場合、高学歴以外では日本人よりも低い職業的地位にとどまることで底辺層を構成する可能性があることが示唆され、今後さらに外国人労働者が流入した場合に、日本の労働市場は二極化する可能性があると指摘している点は（１３８頁）、社会的包摂と共に議論が必要になるかもしれない。

すでに「定住者」として日本で働き、生活の基盤を持つ日系の人々がいる一方で、一時的な在留期間で就労する外国人がおり、その中から将来的に家族帯同で日本に生活基盤を持つ外国人が生まれる制度を日本は持とうとしている。その意味で、彼らは移民と何ら変わらない。イタリアの知見においても、移民に対するネガティブな見方に根拠はなく、受け入れ国住民全体の賃金に与える影響はきわめて小さい。日本に関しても同じで、むしろ経済厚生を高める可能性が高いことも研究結果が示している。イタリアから学べることは、日本は移民国家ではないと主張したとしても、外国人労働者が長期的に働き、望めば定住することも可能、という将来に備えた展望と選択肢を持てる政策に転換し、同時に社会統合のための制度設計を早急に整える、ということではないか。日本はすでに技能実習生という未熟練労働者から、特定技能というスキルの面では中間層の労働者、そして高度人材という熟練労働、さらに期間や技能等の条件に縛られずに日本社会で生活する日系の人々まで、あらゆる技能・技術・背景を持つ人々を受け入れている国である。

コラム　「イタリアを知る」＃7

イタリアを読む／鑑賞する

食やファッションなど、これまでのコラムで取り上げられなかった項目もあるが、ここではイタリアをより深く知るための文献やソフトを紹介して終わりとしたい。

全般的なイタリア案内の**基本書**としては、

①『イタリアを知るための62章　第2版』村上義和編著　明石書店　2013年

②『現代イタリアを知るための44章』村上義和編著　明石書店　2005年

がある。イタリアの教育、宗教、食生活や習慣に至るまで、テーマ別に簡潔にまとめられている。

イタリアの**歴史**については、通史も地域史も特定の時代を取り上げたものも、多数出版されている。ここではまず、わかりやすい通史の入門書として、

③『一冊でわかるイタリア史』北原敦監修　河出書房新社　2020年

④『イタリア史10講』北村暁夫　岩波新書　2019年

をあげておきたい。リソルジメントについてのコンパクトにまとまった良書はないが、

⑤『ガリバルディ―イタリア建国の英雄』藤澤房俊　中公新書　2016年

がある。独立運動の英雄として神話化された人物の実像を知ることができる。現代政治史に特化したものとしては、

⑥『イタリア現代史―第二次世界大戦からベルルスコーニ後まで』伊藤武　中公新書　２０１６年

⑦『ベルルスコーニの時代―崩れゆくイタリア政治』村上信一郎　岩波新書　２０１８年

の２冊がある。特に前者はこれだけの情報量の本を日本語、しかも新書で読めることに感動すら覚える。

本書の主題でもある、イタリアの**移民問題**を扱ったものとしては、

⑧『ルポ難民追跡―バルカンルートを行く』坂口裕彦　岩波新書　２０１６年

がある。２０１５年に始まった欧州難民危機の実態を丁寧に追っている。

イタリアの**地域多様性**全般について、地図や図表を駆使して多面的に紹介している文献に、

⑨『地図で見るイタリアハンドブック』

オーレリアン・デルピルー／ステファヌ・ムルラーヌ／土居佳代子訳　原書房　２０２０年

がある。本書のコラムでは触れられなかった、宗教、言語、食文化やスポーツに至るまで、豊富な資料で明快に説明されている。

近現代イタリア**音楽**について1冊にまとまった良書はない。ヴェルディとプッチーニについては、

⑩『ヴェルディ―オペラ変革者の素顔と作品』加藤浩子　平凡社新書　２０１３年

⑪『ヴェルディ―作曲家・人と作品シリーズ』小畑恒夫　音楽之友社　２０１０年

⑫『プッチーニ―作曲家・人と作品シリーズ』南条年章　音楽之友社　２００４年

があり、その生涯に加え全オペラの紹介をコンパクトにまとめている。他の作曲家もあればよいのだが。なおオペラは舞台芸術なので、最初は映像付きで鑑賞されたい。

⑬『DVD決定盤オペラ名作鑑賞シリーズ』全10巻　世界文化社　2008－2009年

⑭『魅惑のオペラ』全30巻別巻4　小学館　2006－2008年

に、ロッシーニ、ヴェルディ、プッチーニの主要オペラが収録されており、解説書も付属してい
て便利である。ヴェルディ作品だけなら全オペラの最新映像が生誕200年（2013年）を記
念して、

⑮『トゥット・ヴェルディ』全26巻

として日本語字幕付きでDVDおよびブルーレイが発売されている。いろいろな映像、いろいろ
な演奏を聴き比べて、好みの歌手や指揮者、演出家を見つけ出すのも楽しいことである。

イタリア・ルネサンス関係の**美術**書は山のように出ているが、マッキアイオーリに関する日本
語文献は、展覧会図録やピッティ宮殿近代美術館の日本語版図録程度しか存在しない。唯一、

⑯『印象派』インゴ・F・ヴァルター編　TASCHEN　2003年

の第2部「ヨーロッパおよびアメリカにおける印象主義」第14章が、マッキアイオーリに加えて、
ジョヴァンニ・セガンティーニらイタリア印象派についてまとまって記述している。モディリア
ーニやデ・キリコは人気のある画家のため、文献は豊富である。新しいものとしては、

⑰『もっと知りたいモディリアーニ 生涯と作品―アート・ビギナーズ・コレクション』島本英
明　東京美術　2021年

⑱『もっと知りたいデ・キリコ 生涯と作品―アート・ビギナーズ・コレクション』長尾天　東
京美術　2024年

がある。モランディについても展覧会図録以外だと、
⑲『ジョルジョ・モランディ―人と芸術』岡田温司　平凡社新書　2011年
があるぐらいである。
イタリア**文学**のコンパクトな通史にも手頃な本がなく、非常に古い
⑳『イタリア文学史（文庫クセジュ232）』ポール・アリーギ／野上素一訳　白水社　1958年
㉑『南欧の文学―世界の文学史3』下位英一ほか　明治書院　1967年
がある程度である。コラム#5で名前をあげた作家・詩人の作品はデレッダ、ピランデッロ以外はほとんどが岩波文庫や白水Uブックス等に収録されている。ただし品切れの場合には図書館に頼るか、古書を買うか、復刊を待つ必要がある。ピランデッロの代表作の1つ『生きていたパスカル』は廃刊となった福武文庫（米川良夫訳　1987年）、エーコ『薔薇の名前』は東京創元社の単行本（河島英昭訳　1990年）を読む必要がある。あえて若い人にぜひ読んでほしい本を1冊だけあげるなら、タブッキ『供述によるとペレイラは…』（須賀敦子訳　白水Uブックス2000年）を選ぶ。
イタリア**映画**史には、
㉒『永遠の映画大国 イタリア名画120年史』古賀太　集英社新書　2013年
があり、1つ1つの作品を詳しく紹介してはいないが、著者の知識量にひたすら圧倒される。イタリア映画の古典的作品はDVDやサブスクなどで視聴できる。コラム#5であげなかったが、ピエトロ・ジェルミ『鉄道員』、ダミアーノ・ダミアーニ『禁じられた恋の島』、マイケル・ラド

フォード『イル・ポスティーノ』など、必見の感動的作品は多い。イタリア映画のガイド本としては、㉓『DVDで見ておきたいイタリア映画BEST50』民岡順朗　SCREEN新書（近代映画社）２０１１年があり、フェリーニら古典作品の扱いが小さすぎるなどの不満は残るが、入門書として適当な１冊である。

【註】

（1）選択的制度の批判的解釈については、Bertoli S., Dequiedt V. & Zenou Y. (2016), "Can selective immigration policies reduce migrants' quality?," *Journal of Development Economics*, 119, pp.100-109を参照。

（2）これまでのところ、同じ労働者の反復的かつ循環的な移住をサポートするような政策の実例は限られている。興味深い試みは、スペインのいくつかの州で実施されているUnió pageosプログラムで、これは循環型移民スキームと移民の出身国での開発への援助（というより共同援助）プログラムを組み合わせた革新的なアプローチである。滞在中の労働者の仕事の継続性を確保するために、このプロジェクトでは、労働者が企業のニーズに応じて、同じ生産部門内で、ある会社から別の会社へ、または地域間を移動できるチェーンが導入されている。Unió pageosプログラムは、労働者の受け入れと他の農場とのつながりを事前に組織し、スペイン国内の臨時労働者の流れを円滑かつ定期的に管理し、特に住宅の適切な管理に重点を置いている。詳細については、Coniglio N., Chiarello F. & Bravo I. R. (2015), "Facilitating the seasonal work of immigrants in agriculture: the UNIÓ PAGESOS project in Spain, performed in the framework of the FEI Project –

2013 – Action 10," *Migrovillage: from the ghetto to integration* (PROG-105892, University of Bari Aldo Moro, Department of Economics and Finance) を参照されたい。

（3）詳細は、国立社会保障・人口問題研究所　https://www.ipss.go.jp/pp-zenkoku/j/zenkoku2023/pp_zenkoku2023.asp 参照のこと。

（4）2023年4月から、ポイント制によらない特別高度人材（J-Skip）と未来創造人材制度（J-Find）の制度も新しく始まっていることをここでも確認しておく。J-Skipは学歴または職歴と、年収が一定水準であれば高度人材よりも幅広い優遇措置が受けられる。J-Findは、優秀な海外大学などを卒業し、日本で就職活動（または企業準備活動）を行う場合に最長2年間の在留が可能となる。https://www.moj.go.jp/isa/applications/resources/nyukan_nyukan50_00002.html　第3章の注（22）参照のこと。

（5）総務省『高度外国人材の受入れに関する政策評価書』令和元年6月、https://www.soumu.go.jp/main_content/000627735.pdf

（6）日本の平均年収はOECD諸国平均（購買力平価ベース、2022年で55、476ドル）より低い43、228ドルで、韓国（48、056ドル）やイタリア（47、294ドル）より低いのが現状である。OECD「Average annual wages」https://www.oecd.org/en/data/indicators/average-annual-wages.html

（7）もちろん、在留資格に応じた活動を行っているか、独立の生計を営む資産や技能を有しているか、等の条件はあるし、実際、申請に対する正否の判断は法務大臣の裁量に委ねられている。

（8）技能実習中に失踪した外国人は2023年で9、753人（2023年）で、過去最多であった。すでに出国したり摘発されたりしたケースもあるが、所在がわからないことも多い。パワハラやセクハラなどの人権侵害が背景にある。日本経済新聞（2024）「技能実習生の失踪最多」9月3日朝刊。

（9）「特定技能」制度については、第4章2・2を参照のこと。

（10）是川夕（2015）「外国人労働者の流入による日本の労働市場の変容：外国人労働者の経済的達成の特徴、及びその決定要因の観点から」『人口問題研究』71-2、122-140頁。

補論　移民労働者をめぐる経済理論

1　移民労働者の経済理論への視点

　ここでは、これまで見てきたイタリアや日本における外国人労働者をめぐる現実的な諸問題をより深く理解するために、そもそも国際的な労働移動がどのような経済的な影響をもたらすのかについて、経済学的にどのように分析されているのかを、初学者でも理解しやすい形で紹介したい。

　生産要素の移動に関しての理論経済学的な分析は、貿易理論の研究成果を応用、拡張する形で、すでに１９５０年代の後半より多くの労作が蓄積されてきた。その際、大多数の研究は、国際的に自由に移動する生産要素を資本としており、これに対して労働は国内においては産業間移動ができる一方で、国際的には移動できない生産要素とされていた。労働移動の研究が資本移動の研究よりも後手にまわった理由として、第一には企業の海外直接投資などの国際的な展開が盛んに見られた当時の経済状況が、この問題に注目させる原因となっていたこと、第二には国際的な労働移動は国際的な資本移動の問題と本質的に同質であると考えられていたことがあげられる。

しかし、国際労働移動が提起する問題に立脚した研究がその後１９７０年代により多く登場するにつれて、国際資本移動との経済学的な相違点も明らかになった。以下に主なものを列挙してみよう。(1)

＃１　「資本は原則として海外に進出したものは完全雇用（完全に投資活動に使われる）であるが、労働には最低賃金制度があるがために雇用量が制限されたり、一時的な職探しなどの摩擦的な失業があったりするため、すべての労働者が雇用されるわけではない。」

＃２　「海外進出した資本は多くは貿易財、とりわけ輸出財の生産に関わるが、移民労働者の就く仕事が労働集約的な非貿易財産業に多く見られる。貿易理論の基本モデルに非貿易財の存在を加えて分析する必要がある」

＃３　「どちらの生産要素の移動もより高い要素価格を求めてのものであることは同じでも、長期的には資本の移動は企業の利潤最大化行動と関係する一方で、労働移動は消費者としての個人の生涯効用最大化を原則としている」

＃４　「資本移動は資本すなわち経営資金単独の移動と考えても良いが、移動する労働はしばしば資本の所有者であることから、資本と一体化した労働移動という側面がある」

#5「カネの移動である資本移動とは異なり、労働者には技術的な熟練度や現地語によるコミュニケーション力など、質の良しあしが存在する」

#6「カネの移動である資本移動とは異なり、労働移動は文化的な背景を異にするヒトの移動であるため、子弟の教育コストの増加など負の外部性を持つと考えられる」

#7「労働は資本とは異なる第二の生産要素であり、どちらも国境を（一般的に逆方向に）動くケースを考えることができる」

#8「労働移動の場合には、受け入れ国の労働組合の対応が無視できない」

これら国際労働移動特有の経済的特性を考慮した理論研究の多くは専門的であり、先行する研究を深化させたものである。ここでは1つ1つそれらを詳しく紹介することはできないので、すべての研究の出発点となったと言ってよい、最も古典的な研究を2つ取り上げて紹介したい。

2　古典的研究①　マクドゥガル・モデル

第1章では移民労働者の受け入れが、労働供給を増やし、結果として賃金水準の下落や失業の増大をもたらして、自国（既住民）の労働者に不利益となる可能性が高いこと、ただし現実には必ずしもそうならないようなさまざまなシナリオを考えることができることを紹介した。ただし、移民労働者が仮に自国の労働者に不利益をもたらしたとしても、自国の資本家の利益は増大することだろう。そして資本家の利益が、自国の労働者の不利益を上回るならば、適正な所得移転によって、移民受け入れ国全体としては経済厚生が高まると結論することができる。このことをきわめて単純なモデルを用いて示したのが、ジョージ・マクドゥガルである。(2) なお、もともとのマクドゥガルの研究は国際資本移動を対象としていたが、ここではそれを労働移動に置きかえて説明したい。

大学で経済学を学んだ人にとっては、すでに知っていることばかりかもしれないが、はじめに必要な予備知識を確認しておこう。ここでは完全競争の市場を考える。完全競争とは十分多数の生産者と消費者が市場に参加しているので、誰も価格支配力を持たない市場の状態のことであり、したがって参加者は市場価格を所与として行動することになる。また市場への参入・退出は自由であり費用はかからない。こうした完全競争の下で企業が利潤最大化行動をとっているならば、労働の限界生産物価値（最後の1単位の労働投入で生み出すことができる生産物の価値、$p \cdot MP_L$ と表す）が賃金（w）と等しくなる。

その理由を説明しよう。経済学で考える財やサービスは、生産要素を投入することで生み出されるが、最もシンプルな例は、資本と労働の2つの生産要素を用いるケースである。短期的には資本すなわち機械設備の量は変更不可能なので、生産量の調節は主として労働投入量、すなわち労働者の雇用量や勤務時間を変更することで行われると考えるのが自然である。資本量Kを一定としたときの、労働投入量Lと生産量Xの関係は、グラフ補－1のように右上がりで、かつ傾きがだんだん緩やかになる。すなわち、Lを増やせばXは増えるが、資本量Kすなわち機械設備は一定なので、労働だけを増やしていっても生産量はだんだん伸びなくなってゆく。さて、先ほど出てきた労働の限界生産物（MP_L）だが、1単位の労働を追加投入することで得られる生産物の量のことである。一般にL、すなわちすでに投入されている労働量が多くなるにつれて、さらに1単位の労働を投入して追加で得られる生産物は少なくなる。すなわちグラフ補－2のように、Lが大きいほど、MP_Lは小さい。これを労働の限界生産物逓減という。そして、労働の限界生産物価値（p・MP_L）とは、1単位の労働を追加投入することで得られる生産物の価値（市場での価格）のことである。限界生産物の数量に単価pをかけてやることで求められる。

さて、あと1人の労働者を企業が雇用するかどうかは、どうやって決まるのだろうか。賃金wがその1人の限界生産物価値よりも小さければ、その1人は賃金分以上働くので雇用した方が利潤を大きくできる。では次の1人はどうだろう。追加で1人ずつ雇っていけばいくほど、その1人の限界生産物、したがって限界生産物価値は小さくなるので、いずれ次に雇う労働者1人の限界生産物価値が賃金wを下回ってしまうだろう。その場合、その労働者は賃金分働かないことになるので、雇用しないことが企業の利潤の最大化につながる。よって

グラフ補－1

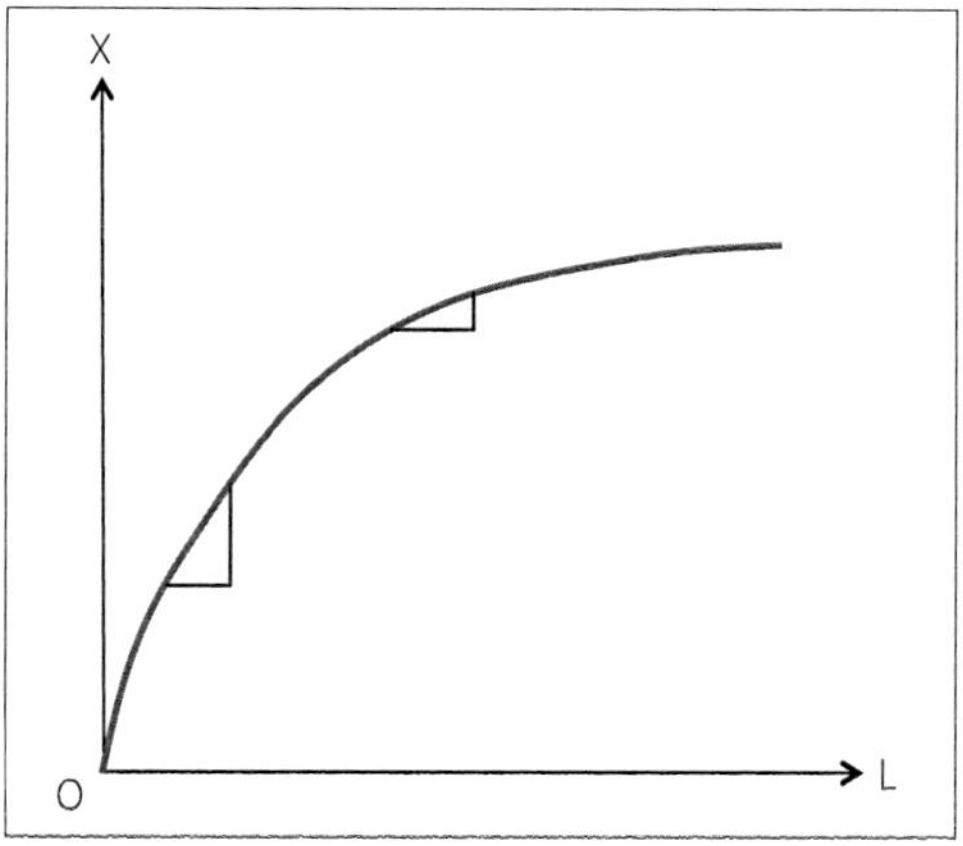

グラフ補－2

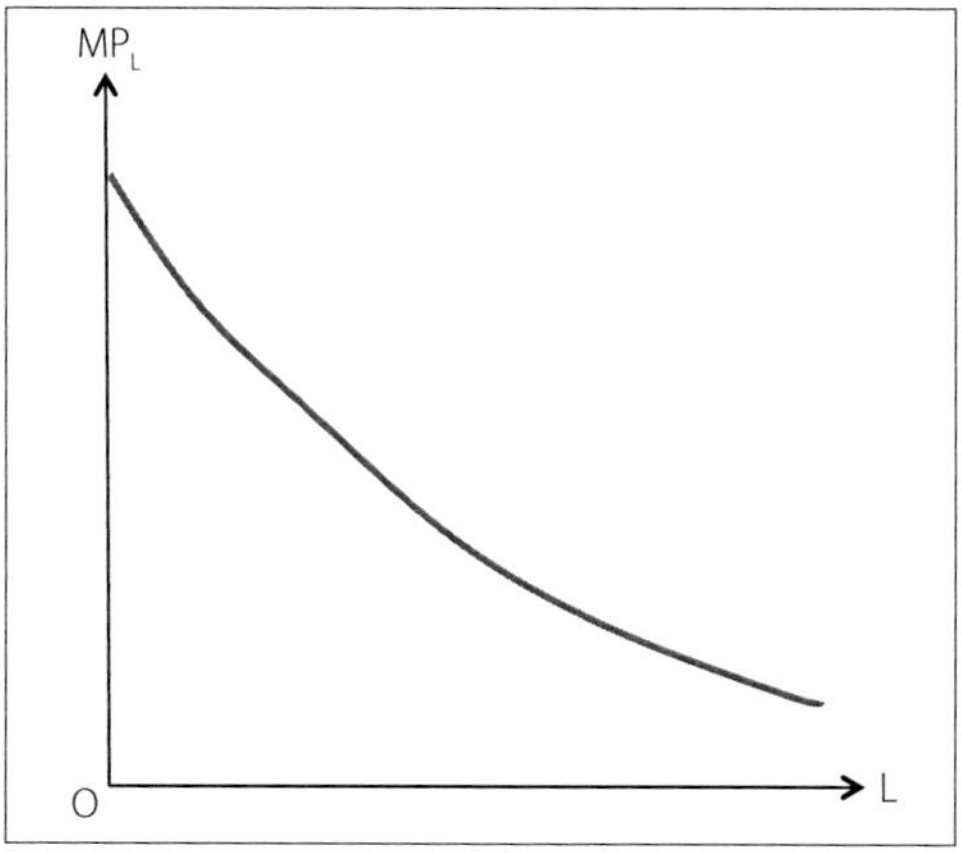

最初の1人から開始して、労働の限界生産物価値（p・MP_L）＝賃金（w）となる水準まで、企業は労働者を雇用することになり、雇用量はグラフ補－3のL^*のようになる。逆にグラフ補－4のように、L^*だけの労働者を全員雇用するならば、最後の1人を雇うことが損にならないために、賃金はw^*になる。賃金w^*でL^*だけの労働者が雇われた時、労働者全体の所得は$w^* \times L^*$となり、グラフ補－5の四角形Ow^*BL^*の面積に等しい。

グラフ補－5の領域w^*ABは何を示しているのかを知るために、グラフ補－2を拡大鏡で見たグラフ補－6を使おう。縦軸は労働の限界生産物価値、横軸は労働量である。最初の1人が雇用されると、15、000円の価値の生産物を作れるとする。2人目が雇用されると、新たに12、000円の価値の生産物が作られる。同様に3人目が雇用されると、新たに10、000円の価値の生産物が、4人目が雇用されると8、500円の価値の生産物が作られるとする。市場で決まる賃金が8、500円ならば、企業はこの4人目までを雇用する（この場合4人目は雇用してもしなくても企業の利潤は同じだが、ここでは雇用するとする）。生産物の総額は15、000＋12、000＋10、000＋8、500＝45、500円である。これはグラフ補－6の幅が1の4本の棒の面積に等しい。グラフ補－2の労働の限界生産物価値を示す右下がりの曲線が、ここでは階段状の折れ線になっている。したがってグラフ補－5に戻って考えれば、領域OABL^*はL^*だけの労働を雇用したときの生産物の総額であることがわかる。

グラフ補－３

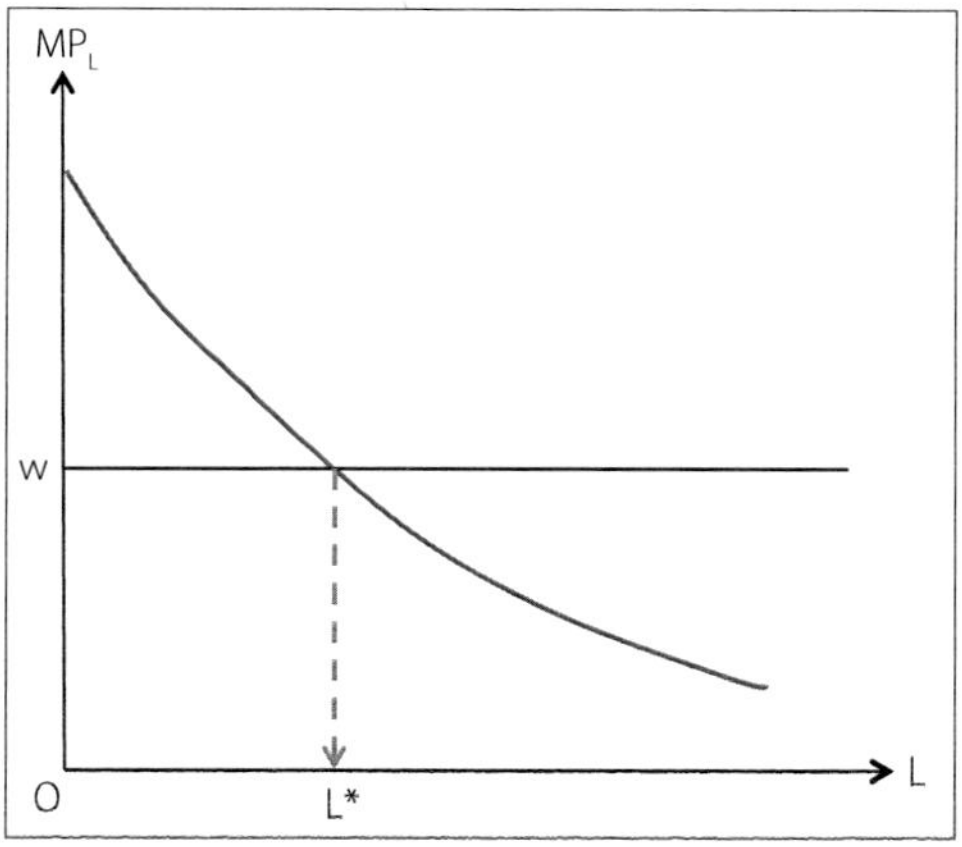

グラフ補－４

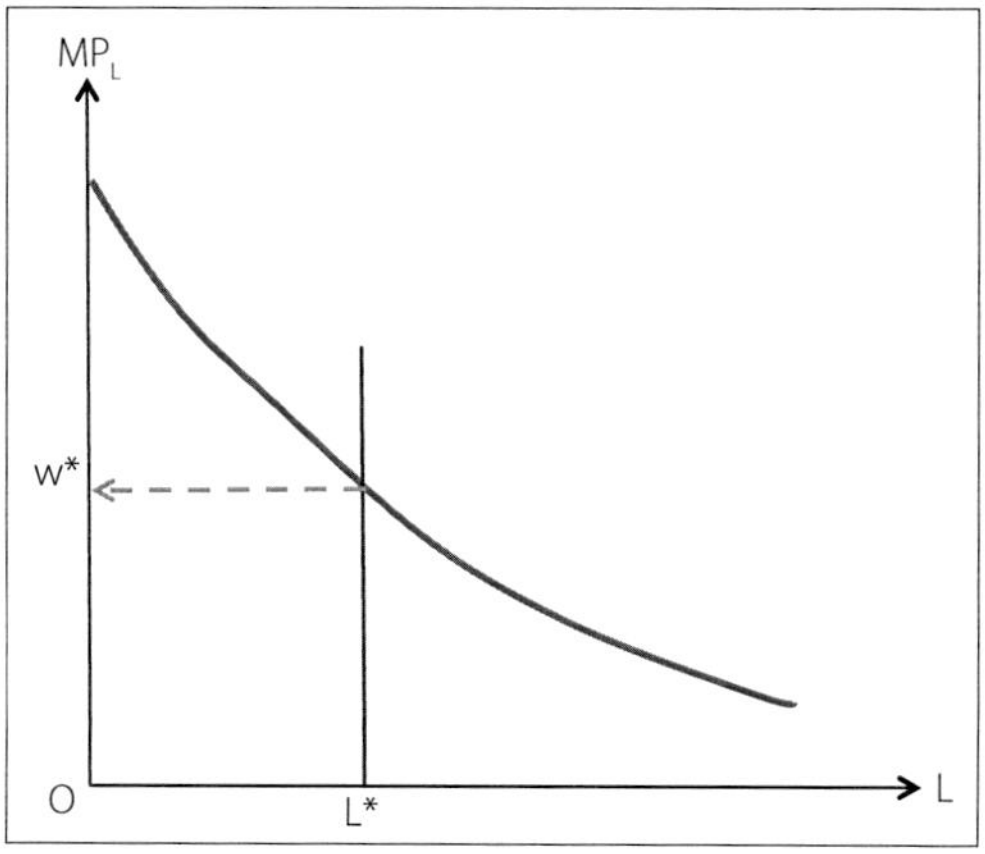

グラフ補ー５

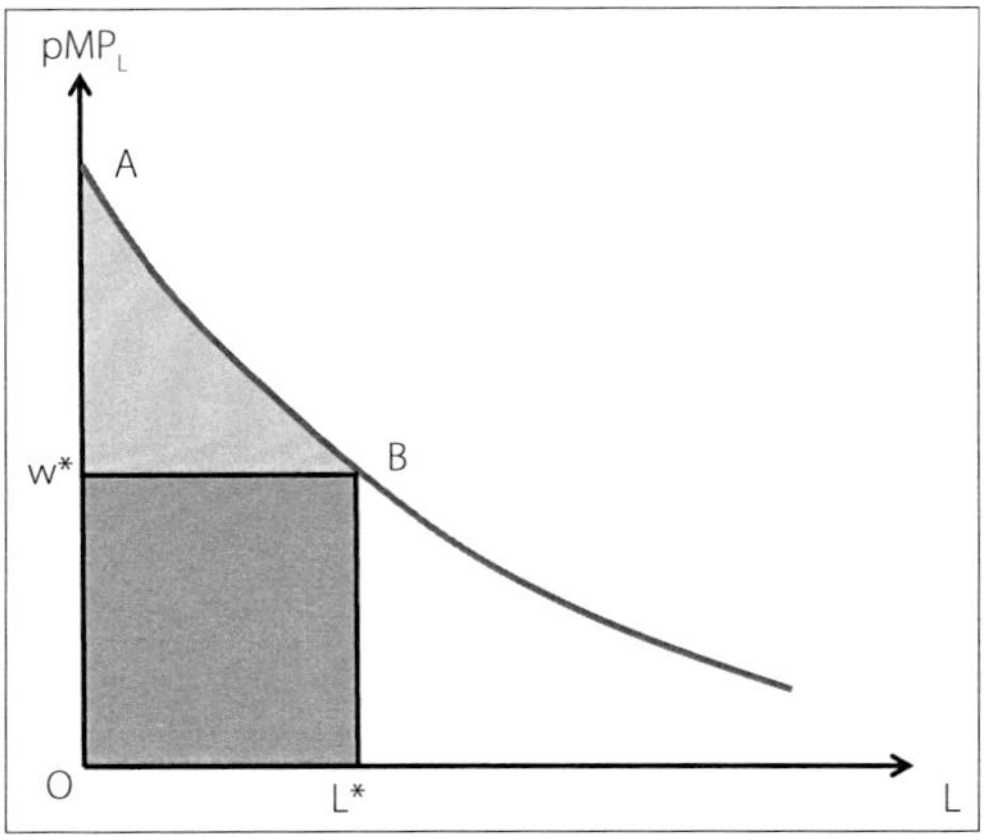

グラフ補ー６

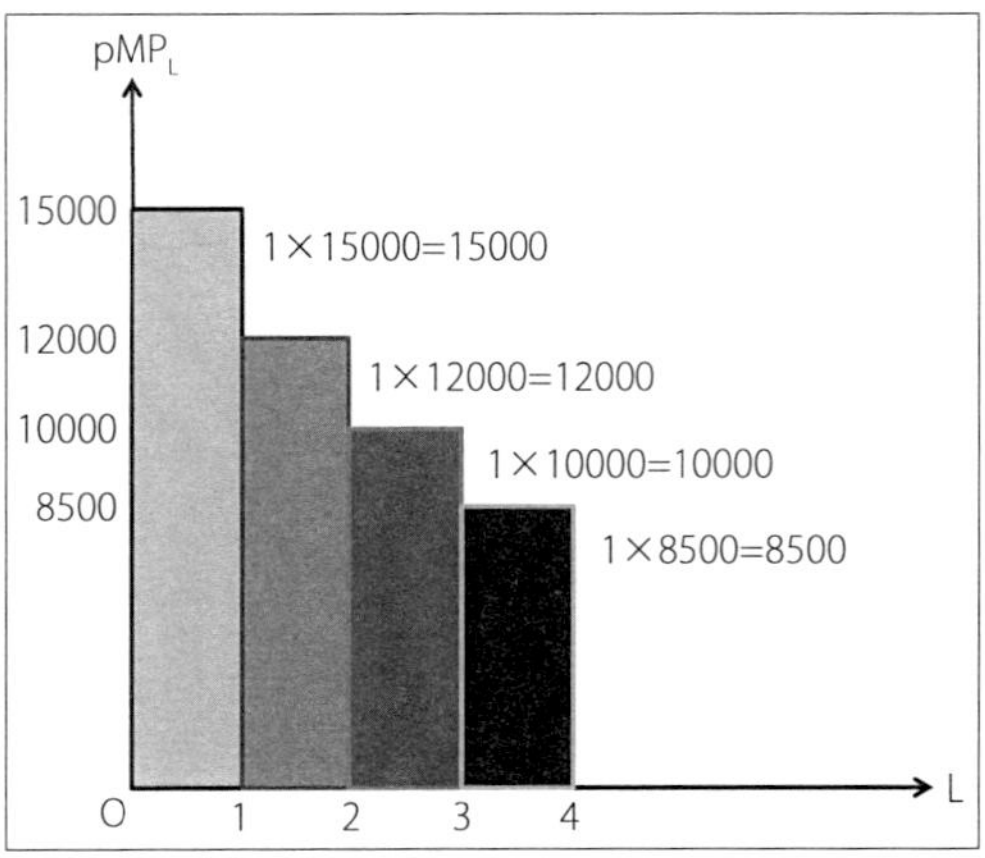

完全競争の下では、企業の利潤は限りなくゼロに近づく。なぜなら、利潤がある限り市場には参入が発生し、それは競争を激化させて価格の低下を招き、利潤がゼロに近づくまで圧迫するからである。よって、生産によって生み出された価値は、労働者への賃金支払いと、資本家への資本レンタル（資本投入の対価で、労働への対価である賃金に対応する）の支払いにすべて充当され、企業利潤は残らない。したがって、生産物総額$OABL^*$から、労働者所得Ow^*BL^*を差し引いた残りの、w^*ABは資本家所得ということになる。

マクドゥガルのモデルは、世界は2国だけしか存在せず、どちらの国もただ1種類の同一の財を、資本と労働の2つの生産要素を用いて生産している（2国1財2要素モデル）。1種類しか財がないので、2国間で貿易は起こらない（貿易は異なる財の交換であるため）。最初に述べたように、本来のマクドゥガルの論文では、労働は国境を越えて移動しないが、資本（もちろん機械設備を直接運ぶのではなく、移動する際には国内の工場をたたみ、いったん金銭に変えて、海外に直接投資して工場を作る）が国際間移動をする。しかしここでは移民、すなわち国際労働移動の結果に焦点をあてるため、資本は国際間移動ができず、労働が移動するケースを考えよう[3]。

2つの国をA国、B国とし、A国が資本豊富国、B国が労働豊富国とする。「豊富」の意味は絶対量ではなく、A国の方が労働者1人当たりの資本量が多いことを意味している。すなわち、前提として $K_A/L_A > K_B/L_B$ が満たされている。ここで下付き文字のA、BはそれぞれA国、B国を表す。

生産要素（資本Kと労働L）の投入量が決まると、生産できる財の量が決まる関数関係を生産関数という。2要素の生産関数は$X = F(K, L)$と表すことができる。$F(\cdot)$は高等学校で習う$y = f(x)$の$f(\cdot)$と同じで、関数という意味である。2要素の生産関数に関して、ここでは規模に関して収穫一定（一次同次）を仮定する。これは、資本投入量と労働投入量を当初の2倍（3倍）にしたら、生産量も2倍（3倍）になるという性質であり、簡単化のために経済分析ではしばしば用いられる仮定である。この仮定の下では、賃金と資本レンタルは、それぞれ労働者1人当たりの資本量（資本／労働比率）によって決まる。[4] 資本／労働比率が大きいほど、賃金は大きく、資本レンタルは小さくなる。

図補－1は国際労働移動前の状態を示している。O_AとO_BはそれぞれA国とB国の原点で、O_AO_Bの距離はL_AとL_Bの和に等しい。A国の労働投入量はO_Aから右方向に進むにつれて増加し、一方でB国の労働投入量はO_Bから左方向に進むにつれて増加する。縦軸には労働の限界生産物価値が取られている。GG'とHH'はそれぞれA国とB国の労働の限界生産物価値を表している。$K_A / L_A > K_B / L_B$の仮定から、$w_A > w_B$であり、B国からA国へ国際労働移動が生じる誘因がある。

国際労働移動前の状態では、A国の生産物総額すなわち国内総生産（GDP）と国民所得は等しく、図補－3で労働者所得□$O_A w_A$QNと資本家所得△GQw_Aの合計の□O_AGQNで

図補－1

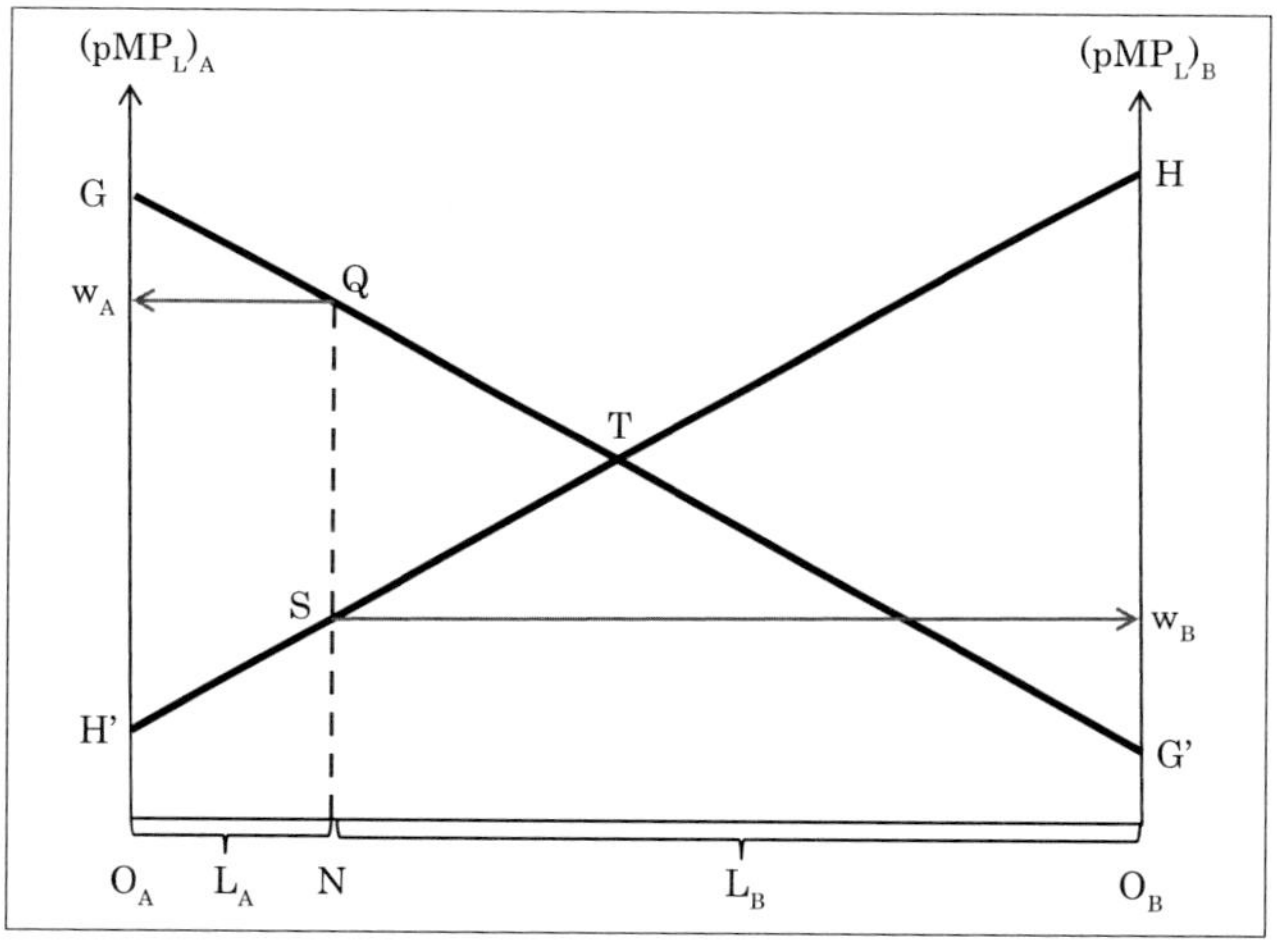

ある。B国のGDP＝国民所得は、図補－5で労働者所得□O_Bw_BSNと資本家所得△HSw_Bの合計で、□HO_BSNとなる。

ここで国際労働移動が起こるなら、図補－2のENだけのB国労働者がA国に移住し、その結果、両国の賃金水準が、w^*（A）＝w^*（B）で一致する。国際労働移動後、A国のGDPは図補－4より、A国労働者所得□O_Aw^*（A）RN、資本家所得△GTw^*（A）、移民労働者所得□ENRTの合計となり、そのうちA国の国民所得は移民の所得を除いた、図形O_AGTRNの面積に等しい。B国のGDPは、図補－6より残留労働者所得□O_Bw^*（B）TEと資本家所得△HTw^*（B）の合計となり、国民所得はそれに移民の所得を加えた、図形O_BHTRNの面積となる。

図補－２

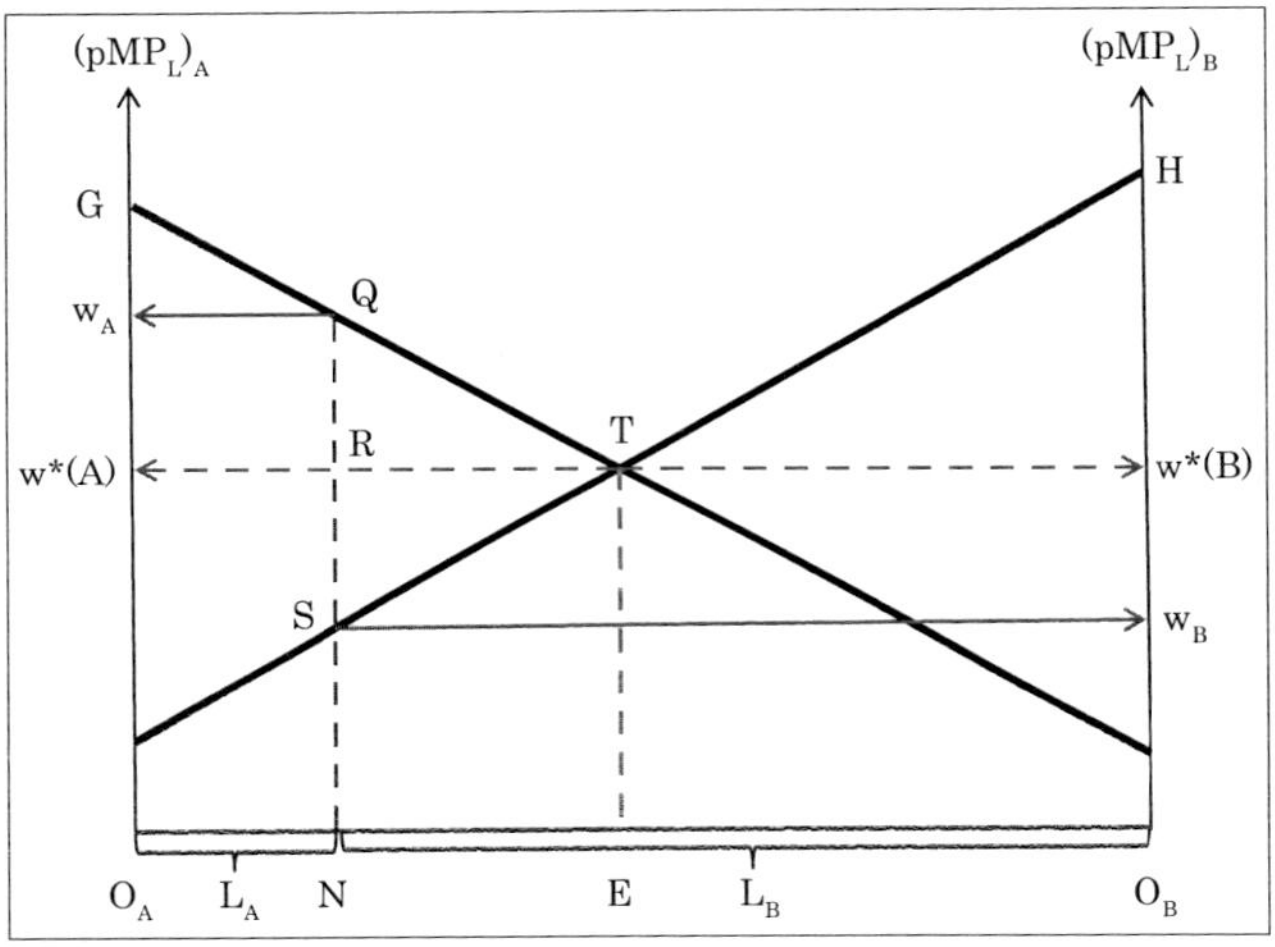

図補－３および４からも明らかなように、Ａ国の場合には、労働者所得は減少し、資本家所得は増加する。後者の効果が前者を上回るため、国民所得は△ＱＲＴだけ増加する。また図補－５および６から明らかなように、Ｂ国の場合には、労働者所得が増加し、資本家所得が減少し、前者の効果が後者の効果を上回るので、国民所得は△ＲＴＳだけ増加する。

マクドゥガルの研究をまとめると、以下のようになる。資本豊富国の資本家、労働豊富国の労働者は、国際労働移動の自由化で利益を得る。資本豊富国の労働者、労働豊富国の資本家は不利益となる。利益∨不利益なので、労働受け入れ国であるＡ国も、労働送り出し国であるＢ国も、ともに国民所得が上昇する。

図補－３　Ａ国　国際労働移動前

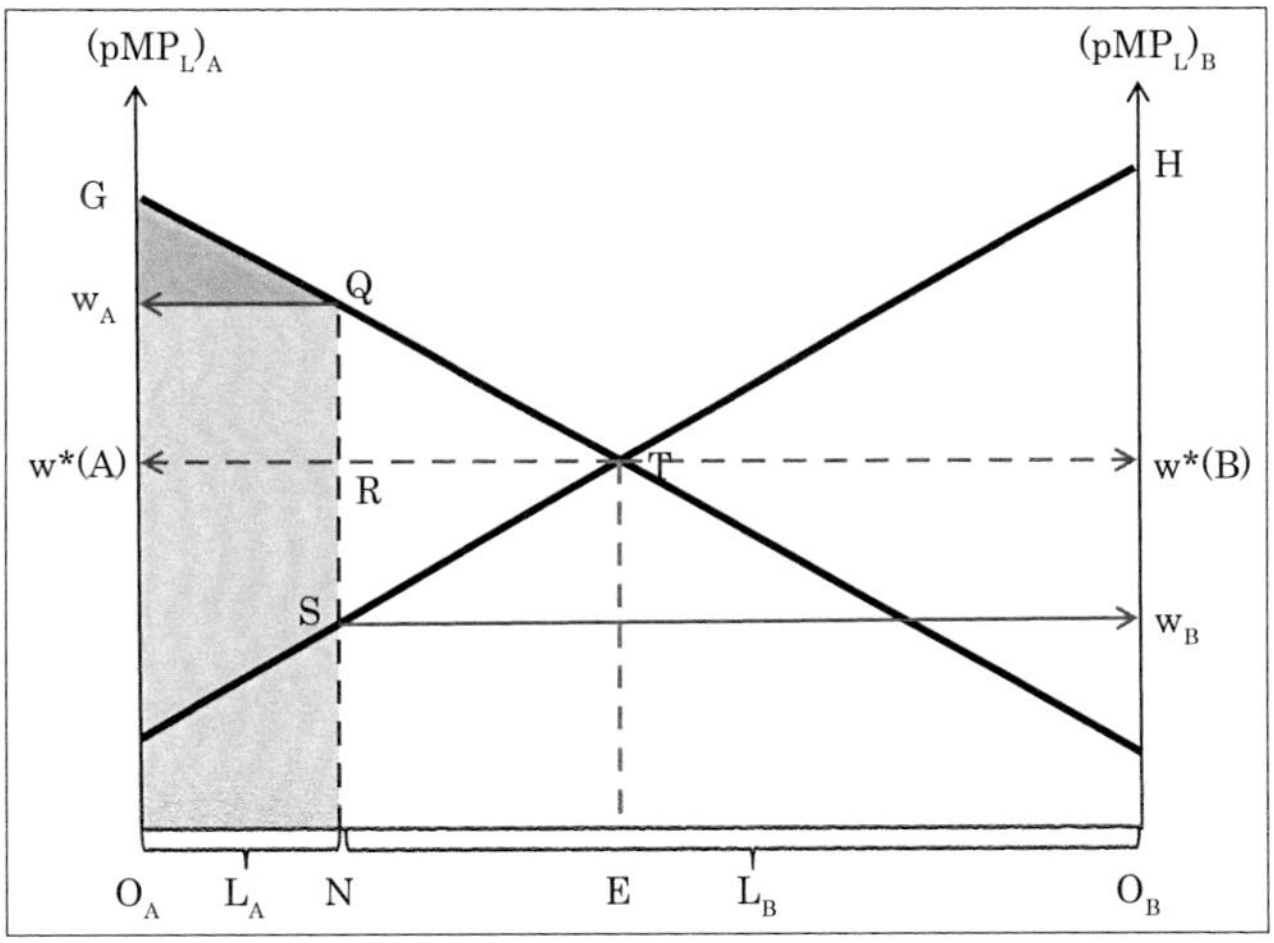

図補－４　Ａ国　国際労働移動後

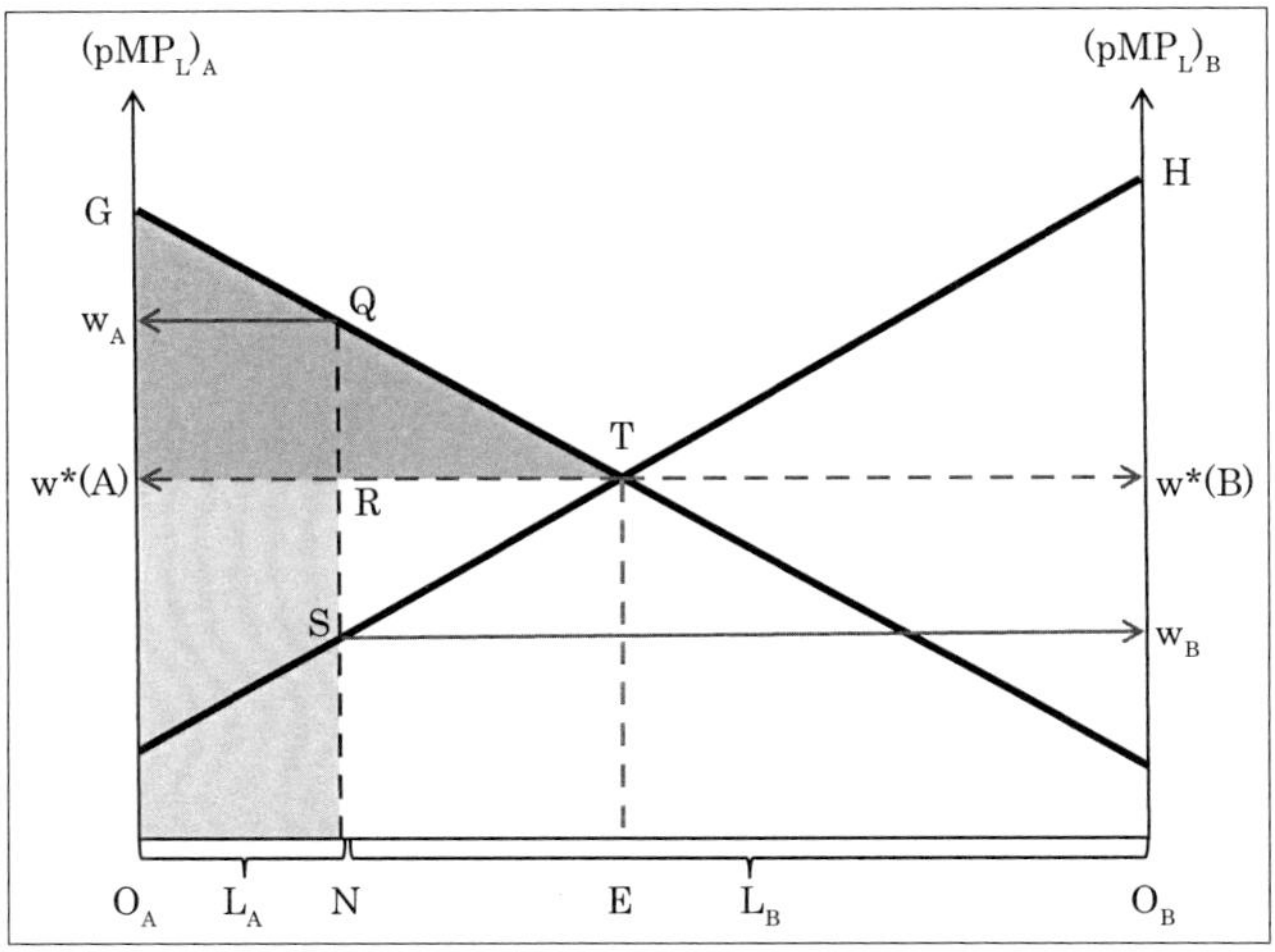

図補－5　B国　国際労働移動前

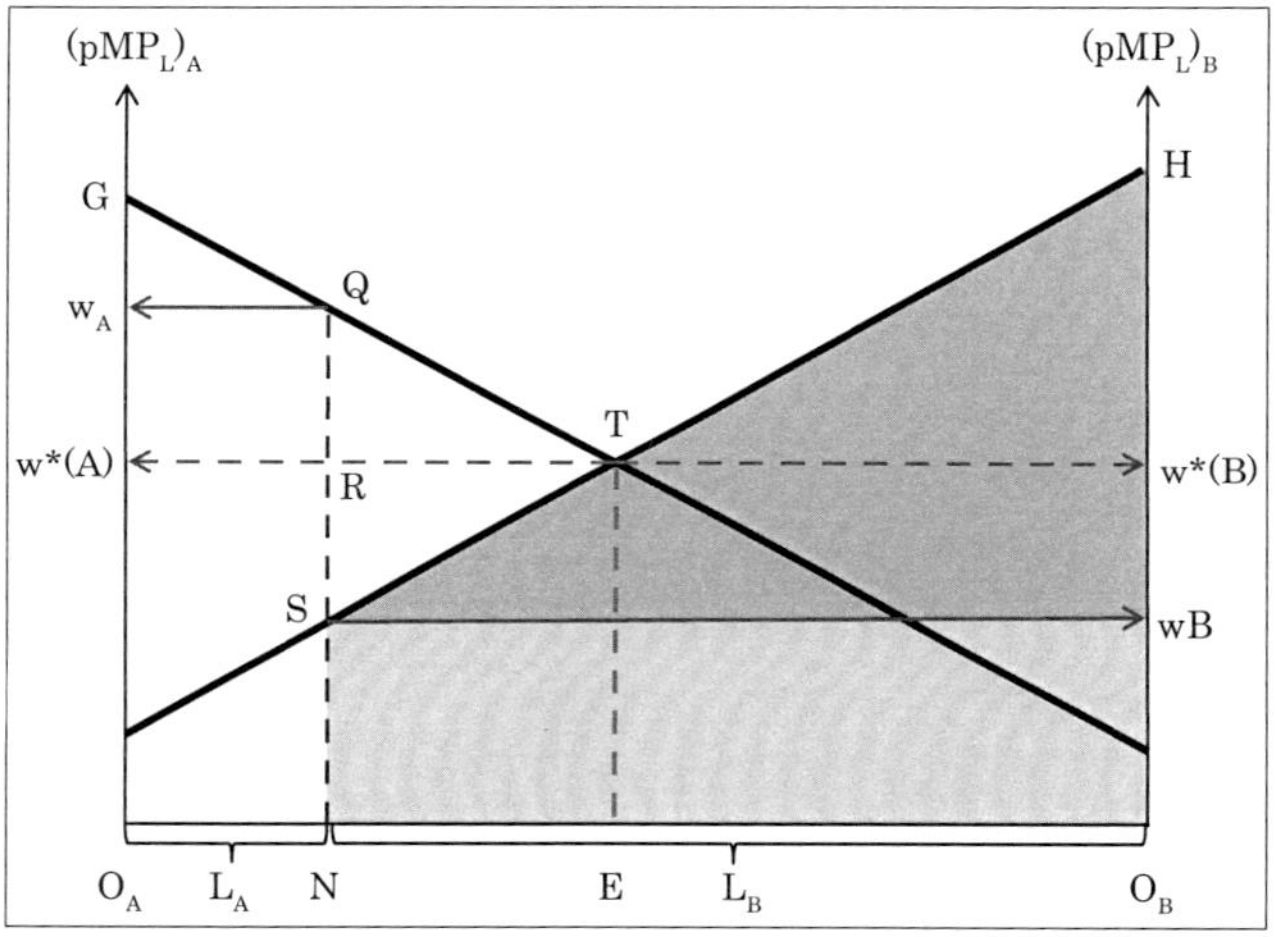

図補－6　B国　国際労働移動後

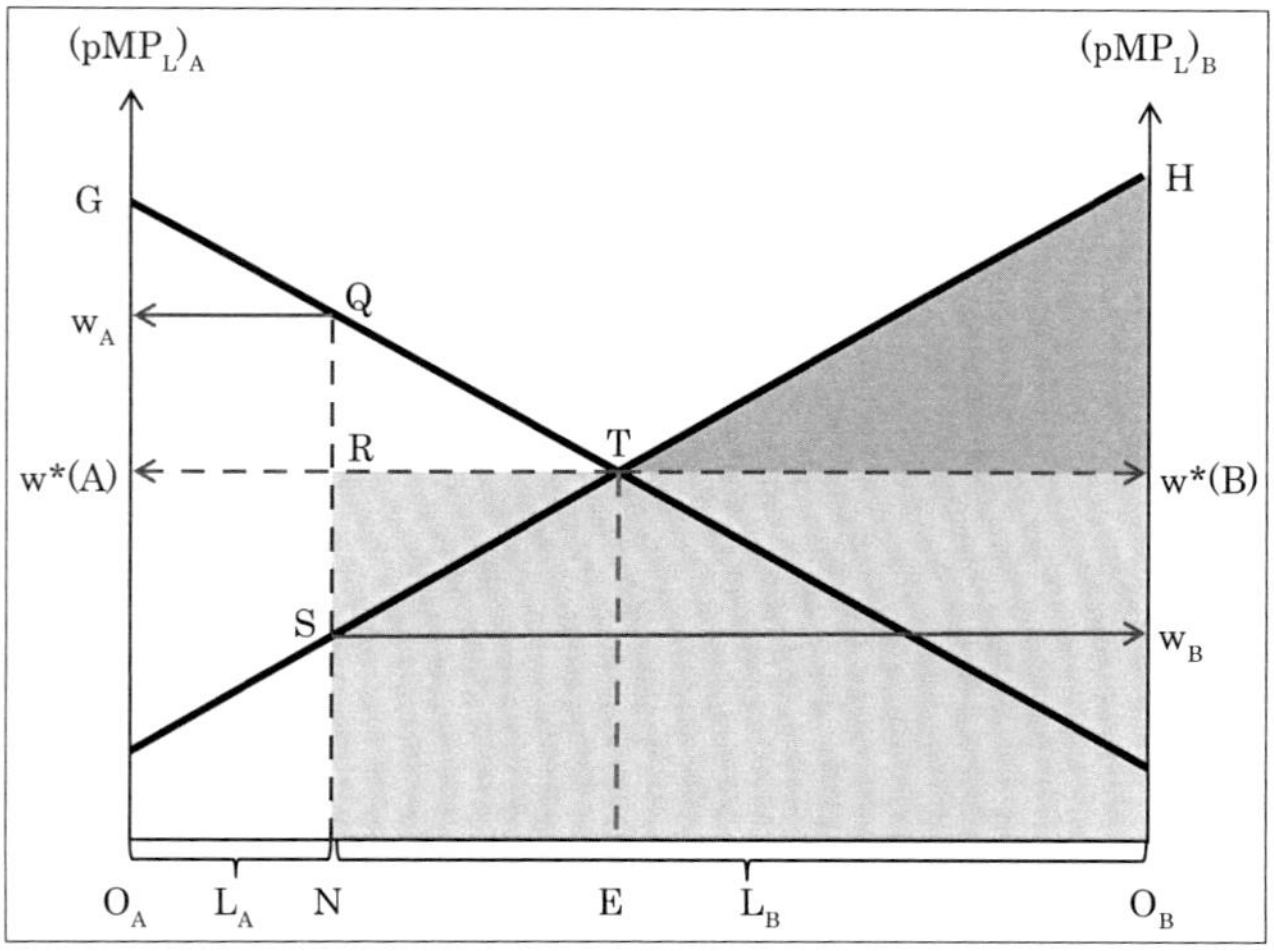

マクドゥガル理論は貿易を含んでいないなど単純化されすぎている面はあるが、国際労働移動の利益について平易な経済理論によって説明でき、今もって優れたものであり続けている。

3　古典的研究②　ハリス＝トダロ・モデル

大きな影響を残したもう1つの労働移動の古典的な研究が、ジョン・ハリスとマイケル・トダロによるものである。(5)本来は発展途上国の国内労働移動に焦点をあてた開発経済学分野の研究であるが、必要な修正を加えることで国際労働移動の枠組みでもしばしば取り上げられてきた。ここではオリジナルに従い、発展途上国の都市＝農村間の労働移動の形で紹介する。

ハリス＝トダロの研究の原点にあるのが、アーサー・ルイスによる「二重経済発展論」である。(6)ルイスによれば、発展途上国には2つの異なる経済が並存しており、そのうち農村の農業は伝統部門で、本来ならば失業している余剰労働力も、生産に貢献することなく就労している過剰就業状態にある。そのため労働の限界生産性はゼロであり、賃金は生存するために不可欠な水準で、無制限的な労働供給力を持っている。他方で、都市に立地する工業は近代部門で、企業の利潤最大化行動に基づき、賃金が労働の限界生産物価値に等しくなる。ハリス＝トダロは、高賃金を求めて農村から都市に流入した労働者の一部は雇用されることなく、スラムに住んで路上での車の窓ふきなどインフォーマル部門で就労する実態に着目し、それを考慮することでルイスのモデルを拡張したのである。ハリス＝トダロは失業の原因を都市における最低賃金の存在と考えた。すなわち最低賃金があるので、利潤最大化行動をとる企業は、労働の限界生産物価値が最低賃金水準を超える限りは雇用するものの、下回るようだとそれ以上は雇用しない。したがって都市の住民の一部は雇用されず失業することになる。またハリス＝トダロは農村では失業は存在せずに完全雇用が実現しているが、いわゆる「ルイスの転換点」を超えて過剰就業は解消しており、その賃金は労働生産物価値と等しいと考えている。

　都市の工業部門に投入される生産要素は資本と労働、農村の農業部門に投入される生産要素は土地と労働であるとする。労働は都市＝農村間を移動できるとし、労働者は農村の賃金と都市の期待賃金（雇用される確率×都市最低賃金）を比較して、大きい方へと移動する。当初、都市の期待賃金水準の方が大きく、農村から都市へと労働移動が起これば、農村では労働の減少から賃金水準が上昇し、都市では雇用と最低賃金水準は不変だが、失業者が増えるため、期待賃金が下がり、都市＝農村間の賃金格差が縮小する。こうして均衡では、農村の賃金と都市の期待賃金は等しくなる。

　グラフ補－7において、O_A、O_Nはそれぞれ農村と都市の原点であり、O_AO_Nの長さはその国の労働の総量に等しい。縦軸は労働の限界生産物価値を表しており、MP_AとMP_Nは、それ

グラフ補ー7

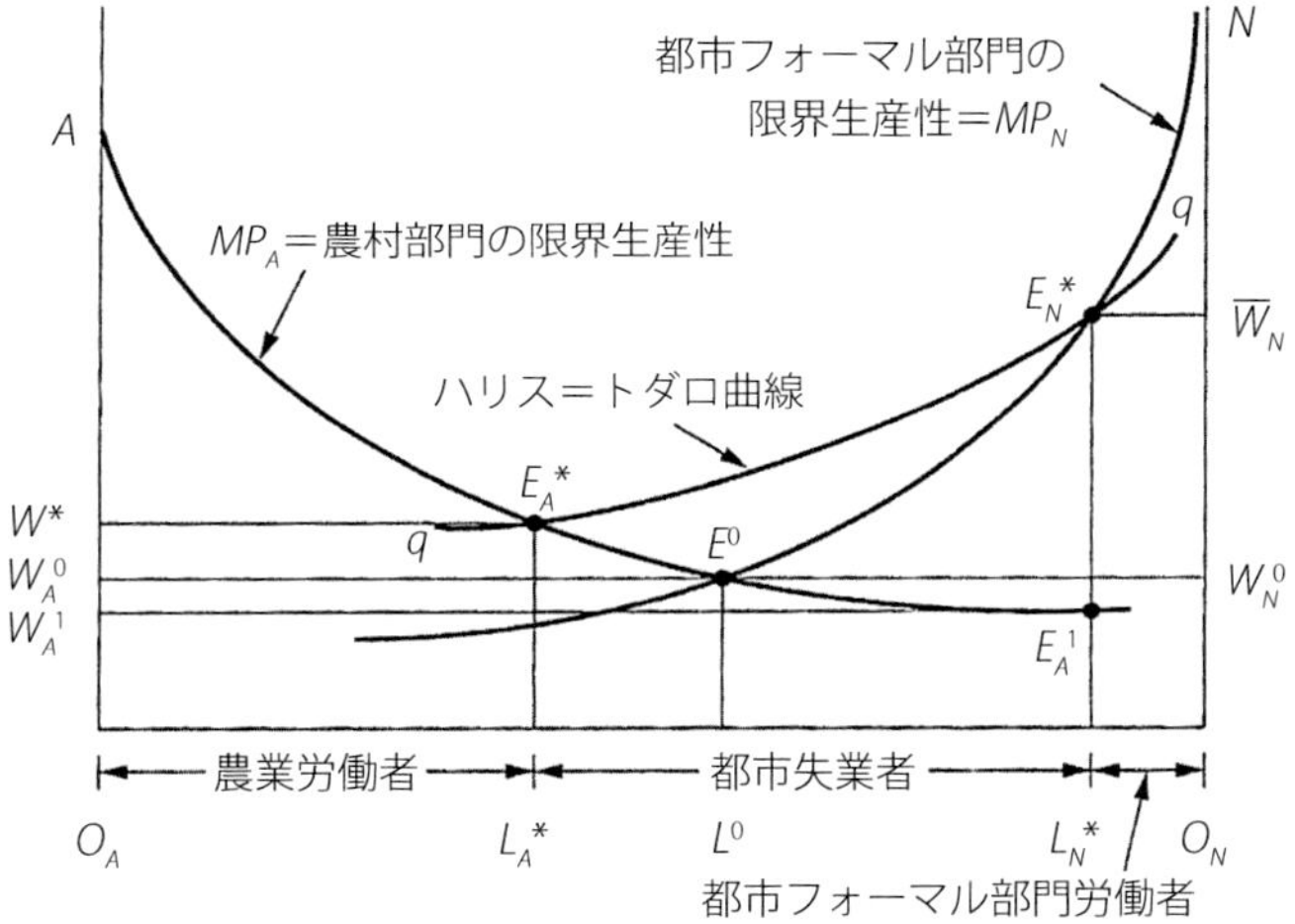

出所：ジェトロ・アジア研究所／黒岩／高橋／山形（編）『テキストブック開発経済学［第3版］』有斐閣，2015年，p.33(*)

ぞれ農村と都市の労働の限界生産物価値を表している。都市の工業部門（フォーマル部門）の最低賃金は$\overline{W}_N$で、労使交渉なり法律なりで高水準に設定されている。したがって工業部門の雇用量は$O_N L_N^*$となる。都市にそれ以上の労働者がいても失業する。雇用されるか失業するかは単純かつランダムに確率的に決まるとし、一度失業してもそれが固定されず、頻繁に雇用される者が変更になるため、確率的に雇用されるチャンスがあるとする。雇用されなければインフォーマル部門で生活し、賃金はゼロとしよう。

ハリス＝トダロ曲線qqは、都市の期待賃金（[$\overline{W}_N \times O_N L_N^*$]／全都市労働者）を表し、それが農村賃金と等しくなる水準に、都市＝農村間の労働移動量が決まる。すなわち、農村の労働量は$O_A L_A^*$、都市の労働量は$O_N L_A^*$となり、そのうち$L_N^* L_A^*$だけは失業してインフォーマル部門で生活する。農村賃金と都市の期待賃金はW^*となる。ここでは

$$W^* = (O_N L_N^* / O_N L_A^*)\ \overline{W}_N$$

が満たされている。

都市に固定賃金があるとき、都市の工業部門の労働量は$O_N L_N^*$、労働者賃金は$\overline{W}_N$、工業部門労働者所得は□$O_N \overline{W}_N E_N^* L_N^*$となり、他方、工業部門の資本家所得は△$N E_N^* \overline{W}_N$となるから、都市の総所得は□$O_N N E_N^* \overline{W}_N$となる。また、失業者ないしインフォーマル労働量は$L_N^* L_A^*$でその所得はゼロである。農村の労働量は$O_A L_A^*$、労働者賃金は$W^*$（$< \overline{W}_N$）、農業労働者所得は□$O_A W^* E_A^* L_A^*$、地主の所得は△$A E_A^* L_A^*$だから、農村の総所得は□$O_A A E_A^* L_A^*$となる。

これがもし都市に固定賃金がなければ、都市の労働量は$O_N L^0$、工業部門労働者賃金はW_N^0、労働者所得は□$O_N W_N^0 E^0 L^0$、資本家所得は△$N E^0 W_N^0$だから、都市の総所得は□$O_N N E^0 L^0$となる。同様にこのとき、農村の労働量は$O_A L^0$、労働者賃金はW_A^0（$= W_N^0$）、労働者所得は□$O_A W_A^0 E^0 L^0$、地主の所得は△$A E^0 W_A^0$だから、農村総所得は□$O_A A E^0 L^0$となるはずである。したがって、都市の固定賃金があるため失われる所得総額は五角形$L_A^* E_A^* E^0 E_N^* L_N^*$の面積相当であり、経済全体として非効率が発生していることがわかる。非効率解消の方法としては、第一に技術革新で農業の限界生産性を高め、MP_A曲線を上方にシフトさせることで、農業労

働者を増やし、失業・インフォーマル部門就労の都市労働者を減らす政策が考えられる。第二に、課税と補助金の支出で都市の部門間での賃金格差を是正することも考えられよう。

4 さらに進んだ研究のための文献案内

ここでは日本語書籍にしぼって、さらに勉強を進めるために参考にすべき国際労働移動の理論分析に関する文献を紹介する。中級レベルのミクロ、マクロおよび経済数学の知識があれば、より深い理解の助けになるであろう。まず、

①『国際経済理論の地平』大山道広（編）、東洋経済新報社、2001年は日本国際経済学会の創立50周年を記念して出版された、国際経済学の動向を把握し分析し展望する3冊の書籍の1つである。その第5章「不法移民の経済学」は、太田博史／吉田千里の執筆による、その時点での移民問題に関する研究、とりわけ主に日本語文献のサーヴェイであり、さまざまな視点から効率よくまとめられており、どのような研究があったのかを知るうえで非常に参考になる。

1980年代から1990年代には日本における不法入国の外国人労働者問題がクローズアップされたが、その当時書かれた多くの文献が現状報告や課題提起にとどまっていたのに対し、本格的な理論分析に取り組んだのが、

②『外国人労働の経済学』後藤純一、東洋経済、1990年
③『国際労働移動の経済学』山本繁綽、関西大学出版部、1992年
である。さらに2000年代には、
④『国際労働移動のマクロ経済分析』島田章、五絃舎、2003年
⑤『外国人労働者流入と経済厚生』島田章、五絃舎、2006年
⑥『外国人労働者の効率賃金仮説分析』島田章、五絃舎、2009年
が出た。いずれも大変な力作だが、特に⑥は外国人労働者受け入れ枠の変更や、非対称情報、超過滞在と雇用者制裁など、多彩なトピックスを扱っており、示唆に富んでいる。

双対アプローチを用いた資本移動の研究がメインだが、多くの場合、労働移動にも置き換えて考えられるという点で、非常に参考になるのが、
⑦『国際間資本移動と貿易政策論』荻野和則、文眞堂、1999年
である。また、国際経済全般について詳述している大著であるが、とりわけ多数財（うちいくつかが非貿易財）多数要素の最も一般化された経済モデルでの国際要素移動の経済効果を明快に解説し、ラマスワミ命題（最適労働受け入れと最適資本送り出しの優劣を比較）についても詳しい証明がある、
⑧『現代国際貿易論―財貿易と要素移動の統合理論』全2冊、カーユー・ウォン（下村耕嗣／太田博史／大川昌幸／小田正雄訳）、1999年

は、この分野を学ぼうとする者にとっては必携の文献であろう。

ハリス＝トダロ・モデルについては、開発経済学のテキストにほぼ必ず言及があるが、本格的なものとしては、

⑨『現代貿易理論の潮流』柿元純男／藪内繁己（編著）、勁草書房、1998年

⑩『労働移動の開発経済分析―ハリス＝トダロー・モデルの理論的系譜』長島正治、勁草書房、2010年

がある。特に前者の第2章「都市における失業と労働移動の経済分析―ハリス・トダロモデルの最近の展開について」（藪内繁己）はその時点までのハリス＝トダロ・モデルを使った経済分析の、詳細なサーヴェイで貴重かつ有益である。

最後に著者（近藤）自身による研究書を3点あげておく。環境問題やツーリズムを国際労働移動と関連付けた研究などが含まれている。

⑪『国際労働移動の経済学』近藤健児、勁草書房、2000年

⑫『環境、貿易と国際労働移動』近藤健児、勁草書房、2009年

⑬『現代経済の諸問題と国際労働移動』近藤健児、勁草書房、2021年

【註】

（1）具体的にこうした視点からどのような研究論文が書かれたかについては、近藤健児『国際労働移動の経済学』勁草書房、２０００年の第１章「国際労働移動に関する経済分析の視点」を参照されたい。

（2）MacDougall G. D. A. (1960), "The Benefits and Costs of Private Investment from Abroad: A Theoretical Approach," *Economic Record*, 26, pp.13-35.

（3）例えば資本ではなく、２つの生産要素を土地と労働と考えれば、土地は国際間移動ができないので、より理解しやすいかもしれない。

（4）数学を使う必要があるが、このことは以下のように示すことができる。生産関数 $X = F(K, L)$ は規模に関して収穫一定なので、$X = LF(K/L, 1) \equiv Lf(K/L)$ と表すことができる。資本の限界生産物は、$\partial X/\partial K = f'(K/L)$、労働の限界生産物は $\partial X/\partial L = f(K/L) - (K/L)f'(K/L)$ となって、いずれも (K/L) のみの関数となっていることがわかる。

（5）Harris J. R. & Todaro M. (1970), "Migration, Unemployment and Development: A Two Sector Analysis," *American Economic Review*, 60, pp.126-142.

（6）Lewis W. A. (1954), "Economic Development with Unlimited Supply of Labour," *The Manchester School of Economic and Social Studies*, 22, pp.139-191.

（＊）「3古典的研究② ハリス＝トダロ・モデル」の本文はジェトロ・アジア研究所／黒岩郁雄／高橋和志／山形辰史（編）『テキストブック開発経済学［第３版］』有斐閣、２０１５年「第２章 二重構造と労働市場」の記述を参考に執筆した。

索　引

A–Z

ア

カ

《著者紹介》

ニコラ・D・コニーリョ（Nicola D. Coniglio）

1975年　Born in Bari, Italy
1998年　Laurea in Economia e Commercio, University of Bari Aldo Moro
2004年　Ph.D. in Economics, University of Glasgow
現　在　Professor in Economics, University of Bari Aldo Moro, Director of the Erasmus Mundus Master Program in "Economics of Globalization and European Integration"

主要著書

Aiutateci a casa nostra: Perchè l'Italia ha bisogno degli immigrati, Saggi tascabili Laterza, (2019).

主要論文

"On the Evolution of Comparative Advantage: Path-dependent versus Path-defying Changes," (with D. Vurchio, N. Cantore, and M. Clara), *Journal of International Economics*, (2021).

"International Migration and the (Un) happiness Push: Evidence from Polish Longitudinal Data (with J. Brzozowski), *International Migration Review*, (2021).

近藤　健児（こんどう・けんじ）

1962年　愛知県に生まれる
1984年　京都大学経済学部卒業
1994年　名古屋市立大学大学院経済学研究科博士後期課程修了
現　在　中京大学経済学部教授　博士（経済学）

主要著書

The Economics of International Immigration, Springer, (2016).

主要論文

"Trans-boundary Pollution and International Migration," *Review of International Economics*, (2006).

"Permanent Migrants and Cross-border Workers: The Effects on the Host Country," *Journal of Regional Science*, (1999).

平岩恵里子（ひらいわ・えりこ）

1956年　愛知県に生まれる
1979年　愛知県立大学外国語学部英米学科卒業
1994年　コロンビア大学大学院建築都市計画学科客員研究員（フルブライト・フェロー）
2003年　名古屋大学大学院経済学研究科博士後期課程修了
現　在　南山大学国際教養学部国際教養学科教授　博士（経済学）

主要論文

"A Non-traded Good, Specific Factors and International Migration (with M. Tawada)," *Studies in Regional Science*, (2002).

"Globalization by Immigrants: The case of Tokyo," *Academia in Social sciences*, (2021).

（検印省略）

2025年3月31日　初版発行　　略称―外国人労働

イタリアから学ぶ外国人労働者問題

著　者　ニコラ・D・コニーリョ
近 藤 健 児
平岩恵里子

発行者　塚 田 尚 寛

発行所　東京都文京区
春日2－13－1　株式会社 創 成 社

電　話 03（3868）3867　ＦＡＸ 03（5802）6802
出版部 03（3868）3857　ＦＡＸ 03（5802）6801
http://www.books-sosei.com　振　替 00150-9-191261

定価はカバーに表示してあります。

ISBN978-4-7944-3257-5　C3033
Printed in Japan

組版：ワードトップ　印刷・製本：㊐鳩

落丁・乱丁本はお取り替えいたします。